Maggie Nelson
Kunst und Grausamkeit

MAGGIE NELSON

KUNST UND GRAUSAMKEIT

Eine Abrechnung

Aus dem Englischen von Jan Wilm

S. Marix Verlag

Für Annie Dillard,
die etwas anderes rät.

Inhalt

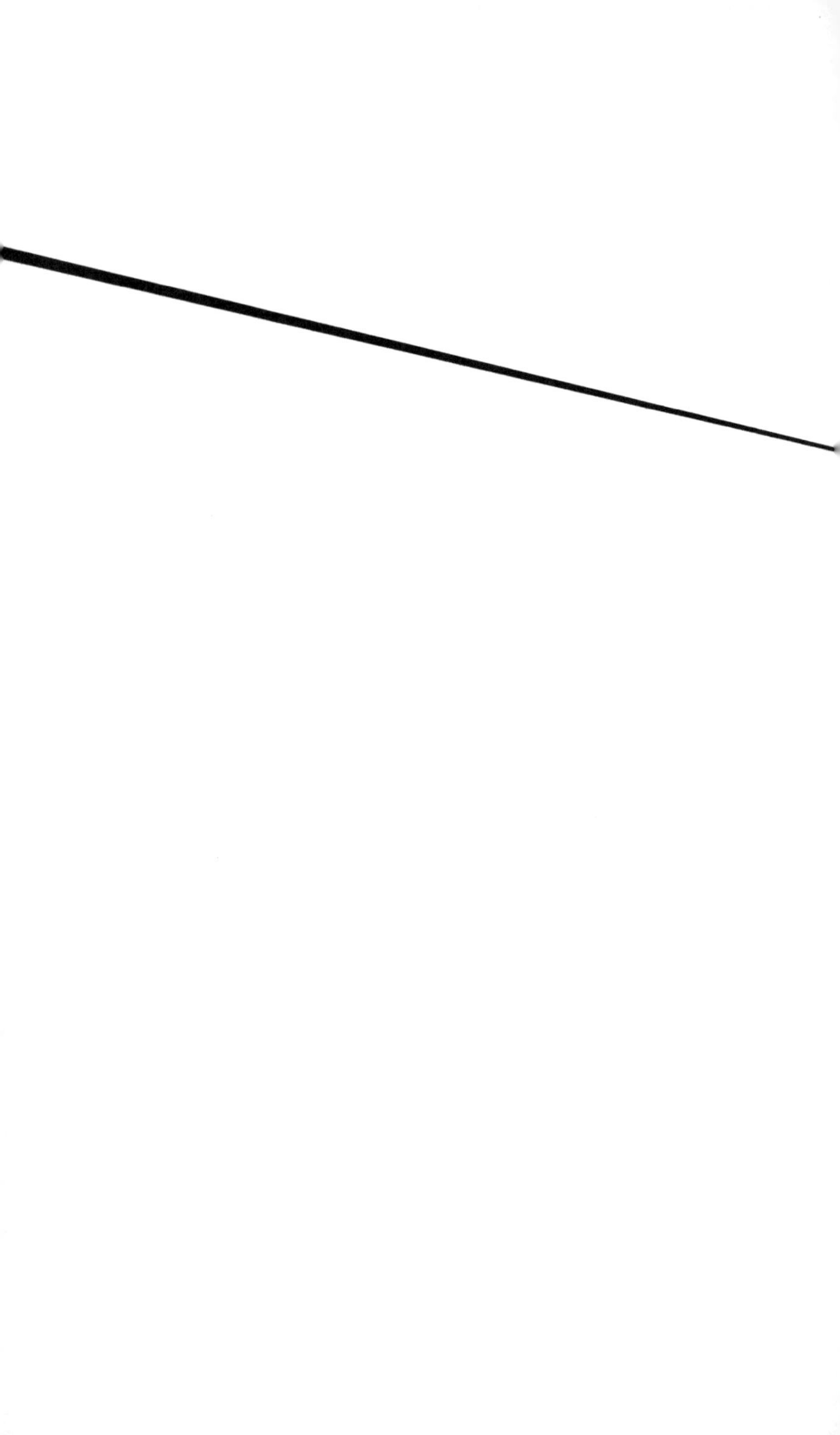

Formen des Gefangenseins

»Man soll über die Grausamkeit umlernen und die Augen aufmachen«, forderte Friedrich Nietzsche in *Jenseits von Gut und Böse* (1886), worin er bekanntlich versucht, traditionelle, insbesondere mit dem Christentum verbundene Moralvorstellungen zu zerschlagen. Nietzsche hoffte, dass durch die Überwindung der Gegensätze von Gut und Böse sowie Güte und Grausamkeit die wahre Energie und Kraft der Menschheit freigesetzt würde: Hervorbrechen würde diese Kraft – die Nietzsche als unseren »Willen zur Macht« bezeichnete – in der Kunst wie im Leben; sie würde tanzen, sie würde funkeln.

Das nächste Jahrhundert – mit seinen unvorstellbaren Kriegen, vorsätzlichen wie spontanen Genoziden, mit seiner räuberischen Ausbeutung von Ressourcen, mit Umweltkatastrophen und systemischen Ungerechtigkeiten aller Art – bot reichlich Gelegenheit, diesen neuen Augenaufschlag zu erproben. Viele der Kunstbewegungen des 20. Jahrhunderts (Futurismus, Dada, Surrealismus, Wiener Aktionismus, das Black Arts Movement und so weiter) leisteten insofern einen komplexen Beitrag zu diesem Diskurs, als viele der mit ihnen verbundenen Kunstschaffenden hofften, einen energischen Protest gegen die Grausamkeiten der Zeit zu erheben, während sie gleichzeitig einen Großteil ihrer Inspiration, Rhetorik und Strategie aus einer kriegslustigen Avantgarde-Tradition schöpften, in der auch Denkende wie Nietzsche ihren Ursprung hatten. Was die Sache im 20. Jahrhundert noch komplexer machte, war die explosionsartige Zunahme der menschlichen Möglichkeiten – durch technische Neuerungen wie Film, Fernsehen, Internet, digitale Fotografie und unzählige weitere Mittel –, Bilder zu erschaffen und zu verbreiten. Angesichts des besonders schwierigen Verhältnisses zwischen Grausamkeit und Repräsentation geriet die Kunst des 20. Jahrhunderts, die sich mit der Darstellung oder der Freisetzung von Grausamkeit befasste, häufig in turbulente ethische und ästhetische Fahrwasser.

Heute ist es beinahe ein Gemeinplatz zu sagen, dass die Kunst des 20. Jahrhunderts geradezu besessen davon war, Ungerechtigkeit und Entfremdung zu diagnostizieren und uns zur Heilung die verschiedensten »Schockbehandlungen« zu verschreiben – eine Methode, die der österreichische Filmemacher Michael Haneke 2007 in einem Interview treffend, wenn auch abscheulich, als »Vergewaltigung des Publikums zur Selbständigkeit« bezeichnete. (Der Kunstkritiker Grant Kester hat diesen Ansatz etwas behutsamer beschrieben als »orthopädische Ästhetik«). Kurzgefasst lautet die Idee, dass etwas mit uns nicht stimmt, und zwar von vornherein nicht – sei es das Mal der Erbsünde (oder, wie Nietzsche es umgekehrt ausdrücken würde, das Festhalten an der »Sklavenmoral« des Christentums), sei es die Entfremdung von unserer Arbeit, ein fataler Bruch mit der Natur, die Verlorenheit in einem Wald der Simulationen, die Deformation durch Systeme wie Kapitalismus und Patriarchat, Verwestlichung, nicht genug Verwestlichung oder – wie Kester meinte – schlicht und ergreifend »ein epistemologischer Mangel«, der zur Korrektur einen gewaltsamen (sprich orthopädischen) Eingriff erfordert.

Diese Prämisse ist allgegenwärtig und führt deshalb auch dazu, dass falsche Positionen wie jene von Haneke sowohl in der Kunst als auch in der Politik weitgehend unangefochten stehenbleiben. Nicht, dass viele seriös denkende Menschen sich lautstark zu ihr bekennen, nein, es ist eher der Fall, dass die Denkgewohnheiten, die sich um diese Positionen herum kristallisiert haben, weitgehend intakt geblieben sind, selbst wenn ihr Kern durchweg ausgehöhlt wurde. Wie der anarchistische Anthropologe David Graeber in seinem ausgezeichneten Kurzessay »The Twilight of Vanguardism« schreibt: »Revolutionär Denkende haben das Zeitalter des Avantgardismus nun schon fast ein Jahrhundert lang für beendet erklärt. Außerhalb von einer Handvoll winziger sektiererischer Gruppen ist es beinahe unmöglich, radikale Intellektuelle aufzutun, die ernsthaft glauben, es solle ihre Aufgabe sein, die richtige historische Analyse der Weltlage zu liefern, um die Massen in die einzig wahre revolutionäre Richtung zu lenken. Allerdings (ähnlich der Idee des Fortschritts, mit der dies offensichtlich verbunden ist) scheint es viel einfacher, die Prinzipien zu verwerfen, als die damit verbundenen Denkgewohnheiten zu erschüttern.« Dieses Buch unternimmt den Versuch einer derartigen Erschütterung.

Natürlich existieren in der zeitgenössischen Kunst wichtige Strömungen, die sich ausdrücklich von den eben beschriebenen avantgardistischen Schockstrategien absetzen. Tatsächlich wurde ich während des Schreibens häufig von der Tatsache heimgesucht, dass ein großer – wenn nicht sogar der größte – Teil der Kunst, die mich gegenwärtig umgibt, einen ganz anderen Weg eingeschlagen hat: einen, der den Namen relationale Ästhetik trägt (oder interaktive Kunst oder soziale Kunst oder Partizipation oder »littoral art« oder, wie Kester – einer der ausdrücklichsten Verfechter dieser Kunstrichtung – es nennt, »dialogische« Kunst). Für Kester und andere sind diese Projekte, die außerhalb von Galerien existieren und in der Regel auf gemeinschaftlichem Engagement und interaktivem Dialog beruhen, die aktuellste und praktikabelste Antwort auf das, was Kester selbst als »die drängendsten Fragen des zwanzigsten Jahrhunderts« bezeichnet: »Wie können wir die Gewalt und den Hass reduzieren, die so oft die menschlichen sozialen Interaktionen geprägt haben? Wie können wir, mit einem Wort, ein ›nicht-faschistisches‹ Leben führen?« Darin liegt viel Bewundernswertes und vieles, was hinterfragt werden müsste. Letztlich aber liegen derartige Projekte außerhalb des Rahmens dieses Buches, und sei es nur aus dem einfachen Grund, dass sie immer auf dem Wunsch basieren, das Ausmaß an Grausamkeit und Fehlkommunikation in der Welt zu verringern, anstatt es auszuloten oder zur Sprache zu bringen.

Dieses Buch stellt andere Fragen. Es fragt nach der Existenz bestimmter Aspekte oder Instanzen der sogenannten Kunst der Grausamkeit – wie sie der französische Dramatiker und Wahnsinnige Antonin Artaud imaginiert hat –, die nach wie vor wild und wertvoll sind, jetzt, da wir angeblich in einer politischen Welt und einer Unterhaltungslandschaft leben, die immer mehr mit Bildern – und Tatsachen – von Folter, Sadismus und ewigen Kriegen überschwemmt werden. Das Buch stellt die Frage, wann und ob Artauds

Unterscheidung zwischen einer groben Art von Grausamkeit, die auf Sadismus und Blutvergießen beruht, und seiner Vorstellung von einer »reinen Grausamkeit, ohne körperliche Verletzungen« auf produktive Weise gezogen werden kann, und zu welchem Zweck. »Vom Standpunkt des Geistes aus«, schreibt Artaud, »bedeutet Grausamkeit Unerbittlichkeit, Durchführung und erbarmungslose Entschlossenheit, nicht umkehrbare, absolute Determination.«

Von dieser Präzision, dieser Genauigkeit, dieser Strenge fühle ich mich angezogen. Warum Artaud und so viele andere dies mit Grausamkeit verwässert haben, kann ich nicht sagen. Auch hier liegt eine der Fragen dieses Buches. Der Maler Francis Bacon, der im Folgenden immer wieder zur Sprache kommen wird, hat diese Frage in seinen Gesprächen mit David Sylvester so formuliert: »Aber sagen Sie mir, wer heute noch imstande ist, etwas darzustellen, das uns in der Wirklichkeit begegnet, ohne daß dessen Abbild großes Unrecht geschieht?« Bacon, der von dieser Formel zutiefst überzeugt war, erwartete keine Antwort. Ich hingegen schon. Ich will wissen, ob in seiner Aussage tatsächlich etwas über das Verhältnis zwischen Unrecht und Wirklichkeit, Klarheit und Grausamkeit steckt – oder ob Bacon einfach nur seine eigene Sichtweise beleuchtet, seine eigene Praxis oder Vorliebe rechtfertigt. Bacons Andeutung, dass ein Bild Verletzungen ertragen (oder verursachen) kann, wird ebenfalls zur Debatte stehen; mein Buch wird diese Frage sowohl im Hinblick auf Literatur und Sprache als auch auf die bildende Kunst untersuchen. Ziel ist es, die verschiedensten Erregungen und Wirkungen dieser »reinen Grausamkeit« (sowie Präzision, Überschreitung, Läuterung, produktives Unbehagen, Unterwürfigkeit, radikale Entblößung, Unheimlichkeit, beunruhigende Offenheit, anerkannter Sadismus und Masochismus, ein Gefühl der Klärung oder Klarheit) genau zu beobachten, aber auch auf die verschiedenen Sophistereien und Selbstrechtfertigungen zu lauschen, die so oft mit der Aufwertung von Grausamkeit einhergehen.

Von vielen Menschen wurde Besorgnis über die ethischen oder gar spirituellen Auswirkungen des Nachdenkens über derartige Fragen zum Ausdruck gebracht. Zu diesen Menschen zähle auch ich mich. »Es besteht die Möglichkeit, dass das Nachdenken über Grausamkeit uns nicht menschlich, sondern grausam macht, dass die Wiederholung der Schlechtigkeit unseres geistigen Zustands uns dazu bringt, ihr zuzustimmen«, schrieb Lionel Trilling. Im Großen und Ganzen liegt Trilling meiner Ansicht nach richtig. Der Buddha dachte ganz ähnlich, weshalb er seiner Gefolgschaft riet, über Mitgefühl zu meditieren, was dazu führe, dass »jegliche Grausamkeit aufgegeben würde«. Zeitgenössische buddhistische Persönlichkeiten wie Thích Nhất Hạnh raten davon ab, Grausamkeiten und Gewaltspektakel überhaupt zur Kenntnis zu nehmen oder darüber zu meditieren, da dies, so Hạnh, nur die Saat der Aggression säen und dadurch die Aggression in unserem Geist, in unseren Beziehungen und in der Welt verstärken würde.

Im Allgemeinen glaube ich, all dies entspricht der Wahrheit. Ich bin der Meinung, dass die obsessive Betrachtung unserer Unmenschlichkeiten dazu führen kann, dass wir von der Unvermeidlichkeit unserer eigenen Verdorbenheit überzeugt werden, und dass wir uns wahrscheinlich enormen Schaden zufügen, wenn wir uns von den permanenten »Beweisen« fesseln lassen, dass die Menschen schon immer den blutigen Taten des Völkermords, des staatlich geförderten Kriegs, des Terrorismus und der individuellen sadistischen Handlungen im Laufe der Menschheitsgeschichte nachgegangen sind (und daher – so die falsche Logik – auch immer nachgehen werden). Ich stimme zu, dass wir, wenn wir unsere Aufmerksamkeit nicht abwenden – oder aber zumindest unseren Fokus erweitern –, Gefahr laufen, immer weiter in einen Zustand hinabzustrudeln, den Walter Benjamin wie folgt beschreibt: »[Die] Selbstentfremdung [der Menschheit] hat jenen Grad erreicht, der sie ihre eigene Vernichtung als ästhetischen Genuß ersten Ranges erleben läßt.« Ich stimme Benjamin zu, wenn er darlegt, dass dieser Zustand es möglicher macht, einen Weg in Richtung brutaler

Formen der Selbstorganisation, wie dem Faschismus, einzuschlagen. Oder vergessen wir den Faschismus – ein Begriff, dessen historische und ontologische Genauigkeit tagtäglich verwischt wird, wenn Fox News nach möglichst hetzerischen Worten sucht, um Bilder von Barack Obama zu beschreiben. Warum wenden wir uns nicht der brutalen Form der Selbstorganisation zu, in der wir uns längst befinden: dem Kapitalismus, für den Rosa Luxemburg in ihrer Junius-Broschüre von 1915 Worte fand, die auch heute noch Gültigkeit besitzen? »Geschändet, entehrt, im Blute watend, von Schmutz triefend – so steht die bürgerliche Gesellschaft da«.

Warum also möchte ich so viel Zeit mit dem Nachdenken über Grausamkeit verbringen?

Es besteht die Möglichkeit, dass die Betrachtung von Grausamkeit uns noch grausamer macht, meinte Trilling. Er sagte nicht, dass es zwangsläufig so sein wird.

Nach buddhistischer Auffassung ist die Grausamkeit die Erzfeindin des Mitgefühls. Auch das Mitgefühl hat einen schlimmen Feind, einen Feind, der ihm so sehr ähnelt, dass es schwierig erscheinen mag, zwischen ihnen zu unterscheiden, während diese Unterscheidung von größter Wichtigkeit ist. Dieser schlimme Feind wird idiotisches Mitgefühl genannt. Gerne möchte ich mehr über Mitgefühl erfahren, und ich vermute, eine Möglichkeit, an dieses Ziel zu gelangen, besteht darin, seine schlimmen und weniger schlimmen Feinde näher kennenzulernen. Mir ist bewusst, dass dieser Ansatz das Risiko birgt, unseren Zustand eine Zeit lang durch das falsche Ende des Teleskops zu betrachten, auch wenn es für gewöhnlich das am häufigsten verwendete Teleskop ist.

Doch vielleicht mache ich mir auch etwas vor. Vielleicht interessiert mich Mitgefühl gar nicht so sehr. Sicherlich ist es weniger dramatisch als ein Konflikt, wie es Drehbuchschreibende immer predigen. Sicherlich wirft es uns nicht »heftiger ins Leben zurück«, wie Bacon so oft das einzige Ziel seiner Kunst nannte. Wäre es eine Erleichterung, wenn man, wie Bacon es tat, die Idee des Mitgefühls ganz fahren ließe? »Aber ich bin nicht bestürzt von der Tatsache, daß Leute leiden«, meinte Bacon, »weil ich glaube, daß es das Leiden und die sozialen Unterschiede waren, die große Kunst hervorgebracht haben, und nicht der Gleichheitsgedanke.«

Hierin liegt Bacons belebende Anziehungskraft (die verwandt ist mit der von Nietzsche und Artaud), die diese »heftige Rückkehr zum Leben« als eine Möglichkeit darstellt, uns wiederherzustellen oder erneut zu übergeben an einen unentfremdeten, unvermittelten Fluss der Existenz, der durch eine authentischere Beziehung zum sogenannten Realen gekennzeichnet ist. Im Gegensatz zu vielen Avantgardistinnen und Revolutionären glaubt oder hofft Bacon allerdings nicht, dass diese wiederhergestellte Vitalität zu einem Abklingen von Ungleichheiten, Ungerechtigkeiten oder radikalen Leidensformen führen wird. Ganz im Gegenteil: Für Bacon (wie auch für Nietzsche) wurden einige Menschen auf die Erde gebracht, um zu herrschen, und andere, um beherrscht zu werden, und genau so solle es auch sein. Anstatt zu behaupten, dass diese gewaltsame Rückkehr zum Leben in irgendeiner Weise mit den Zielen von sozialer Gerechtigkeit harmoniert, zieht Bacon den Wirbelsturm von Brutalität an sich vor, und zwar mit all seinen Grausamkeiten.

In jedem Fall scheint eines klar: Ob man mit seiner Kunst Mitgefühl ausdrücken oder erwecken, Formen sozialer Ungerechtigkeit ansprechen oder korrigieren, Leiden zelebrieren oder lindern will – für die tatsächliche Wirkung der Kunst ist all dies letztlich irrelevant. Einige der Kunstwerke mit den besten Absichten, die aktivistisch und »mitfühlend« sein wollen, können sich als herablassend, ineffektiv oder ausbeuterisch herausstellen. Und natürlich auch umgekehrt: Ein Großteil der Werke, die nicht darauf abzielen, Mitgefühl zu wecken oder Emanzipation zu bewirken, können die heilsamsten, die befreiendsten sein. Dieses Paradox steht im Mittelpunkt meines Buches. Denn nicht nur, dass die Wirkung unserer Werke und unserer Worte über unsere Absichten und unsere Kontrolle hinausgeht, nein, unser Mitgefühl ist auch nicht zwangsläufig dort zu finden, wo wir es vermuten; auch ist es nicht immer das, was wir vermuten; noch wird es von allen auf die gleiche Weise erfahren oder erreicht; und auch begegnet man ihm nicht immer am gleichen Ort auf die gleiche Weise. Dasselbe ließe sich über die Grausamkeit sagen.

Eine der Aufgaben dieses Buches besteht also darin, zu ergründen, wie sich zwischen Kunstwerken unterscheiden lässt, deren Einsatz von Grausamkeit mir – in Ermangelung eines besseren Wortes – lohnenswert erscheint, und solchen, die mir überflüssig, böswillig oder einfach nur verachtenswert erscheinen. Offensichtlich werde ich mich mehr auf die ersteren als auf die letzteren konzentrieren. Doch die Grenzen zwischen den beiden sind mitunter schwer überschaubar oder überhaupt sichtbar, manchmal sogar innerhalb eines einzigen Werks. Manchmal ist es der bloße Unterschied zwischen einem guten und einem schlechten Kunstwerk. Manchmal ist es ein Bauchgefühl – eines dieser berüchtigten Ich-weiß-es-wenn-ich-es-sehe-Gefühle –, das sich einstellt, wenn ich feststelle, dass Brutalität als Bluff oder als Knüppel eingesetzt wird. Grausamkeit ist sehr eng mit Dummheit und mit Intelligenz verbunden, und ich bin nicht an dummer Grausamkeit interessiert, von der die Welt übervoll ist. (Dies schließt die meisten Grausamkeiten ein, die durch Konformismus hervorgerufen werden, insbesondere durch Konformismus mit frauenfeindlichen, homophoben, fremdenfeindlichen oder rassistischen Normen. Dies schließt auch Werke aus, die mir auf fatale Weise infantil oder geistesschwach erscheinen, wie etwa die Theaterstücke von Neil LaBute.) Manchmal ist die Unterscheidung komplizierter – die Kunstwerke sind flackernder, ungreifbarer. Besonders ist dies der Fall, wenn man außerordentlich gute Kunstschaffende wie Paul McCarthy, Ana Mendieta, Sylvia Plath oder Brian Evenson dabei beobachtet, wie sie in verschiedene Arten von Grausamkeiten hinein- und wieder aus ihnen herausgleiten, oftmals mit ungleichem Effekt, oder wenn sie, einem Autoscooter ähnlich, zwischen diesen Grausamkeiten hin- und herrumpeln. Lässt man sich auf eine solche Fahrt ein, erlebt man eine ganze Menge an Ambivalenz, Unbeständigkeit, Anziehung und Abstoßung. Manches davon genieße ich. Vieles – vielleicht sogar das meiste – nicht. Trotzdem bleibe ich beharrlich. Dieses Buch ist auch ein Buch über diese Beharrlichkeit.

Freud – oder zumindest der Freud von »Jenseits des Lustprinzips« – hätte diese Beharrlichkeit vielleicht als natürlichen Antrieb einer bestimmten Art von Kunstschaffen und Kunstbetrachtung verstanden. Freud hielt im Allgemeinen an Aristoteles' Theorie von der Kunst als Katharsis fest: dass die Kunst (für Aristoteles insbesondere die Tragödie) ein Raum ist, in dem der Schmerz vom Publikum als angenehm und als reinigend erlebbar wird. Aristoteles konzentrierte sich auf Mitleid und Furcht als die beiden Emotionen, die durch die Tragödie geweckt und anschließend einer Katharsis unterzogen werden; Freud erweiterte die Idee, um emotionale Reaktionen jenseits von Mitleid und Furcht zu berücksichtigen, sowie Werke, die klassischerweise nicht als Tragödien definiert werden. Freud meinte, unser Vergnügen an der Kunst beruhe darauf, dass sie – vielleicht für Betrachterin und Schöpferin gleichermaßen – die Möglichkeit bietet, traumatische Erlebnisse, die der Organismus zum Zeitpunkt der ursprünglichen Erfahrung oder Verletzung nicht angemessen abwehren konnte, rückwirkend zu bewältigen. Der »Zwang, [das Trauma] zu wiederholen« – sei es in der Kunst, im Albtraum oder im Wachzustand – ist der Versuch des Organismus, die überschüssige Furcht zu bewältigen, die die ursprüngliche Verletzung erzeugt hat. In der Regel scheitern diese Versuche natürlich und haben katastrophale Folgen; in diesem Fall kann die Kunst als relativ harmloser Bereich betrachtet werden, in dem das Scheitern zur Schau gestellt wird, damit wir, wie es der slowenische Philosoph Slavoj Žižek ausgedrückt hat, unsere Symptome genießen können.

Es liegt eine wahrhaftige Erklärungskraft in Freuds Theorie. Dennoch ist sie nur teilweise dazu fähig, viele der Kunstwerke, Erfahrungen und Impulse, von denen dieses Buch handelt, zu erhellen. Denn hier bin ich weniger an der Fähigkeit der Kunst (oder ihrem Wunsch, ob erfüllt oder unerfüllt), zu reinigen oder zu beherrschen interessiert – und weniger davon überzeugt –, als vielmehr an der

Fähigkeit der Kunst, unvorhersehbare Einblicke in das zu gewähren, was einige Buddhisten als »Formen des Gefangenseins« bezeichnet haben: die manchmal einfachen, manchmal komplizierten Arten und Weisen, mit denen Menschen sich selbst und andere gefangen halten und dadurch Leid verursachen, anstatt es zu lindern. Dieses Buch konzentriert sich daher in erster Linie auf Werke, die klare Bilder dieser Knoten oder Bindungen vermitteln, und weniger auf solche, die Lösungen anbieten.

Eine derartige Fokussierung baut unter anderem auf der Arbeit des schottischen Gründers der antipsychiatrischen Bewegung R. D. Laing auf, der in seinem 1970 erschienenen Buch *Knoten* die verschiedenen verschlungenen, sich selbst einsperrenden Denkmuster skizziert, die er in der Psyche seiner Patientinnen und Patienten beobachtete. Indem er die Sprache, die Form und die Zirkulation der einzelnen »Gewebe der *Maya*« auf der Buchseite verräumlicht, macht *Knoten* deutlich, dass diese Knoten sowohl formal als auch psychologisch von großem Interesse sind. Sie besitzen, wie Laing es ausdrückt, eine »formale Eleganz«. Dieses Buch teilt eine solch würdigende Einschätzung.

Es liegt nichts Zynisches in einer derartigen Fokussierung. Vielmehr entspringt sie meinem Glauben an die paradoxe und doch weise Aussage der Dichterin Fanny Howe, dass »der Sinn der Kunst darin besteht, den Menschen zu zeigen, dass das Leben lebenswert ist, indem man ihnen zeigt, dass es das nicht ist.« Ein solcher Schwerpunkt schließt jedoch – für manche ist dies womöglich unverzeihlich – Werke aus, deren Hauptziel darin besteht, die Ursachen oder Verursachenden der jeweiligen Grausamkeiten anzuprangern. Aus diesem Grund sollten alle, die nach einem Buch suchen, dessen Hauptaussagen verwandt sind mit einem empörten: »Nie wieder darf so etwas Grausames passieren«, oder umgekehrt mit einem resignierten: »Ach, ist das Leben nicht immer und unweigerlich so« – alle, die ein solches Buch suchen, sollten meines lieber beiseitelegen. Denn das, was ich als »Kunst der Grausamkeit« bezeichne, ist ausdrücklich keine Kunst, die protestieren, lindern, bedeutsam machen, beschuldigen oder eingreifen will, wenn brutale Handlungen vorliegen. Ganz im Gegenteil: Ein Großteil der hier betrachteten Kunst könnte gut und gern beschuldigt werden, einem ohnehin schon verachtenswerten Haufen noch mehr – sowohl reale als auch dargestellte – Grausamkeiten hinzuzufügen.

Wie sich zeigen wird, bleibt die Grausamkeit manchmal innerhalb der Grenzen der Buchseite oder der Museumswand eingeschlossen, was es etwas einfacher macht, darüber zu sprechen oder sie zu verteidigen. In anderen Fällen dringt die Grausamkeit direkter zu den Rezipierenden vor, was die ethische Frage weiter aufwirbelt. In diesem Buch wird ein breites Spektrum derartig aufgeladener Fälle in der jüngeren Kunst und Kultur gezeichnet und ein neuer Blick auf das geworfen, was es innerhalb dieses Spektrums zu entdecken gibt. Das Buch hält nichts bereit, was, nach meinem Empfinden, bloß falsche oder moralistische Lösungen für unlösbare ethische und ästhetische Probleme sein könnten.

Viele der Themen dieses Buches sind amerikanisch, wenn auch keineswegs alle – ein Teil des Anliegens besteht darin, einen weiten und idiosynkratischen Bogen zu spannen, ohne einen Anspruch auf Vollständigkeit zu erheben. Und obwohl es nicht um amerikanische Kunst oder Politik an sich geht, ist mir nun klar – und den Lesenden wird es wahrscheinlich ebenfalls klar sein –, dass das Anliegen des Buches durch den Kontext geprägt war, in dem es ursprünglich konzipiert wurde: die letzten Jahre der zweiten Amtszeit von George W. Bush, eine Zeit, in der es keinen Mangel an Grausamkeiten gab, über die man nachdenken konnte. Auch war dies eine Zeit, in der der Begriff »moralische Komplexität« – zumindest von den Befürwortern des sogenannten Kriegs gegen den Terror – als Bereitschaft definiert wurde, »intolerant zu sein, um die Toleranz zu verteidigen, oder herzlos, um die Gutherzigkeit zu verteidigen, oder hasserfüllt, um das zu schützen, was wir lieben«, wie es in einem Leitartikel des *Wall Street Journal* aus dem Jahr 2008 (von dem konservativen Kommentator Andrew Klavan) ohne auch nur einen Hauch von Ironie lautete. Eine solche Formulierung erschien mir damals wie heute als eine Grausamkeit höchsten Grades – eine, die unsere Analyse und, wie ich hoffe, unsere Ablehnung verdient.

Im Gegensatz zu den kläglichen, sich selbst rechtfertigenden Behauptungen in Klavans Leitartikel findet man wahre moralische Komplexität selten in einfachen Umkehrungen. Häufiger begegnet man ihnen, wenn man in den Sumpf watet, sich mit dem Unbehagen vertraut macht und Appetit auf Nuancen kultiviert. »Wohlgemerkt: Es ist nicht das Streben nach intellektueller Künstelei«, schreibt Roland Barthes in *Das Neutrum*. »Was mir ... vorschwebte, ist eine Einführung ins Leben, ein Lebensratgeber (ein ethisches Projekt): ich möchte gemäß der Nuance leben. Nun gibt es eine Instanz, die über die kleinen Unterschiede wacht: die Literatur: zu leben versuchen gemäß den Nuancen, die mich die Literatur lehrt«. Ein solches Projekt hat in unserer Kultur im Allgemeinen einen schlechten Stand: Nuancen sind schön und gut für den Elfenbeinturm, sagen die Menschen, doch welche *Position* beziehst du in der »wirklichen« Welt? Auf wessen Seite stehst du? Wo befindest du dich letztendlich? Dieses Buch schreckt nicht davor zurück, starke Meinungen zu äußern, »Partei zu ergreifen«, wenn es das Gefühl hat, dies tun zu müssen. Schlussendlich teilt es jedoch eher Barthes' Bestreben: ein Leben gemäß der Nuance. Wie so etwas aussehen könnte, dafür gibt es per Definition keine Vorlage. Es kann nichts anderes sein als ein Experiment.

Verschiedene Theater der Grausamkeit

Antonin Artaud prägte den Begriff »Theater der Grausamkeit« in seinem brodelnden Manifestband aus den 1930er-Jahren, *Das Theater und sein Double. Das Theater und sein Double* zielte darauf ab, das westliche Theater zu vernichten und es aus der Asche nach Artauds Prinzip der Grausamkeit auferstehen zu lassen. »Alles, was handelt, ist eine Grausamkeit«, schrieb er. »Nach dieser bis zum äußersten getriebenen, extremen Vorstellung von Handlung muß sich das Theater erneuern.«

Von Anfang an war Artaud darauf bedacht, sein Konzept der Grausamkeit von dem des einfachen Sadismus, der Gewalt oder des Blutvergießens zu unterscheiden. *Seine* Grausamkeit, so betonte er, bedeute etwas ganz anderes: »im Sinne von Lebensgier, von kosmischer Unerbittlichkeit und erbarmungsloser Notwendigkeit, im gnostischen Sinne von Lebensstrudel, der die Finsternis verschlingt, im Sinne jenes Schmerzes, außerhalb dessen unabwendbarer Notwendigkeit das Leben unmöglich wäre«.

Trotz seiner wiederholten, manischen Erklärungsversuche war Artaud allerdings der Meinung, dass sein Konzept immer wieder missverstanden wurde. Für einen Verrückten, der dafür berüchtigt war, weit abseits von gesellschaftlichen Sitten zu leben, verbrachte er in Wahrheit übermäßig viel Zeit damit, seine Verwendung des Begriffs zu verteidigen. »Bei der Manie, alles herabzusetzen, die wir heutzutage allesamt haben, hat das Wort ›Grausamkeit‹, als ich es in den Mund genommen habe, für jedermann sofort soviel wie ›Blut‹ bedeutet«, schrieb er 1933 in einer Art Präventivschlag. »Doch *›Theater der Grausamkeit‹* bedeutet zunächst einmal Theater, das für mich selbst schwierig und grausam ist.« (Als ob die Grausamkeit gegenüber sich selbst die anderen Wirkungen aufheben würde: achten wir darauf, dass dies immer wieder auftauchen wird und uns misstrauisch machen sollte).

Artaud protestierte zwar lautstark gegen die wörtliche Auslegung seiner Grausamkeit, doch als es darum ging, dramatisch konkret zu werden, half es ihm nicht, dass seine Beispiele möglicher Stoffe mit wörtlich genommenem Blutvergießen in Verbindung standen: »*Die Geschichte vom Blaubart, nach den Quellen rekonstruiert und mit einer neuen Auffassung der Erotik und der Grausamkeit.*« — »*Eine Erzählung des Marquis de Sade, in der die Erotik auf allegorische Weise transponiert, versinnbildlicht und, im Sinne einer gewaltsamen Äußerung der Grausamkeit und einer Verschleierung alles anderen, eingekleidet wird.*« — »*Einen Auszug aus dem Z o h a r: die Geschichte vom Rabbi Simeon, welche die Heftigkeit und die stets gegenwärtige Stärke einer Feuersbrunst besitzt.*« Und so geht es weiter.

Artaud wollte, dass seine Grausamkeit gewissermaßen für sich selbst spricht. »Wer eine Vorstellung davon hat, was eine Sprache ist, wird uns verstehen«, schrieb er. »Nur für ihn schreiben wir.« Doch das Konzept spricht nicht für sich selbst. Allerdings kann die Verwendung des Wortes »Grausamkeit« im Zusammenhang mit der von Artaud verehrten Art von Lebenskraft mitunter als bedauerlicher lexikalischer Fehler daherkommen, vielleicht ein Fehler der westlichen oder manichäischen Sorte – eine Verzerrung, die der theatralischen Verdrehung von *Shunyata* (dem buddhistischen Konzept der Leerheit) ähnelt, wie sie auf unterhaltsame Weise von Philosophen wie Arthur Schopenhauer vollzogen wurde, die den Begriff seiner grundlegenden Neutralität beraubten und ihn in Richtung Negativität und Nihilismus hinbogen. Artaud war auf der Suche nach einem Namen für den »Lebensstrudel, der die Finsternis verschlingt«, für den Schmerz, »außerhalb dessen unabwendbarer Notwendigkeit das Leben unmöglich wäre«. Gott hatte er bereits in Scheiße umgetauft, und diesen Lebensstrudel nannte er Grausamkeit. »Und indem ich das tue, nehme ich das Recht in Anspruch, mit dem üblichen Sinn der Sprache zu brechen, ein für allemal die Armierung zu knacken, das Gehäuse zu sprengen«. Kurzum, Grausamkeit bedeutete, was immer Artaud für richtig hielt. Das macht die Arbeit mit dem Begriff, so wie er ihn überliefert hat, etwas schwierig.

Seine Verwendung des Begriffs und sein Unwille, ihn aufzugeben, waren allerdings keine semantischen Zufälle. Wie Nietzsche vor ihm beharrte Artaud auf der Grausamkeit, weil Grausamkeit nicht nur mit Unerbittlichkeit, sondern auch mit dem Bösen assoziiert wird. Und beide Männer betrachteten die krawallhafte Rückgewinnung des Bösen als eine Art notwendigen Zwischenstopp auf dem Weg hin zum Tanz mit kosmischen Kräften, die nichts gemein haben mit normativen, insbesondere religiösen Vorstellungen von Moral. Mit anderen Worten, die Hinwendung zur Grausamkeit ist ein Schritt – eine Art Aufnahmeritual, eine Art Schwelle – auf dem Weg zur Überwindung der Grausamkeit, auf dem Weg zu einem Raum, den Artaud (wie auch der Marquis de Sade, Georges Bataille, Camille Paglia und zahllose andere) schätzte als einen elementareren, tierischeren, »natürlicheren« Bereich als den der zivilisierten Welt mit ihren verinnerlichten psychischen Grenzen, ihrem Gezeter über Ethik, ihrem heuchlerischen Moralisieren, ihren langweiligen Gesellschaftsverträgen und politischen Debatten. »[W]ir fahren geradewegs über die Moral w e g, wir erdrücken, wir zermalmen vielleicht dabei unsren eignen Rest Moralität, indem wir dorthin unsre Fahrt machen und wagen«, schrieb Nietzsche und trommelte die unsichtbaren Truppen zusammen.

Hier knüpft Nietzsche an den großen Marquis de Sade an, von dessen Namen sich das Wort »Sadismus« ableitet. Im 18. Jahrhundert kehrte Sade Jean-Jacques Rousseaus wohlwollendere Sicht des Menschen in der Wildnis um und verehrte auf boshafte Weise die Grausamkeit der Natur als Vorbild für Menschendinge. Wie Simone de Beauvoir 1955 in ihrem Essay »Soll man Sade verbrennen?« zusammenfasste, war Rousseau der Meinung: »Die Natur ist gut; folgen wir ihr«, und Thomas Hobbes meinte: »Die Natur ist böse; folgen wir ihr *nicht*«, während Sade die Meinung vertrat: »Die Natur ist böse; folgen wir ihr«. »Die Grausamkeit ist nichts anderes als die menschliche Energie, an der die Zivilisation noch nichts zu verderben vermochte«, schrieb Sade 1795 in *Die Philosophie im Boudoir*. »Und darum ist sie eine Tugend und nicht ein Laster.« Zweihundert Jahre später trieb Artaud diese Vorstellung von der Grausamkeit als grundlegender, unkorrumpierter

Energie noch weiter in den Bereich des Mystischen, der Metaphysik: »Durch Grausamkeit gerinnen die Dinge, bilden sich die Pläne des Geschaffenen«, schrieb er.

Natürlich war es für Sade, Nietzsche oder Artaud nicht von Bedeutung, welche Art von Welt oder welches Ausmaß an Leiden die Verherrlichung derartiger Prinzipien mit sich bringen könnte. Oder besser gesagt, es mag sie interessiert haben, doch sie hatten, wie man sagt, andere Prioritäten – solche, die sich eher mit der oben erwähnten Haltung decken, die Bacon zum Ausdruck gebracht hat (nämlich, dass Leiden und Verschiedenheit große Kunst hervorbringen, nicht Egalitarismus).

Seit Artauds Tod im Jahr 1948 hat es viele aufrichtige und oftmals lobenswerte Versuche gegeben, seine Theorien auf das Theater anzuwenden. Doch jedes Mal, wenn ein Publikum intakt genug bleibt, um beim Rausschlurfen zu murmeln: *wie kraftvoll*, bevor es sich entscheidet, wo es Kuchen und Schnaps zu sich nehmen soll, ist Artauds Traum, »den Zuschauer zu zermalmen und zu hypnotisieren« – und zwar vielleicht bis zu dem Punkt, an dem es kein Zurück mehr gibt – gestorben. Trotz all seiner Arbeit als Schauspieler, Regisseur und Dramatiker lebt Artauds Vermächtnis nicht im Theater weiter, sondern in eher erfahrungsorientierten, physisch eindringlichen Ausdrucksformen wie dem Punkrock, der radikalen Performance-Kunst, dem Karneval, dem Butoh, »Happenings«, Festivals wie Burning Man und so weiter. (Zu seinen Lebzeiten war Artauds wichtigster Versuch, seine Prinzipien auf die Bühne zu übertragen, die Inszenierung des Stücks *Les Cenci* von 1935, was ein chaotischer Flop wurde; kurz darauf kehrte Artaud dem Theater den Rücken). Wie Dada, der nach Definition kein Meisterwerk hervorbringen kann (obwohl er dies durchaus getan hat, und zwar mehrfach), kann Artauds Theater der Grausamkeit nicht als ein Mittel angesehen werden, mit dem man ästhetische Meisterschaft erlangt. Es zielt vielmehr darauf ab, ästhetische Meisterschaft an sich zu zerstören und sie mit einem »leidenschaftlichen, konvulsivischen« Begriff des Lebens zu ersetzen.

Dieser Aufruf, das vermittelnde Objekt – sei es das Kunstobjekt, das Theatererlebnis oder das Buch in den Händen – zu demontieren oder zu zerstören, um diesen »konvulsivischen« Begriff des Lebens freizulegen, ist in der Rhetorik der Avantgarde so hartnäckig, dass man sich mitunter fragt, warum sich einer ihrer Vorreiter überhaupt mit Kunst abgegeben hat. »Die einfachste surrealistische Handlung besteht darin, mit Revolvern in den Fäusten auf die Straße zu gehen und blindlings soviel wie möglich in die Menge zu schießen«, verkündete André Breton, der sogenannte Papst des Surrealismus, im Jahr 1930.

Das Bestreben, die Grenzen zwischen Leben und Kunst einzureißen – und dieses Einreißen mit Gewalt und Bruch zu bewerkstelligen – kennzeichnet die Avantgarde spätestens seit den italienischen Futuristen. Die Futuristen, die von vielen als die erste Avantgarde betrachtet werden, wollten nicht nur Malerei, Musik, Bildhauerei, Theater und Architektur revolutionieren, sondern auch Mode, Moral, Sitten, Religion und Politik. Sie wollten dies im Geiste des 1909 von ihrem Anführer F. T. Marinetti veröffentlichten »Manifests des Futurismus« bewerkstelligen, in dem es heißt, dass Kunst »nichts anderes als Gewalt, Grausamkeit und Ungerechtigkeit sein kann«, etwas, das verspricht, »den Krieg [zu] verherrlichen – diese einzige Hygiene der Welt«, zusammen mit »Militarismus, Patriotismus, der Vernichtungstat der Anarchisten, der schönen Ideen, für die man stirbt, und der Verachtung des Weibes«. So sehr der Futurismus auch gescheitert sein mag (der Erste Weltkrieg, den die Futuristen mit unermüdlicher Agitation herbeiführen wollten, nahm der Bewegung viel von ihrem Schwung, ganz zu schweigen von vielen ihrer führenden Köpfe), so muss man doch eingestehen, dass sich ein Großteil des zwanzigsten Jahrhunderts, in der Kunst wie in der Politik, nach seinem Vorbild entwickelt hat.

In den 1960er-Jahren waren die Befürworter der Aufhebung der Grenze zwischen Kunst und Leben bei Weitem nicht mehr so fixiert auf einen radikalen Schnitt – man denke nur an John Lennons und Yoko Onos friedliebendes »Bed-In« von 1969 oder an die fröhlich alltäglichen Kunst-als-Leben-Partituren von Allan Kaprow sowie an die Fluxusbewegung, oder an das Aufkommen absichtlich monotoner, ausdauerbasierter Performance-Kunst, verkörpert durch Werke wie *Art/Life* (1983–84) von Linda Montano und Tehching Hsieh, im Rahmen dessen sich Montano und Hsieh bereit erklärten, ein Jahr lang mit einem drei Meter langen Seil aneinander gefesselt zu bleiben, ohne sich gegenseitig zu berühren. Andere Kunstschaffende jedoch – wie die österreichischen Künstlerinnen und Künstler, die dem Wiener Aktionismus zugerechnet werden – vertraten eine gewalttätigere, aggressivere Linie. »Es ist die Aufgabe des Künstlers, die Kunst zu zerstören und der Wirklichkeit näher zu kommen«, erklärte der Aktionist Otto Muehl. Mit einigem Pathos erklärte Muehl später seine Reaktion auf diese Aufgabe folgendermaßen: »Weil ich keine anderen Mittel und Wege als die Kunst kannte, um an die Wirklichkeit heranzukommen, habe ich meine Aktionen zu äußerst aggressiven Unternehmungen intensiviert.«

Warum der Wunsch, »uns wieder unseren Sinnen näherzubringen« oder »zur Realität zu gelangen«, so oft unmittelbar zu »äußerst aggressiven Unternehmungen« führt, die durch blutigen Schock verkörpert werden – selbst wenn sich der Künstler, wie Artaud, der verflachenden Wirkung einer solchen wörtlichen Auslegung bewusst ist –, bleibt eine offene Frage. (Auch Francis Bacon ist mit sich selbst ziemlich hart ins Gericht gegangen, wenn er sich explizit gewalttätigen Stoffen zuwendete, insbesondere solchen, die das Potenzial hatten, die Langeweile von Erzählung oder Moral auf die Leinwand zu bringen: ein Stierkampf, eine Nazi-Armbinde und so weiter. Nichtsdestoweniger ist Bacon bekannt für seine aufgebrochenen Fleischkadaver, Kreuzigungen, schreienden Gesichter, Szenen unerklärlichen, aber eindringlichen Blutvergießens, verletzte Köpfe und implodierende Körper).

Nehmen wir zum Beispiel das Werk des Aktionisten Hermann Nitsch, der Artaud als einen Haupteinfluss nennt (»Sein *Theater der Grausamkeit* hat mich sehr geprägt. ... Ich würde sagen, er war mein Bruder«). Der Höhepunkt von Nitschs Karriere war das sogenannte *6-Tage-Spiel,* auf das er sich jahrzehntelang vorbereitete und das schließlich 1997 an sechs Tagen auf dem Gelände von Schloss Prinzendorf in Österreich aufgeführt wurde. Nitsch beschreibt nur einen Ausschnitt des Stücks wie folgt: »Trauben, Früchte und Tomaten, tierische Lungen, Fleisch und Eingeweide werden ekstatisch zertrampelt. Menschen trampeln in geschlachteten TIERKÖRPERN, die mit Eingeweiden gefüllt sind, in Trögen voller Blut und Wein. Extremer Lärm von den Orchestern. Schlachtung des Stiers, von 2 Schweinen. Ausweidung.«

Nitsch mag eher auf dionysisches Gelage als auf apokalyptischen Terror abzielen, doch die Vermutung, dass Blutvergießen – ganz gleich, wie es ritualisiert wird – das ultimative Mittel ist, um Teilnehmern und Publikum ein »Fest der Sinne« zu bescheren, sie »ins Leben zurückzuholen«, bleibt bestehen. (Ob Blutvergießen immer mit Gewalt einhergehen muss, bleibt ebenfalls eine offene Frage, genauso wie die Definition von Gewalt selbst: Man denke beispielsweise an die unterschiedlichen Verwendungen des Wortes, um die es bei Phänomenen wie »symbolische Gewalt«, »göttliche Gewalt«, »häusliche Gewalt«, »die Gewalt des Kapitals«, »Abtreibung als Gewalt«, »gewalttätige Sprache« und so weiter geht. Eine weitere offene Frage ist, ob ein sogenannter Gewaltakt immer von Grausamkeit gekennzeichnet oder begleitet sein muss: das Töten von Tieren zum Zweck der Ernährung, einige Fälle von Freitod, Sterbehilfe oder Euthanasie, ritualisierte Körperkasteiungen und so weiter bieten alle Diskussionsstoff).

Man könnte argumentieren, dass es ganz einfach keinen Ersatz für das viszerale Unbehagen gibt, das ein solches Blutvergießen hervorruft, weder in der Repräsentation noch in der Realität – noch in einem Mix aus beidem. So ist es zum Beispiel beinahe unmöglich, von vielen aktionistischen Filmen aus den 1960er-Jahren körperlich unberührt zu bleiben, wenn in ihnen zahlreiche Formen von Verstümmelung, Prügel, Penetration und Aderlass vorkommen. (Dasselbe gilt vermutlich auch für die neueren Aderlass-Arbeiten von Performance-Künstlern wie Ron Athey, Franco B und anderen, obwohl sich ihre Arbeit sowohl im Ton als auch in der Motivation grundlegend unterscheidet.) Trotz der erklärten kulturellen Müdigkeit in Bezug auf transgressive Körperkunst haben diese aktionistischen Filme nicht viel von ihrer viszeralen Heftigkeit verloren – mir ist noch niemand begegnet, die diese Stücke nicht, zumindest beim ersten Mal, als provozierend, aufregend, abstoßend (oder eine Mischung daraus) empfand.

Doch wie ekstatisch die Gemeinschaft oder wie aufrüttelnd die Transgression auch sein mag, diese Betonung des Blutvergießens als Sprungbrett in die Wirklichkeit kann ermüdend sein. Wann immer ich eine kluge Abrechnung mit den Wiener Aktionisten lese – etwa von der Künstlerin Carolee Schneemann oder der Feministin Germaine Greer –, kann die jeweilige Arbeit schnell lächerlich wirken, ein witzloses Zeugnis einer lachhaften Gehemmtheit weißer Buben auf österreichische Art, die sich buchstäblich zu wagnerianischen Proportionen aufzupeitschen versuchen. »Soll niemand meinen Schwanz steif machen?« soll ein schlaffer Otto Muehl während einer Aufführung 1971 geschrien haben, während der Muehl eine Opfergans abgenommen wurde (von dem britischen Dichter Heathcote Williams, auf Drängen von Greer), bevor das Tier sein Schicksal ereilen konnte. Ganslos schiss Muehl schließlich auf die Bühne.

Ob es nun darum geht, eine dionysische Orgie zu veranstalten (wie Nitsch), eine »hygienische Gewalt« zu mobilisieren, um die Gesellschaft von ihren gangränösen Elementen zu reinigen (wie die Futuristen), oder einfach nur die Aufforderung, »den Geist zu befreien« (wie Ono und Lennon), die Sorge um das Verhältnis zwischen Kunst und Leben ist nach wie vor groß und der Auftrag, die Grenzen zwischen ihnen einzureißen, brennend.

Diese Angst und Dringlichkeit – oft dargestellt als Konflikt zwischen Zuschauen und Handeln oder zwischen dem Simulierten beziehungsweise dem Vermittelten und dem Realen – diese Angst ist buchstäblich uralt. Platon war bekanntlich der Meinung, dass die Mimesis (sprich die Nachahmung, aber auch die Darstellung in einem viel weiteren Sinne) die Menschen von der Wahrheit ablenke und daher eine schädliche Wirkung auf die Bürgerinnen und Bürger seiner Republik habe; aus diesem Grund sollten die Dichter aus seinem Idealstaat der Republik verbannt werden. Aristoteles vertrat mit seiner Theorie der Katharsis eher eine Haltung der sozialen Kontrolle und argumentierte, dass die Betrachtung aufrüttelnder Darstellungen aus angemessenem Abstand (wie der Besuch einer Tragödie) ein gesundes Ventil für Impulse und Ideen bieten könne, die andernfalls das soziale Gefüge stören würden.

Die letztgenannte Theorie findet sich in einer endlos diskutierten Passage in Aristoteles' *Poetik*, in der die Tragödie als »Nachahmung einer bedeutenden Handlung« definiert wird. »Durch Mitleid und Furcht bewirkt sie eine Reinigung eben dieser Gefühle.« Die Verwirrung rührt zum Teil vom griechischen Original her, das nicht nur den Vorgang selbst, sondern auch seinen eigentlichen Gegenstand etwas im Dunkeln lässt. *Katharsis* kommt im Englischen praktisch unübersetzt als »catharsis« an, was sich von *katharos* – »rein« – ableitet. Doch das Wort hat sich so ausgedehnt, dass es eine Vielzahl von Prozessen bezeichnet oder mit sich bringt, einschließlich Klärung, Erleuchtung, Reinigung, Beseitigung, Transsubstantiation, Sublimierung, Befreiung, Befriedigung, homöopathische Heilung oder eine Kombination daraus. Zweitens lässt die Formulierung von Aristoteles' ursprünglichem Satz offen, ob sich »catharsis« auf *Ereignisse* oder auf *Emotionen* bezieht, ob also die Handlung innerhalb einer Person, außerhalb von ihr oder irgendwo dazwischen stattfindet. Hier sind zum Beispiel zwei plausible, aber völlig unterschiedliche Übersetzungen von Aristoteles' Satz: »[Tragedy] achieves, through representation of pitiable and fearful incidents, the catharsis of such pitiable and fearful indicents« (Leon Golden) *(»[Die Tragödie] erreicht durch die Darstellung bedauernswerter und furchterregender Ereignisse die Katharsis solcher bedauernswerter und furchterregender Ereignisse«)*; »By means of pity and fear, [tragedy] contrives to purify the emotions of pity and fear« (J. L. Creed / A. E. Wardman) *(»Mittels Mitleid und Furcht bemüht sich [die Tragödie], die Gefühle des Mitleids und der Furcht zu reinigen«).*

Im zwanzigsten Jahrhundert inszenierten die Dramatiker Artaud und Bertolt Brecht jeweils eine schonungslose Abrechnung mit dieser Problematik. Beide akzeptierten Platons Prämisse – nämlich, dass der *Mimesis* etwas Ruchloses innewohnt –, aber keiner von beiden machte sich Aristoteles' Rettungsversuch zu eigen. Brecht schrieb explizit gegen Aristoteles' Katharsis-Theorie an und versuchte, vorspringende Identifikation und emotionale Objektbesetzung – die seiner Meinung nach das Publikum selbstgefällig und politisch ohnmächtig machten – durch strategische Formen der Verfremdung zu ersetzen, die das Publikum zu dialektischem Denken, Entscheidungsfähigkeit, zu Wissensdurst sowie zu Handeln veranlassen sollten. Artaud – der im Gegensatz zu Brecht kein Marxist oder Verfechter von sozialer Gerechtigkeit war – ging es vielmehr darum, den Zauber und die Rohheit wiederzuerwecken, die seiner Meinung nach durch Zuschauen aus dem täglichen Leben verdrängt wurden. »Wenn es unserm Leben an Schwefel, das heißt an dauerhafter Magie fehlt, so weil wir uns darin gefallen, unsere Handlungen zu besehen und uns in Betrachtungen über die erträumten Formen unsrer Handlungen zu verlieren, statt daß wir von ihnen angetrieben werden«, schrieb Artaud.

Das Problem ist natürlich, dass Kunst in der Regel ein Publikum voraussetzt, was uns wieder zu dem Problem zurückführt, Aktionen zu beobachten und uns in der Betrachtung ihrer erträumten Form zu verlieren. (Kaprow, der den Begriff »Happening« geprägt hat, stimmte zu, dass das hartnäckigste Problem, mit dem er bei seinen Versuchen, Kunst und Leben zu verschmelzen, konfrontiert war, die Anwesenheit des Publikums war – ein Problem, das er fast sechzig Jahre lang durch eine harmlosere Methode zu lösen versuchte, die er »un-arting«, etwa »Unkunst« nannte.)

In *Der emanzipierte Zuschauer* (2009) nennt der französische Philosoph Jacques Rancière dies »das Paradox des Zuschauers«, das er kurz und knapp wie folgt beschreibt: »Es gibt kein Theater ohne Zuschauer. [...] Die Ankläger sagen nun, dass es schlecht ist, Zuschauer zu sein, und das aus zwei Gründen. Erstens ist zusehen das Gegenteil von erkennen. [...] Zweitens bleibt der Zuschauer unbeweglich und passiv auf seinem Platz. Zuschauer sein bedeutet, zugleich von der Fähigkeit zur Erkenntnis und von der zur Handlung getrennt zu sein.« Obwohl Brecht und Artaud zwar von denselben Voraussetzungen ausgehen, bieten sie entgegengesetzte Lösungen an: Brecht verlangt, dass sich das Publikum durch ein erzwungenes Selbstbewusstsein seiner Komplizenschaft bewusstwird; Artaud strebt danach, den Abstand zwischen Schauen und Handeln ganz aufzuheben, so dass das Publikum untergeordnet, besessen, aufgelöst wird.

Eine grobe, zeitgemäße Verdrehung des brechtianischen Ansatzes ist in dem berüchtigten Film *Funny Games* des österreichischen Filmemachers Michael Haneke zu sehen. *Funny Games*, den Haneke ursprünglich 1997 drehte und 2007 für ein amerikanisches Publikum erneut verfilmte, ist die Geschichte zweier Folterknechte, die im Laufe der 108 Minuten des Films eine bürgerliche Familie terrorisieren und verstümmeln. Während ihrer Blutstreiberei wenden sich die Folterknechte regelmäßig der Kamera zu, um das Publikum zu provozieren, indem sie Dinge sagen wie: »Ist es schon genug? Sie wollen doch ein richtiges Ende mit plausibler Entwicklung, oder?« Dies ist ein äußerst plumpes Mittel, um die Aufmerksamkeit auf die Mitschuld der Zuschauenden zu lenken, was wahrscheinlich der Grund dafür ist, dass A. O. Scott in seiner Rezension des Remakes diese Technik als eine beschrieb, die »1985 in einem Literaturtheoriekurs für Erstsemester vielleicht kühn erschien«, heute aber als Betrug daherkommt. (Ich möchte noch hinzufügen, dass die direkte Ansprache des Publikums zwar eine brechtianische Technik ist, die direkte Anschuldigung der Aufmerksamkeit des Publikums allerdings nicht; Brecht ging nicht vom Schlimmsten aus, was ein Publikum fühlt oder wünscht, wie es Haneke hier tut. Die Anmaßung, etwas zu wissen, lässt einen wichtigen Raum kollabieren – einen Raum, der für Brecht von großer Bedeutung war, da er seiner Meinung nach die Entwicklung von Handlungsfähigkeit ermöglichte).

Vielleicht ist die Zeit für die Wirksamkeit eines solchen Unterfangens einfach vorbei – nicht, weil unsere Komplizenschaft (mit was auch immer) abgenommen hat oder weniger toxisch geworden ist, sondern weil die Ungeheuerlichkeit bestimmter geopolitischer Krisen die Komplizenschaft der Zuschauenden mit den vermeintlichen Übeln des Zuschauens wie Peanuts erscheinen lässt. (Klar, wir schauen gerne zu, na und?) Brecht selbst war dem schon auf der Spur: Zumindest in seinen frühen Jahren war er neugierig darauf, die Möglichkeiten zu untersuchen, wie man gleichzeitig unterhalten und unterrichten kann – damit Unterhaltung und Unterrichtung »in offener Feindschaft« koexistieren können –, er suchte nicht die Abschaffung oder Verteufelung der Unterhaltung an sich.

Genauer gesagt, könnte es sein, dass die Schnelllebigkeit des sogenannten Bildregimes, in dem viele von uns heute leben, so wenig Gelegenheit zum langsamen Schauen, Nachdenken und Reflektieren bietet, dass die Anklage der langen Aufmerksamkeitsspanne der Betrachterin heutzutage wie die Verschwendung einer immer selteneren Ressource erscheint. Man denke beispielsweise an die Installation *Untitled (Newsweek)* (1994) des chilenischen Künstlers Alfredo Jaar, die aus siebzehn digital reproduzierten Titelseiten der Zeitschrift *Newsweek* besteht, die in chronologischer Reihenfolge aufgehängt sind und den Fünfmonatszeitraum zwischen dem 6. April und dem 1. August 1994 abdecken. Auf dem letzten Cover ist der Völkermord in Ruanda abgebildet, der etwa fünf Monate zuvor begonnen hatte; unter jedem Cover befindet sich eine Karte mit einem aufgedruckten Text, der eine Auswahl von Details zu den Ereignissen in Ruanda am Tag der jeweiligen Ausgabe enthält. Die Gegenüberstellung soll verdeutlichen, worauf sich die Vereinigten Staaten (oder die Vereinigten Staaten, wie sie von der Zeitschrift

Newsweek repräsentiert werden) konzentrierten (das Vermächtnis von Jackie O., der Prozess gegen O. J. Simpson, die Fußballweltmeisterschaft, die Zukunft Nordkoreas und so weiter), während sie ihre Aufmerksamkeit auf das grausame, groß angelegte Gemetzel in Afrika hätten richten können, das heißt hätten richten sollen.

Jaar vertritt einen absolut berechtigten – wenn auch nicht offensichtlichen – Standpunkt zu dem, was die amerikanischen Mainstream-Medien als berichtenswert einstufen und was sie zu ignorieren beschließen. Weil der Künstler aber bereits im Vorfeld festgelegt hat, was genau wir uns hätten ansehen sollen – und was an seiner Stelle frivol oder falsch ist –, warum sollen wir dann überhaupt noch hinsehen? Bestärkt durch sein gutes Gewissen hat der Künstler die Hierarchie der Aufmerksamkeit von *Newsweek* einfach durch seine eigene ersetzt.

Im Jahr 2007 hielt Jaar im Rahmen einer Ausstellung dieses Werks eine Vorlesung an der Wesleyan University. Die Vorlesung hatte den Titel »It is Difficult« und bezog sich auf die Art und Weise, in der Jaars Werke »uns zwingen, Ereignisse zu betrachten, die wir lieber nicht sehen würden.« Aber wer ist hier dieses »wir«? Und woher weiß der Künstler im Voraus, was wir lieber nicht sehen würden oder wie schwer das Hinsehen fallen könnte? Und ist es wirklich das Hinsehen, das so schwer ist? Oder ist es die ganze Arbeit, die das Betrachten von Grausamkeiten *nicht* leistet – nämlich, wie Susan Sontag es ausdrückt, unser Unwissen über die Geschichte und die Ursachen des Leidens zu reparieren und Handlungen als Reaktion darauf zu entwerfen, also etwas, das vielleicht ganz genau *außerhalb* des Bereichs der Kunst liegen könnte? Selbst Gruppen wie ACT UP (AIDS Coalition to Unleash Power), die unermüdlich für eine radikale Politisierung der Kunst kämpften, landeten manchmal an einem ähnlichen Punkt: Man bedenke beispielsweise das ACT UP-Flugblatt, das 1988 aus Protest gegen eine Nicholas-Nixon-Ausstellung im Museum of Modern Art angefertigt wurde, eine Ausstellung, die mehrere Fotografien von Menschen zeigte, die von AIDS betroffen waren. »STOP LOOKING

AT US; START LISTENING TO US«, hieß es auf dem Flugblatt, »HÖRT AUF, UNS ANZUSCHAUEN; FANGT AN, UNS ZUZUHÖREN.«

Neulich bat mich ein Freund, der sich einen Einblick in mein aktuelles Projekt erhoffte, Artauds Theater der Grausamkeit zu beschreiben; ich schlug eine zerlesene Seite von *Das Theater und sein Double* auf und las ihm laut vor, dass es in dem Buch um »sagenhafte Figuren, um gräßliche Verbrechen und übermenschliche Aufopferungen« geht, mit einer besonderen Anrufung der Kräfte der »Grausamkeit und des Schreckens«. »Klingt arg nach Hollywood«, meinte mein Freund achselzuckend, bevor er sich ungerührt wieder seinem Buch zuwandte. Und das tut es auch. Letztendlich liegt die Ironie von Artauds Theater der Grausamkeit vielleicht nicht in seiner legendären Unanwendbarkeit, sondern eher in der Tatsache, dass unser Zeitalter seinen Traum von der zerstörerischen, regenerativen, revolutionären Kraft des Spektakels vielleicht als Lüge entlarvt hat.

Das liegt nicht daran, dass es, wie einige meinten, keine »Realität« jenseits des Spektakels mehr gibt. Es liegt auch nicht daran, dass einige privilegierte Menschen den Luxus haben, »herablassend« mit der Realität umzuspringen, während die Unglücklicheren – die vermutlich in jedem Moment in der sogenannten Realität gefangen sind – nichts dergleichen tun (siehe Sontag). Vielmehr liegt es daran, dass die ganze Vorstellung, Kunst oder grundlegendere Formen der Darstellung (wie die Sprache, das Sehen oder das Bewusstsein selbst) verdunkelten oder verzerrten eine ansonsten kohärente, transzendentale Realität, meiner Meinung nach keine besonders überzeugende oder gewinnbringende Formulierung ist. Viel interessanter sind meines Erachtens die Fähigkeiten bestimmter Werke, das, was wir mit »Realität« meinen, zu erweitern, zu erfinden, zu zersprengen oder anzudeuten. Eine andere Art, dies zu formulieren, wäre, um Rancières Begriff zu verwenden, die »Aufteilung des Sinnlichen«. Sich auf diese Umverteilung zu konzentrieren, bedeutet, die Fülle an Repräsentations- und Wahrnehmungsmöglichkeiten zu feiern, die uns zur Verfügung stehen, und sich für die Kunst als einen Ort dieser Möglichkeiten zu begeistern – ein Mittel, um im wahrsten Sinne des Wortes zu verändern, was wir wahrnehmen können.

So sehr sich Artaud auch ein Theater gewünscht haben mag, das in der Lage ist, »die Sprache [zu] durchbrechen, um das Leben zu ergreifen«, finde ich ihn deshalb dann am bewegendsten und inspirierendsten, wenn er die Akte des Denkens, der Artikulation und der Darstellung selbst analysiert, ausgräbt und verfremdet. Siehe zum Beispiel »Die Nervenwaage« von 1925, in dem Artaud aus dem Nichts berichtet: »Die Worte auf halbem Weg zum Verstand. Diese Möglichkeit, rückwärts zu denken und plötzlich sein Denken zu schmähen. Dieser Dialog im Denken. Das Verschwinden, die Auflösung von allem. Und plötzlich dieser dünne Wasserstrahl über einem Vulkan, der winzige, verlangsamte Sturz des Geistes.«

Es zeugt von Artauds Intensität – und vielleicht von seinem Wahnsinn –, dass ihm die abstumpfenden Aspekte seiner theatralischen Vision nie in den Sinn gekommen zu sein scheinen. Er fürchtete sich durchaus vor wörtlicher Auslegung und Missverständnissen, doch seine Vorschläge, »um aus der Flaute herauszukommen, anstatt nur immerfort zu stöhnen über diese Flaute und über die Verdrossenheit, die Trägheit und Dummheit all dessen«, verlangten immer nach *mehr* Intensität, *mehr* Spektakel, *mehr* Blutvergießen, *mehr* Schock, *mehr* Immersion, *mehr* Obszönität. Schließlich war er ein Mann, der in einem erschütternden Zustand von nahezu ständiger Agonie, Ekstase, Trance, Entzug oder Psychose überlebte (wenn auch nur gerade so); ein Zustand, den nur wenige andere erwählen oder ertragen könnten. Er erlebte natürlich nicht mehr den Artikel in *Le Monde*, der kurz nach dem 11. September veröffentlicht wurde und in dem der französische Philosoph Jean Baudrillard den Terroranschlag, der die Twin Towers zum Einsturz brachte, bezeichnete als »unser Theater der Grausamkeit, das einzige, das uns bleibt«. Auch lebte Artaud nicht im Zeitalter von, sagen wir, Enthauptungen, die man sich ganz leicht auf YouTube ansehen kann. Zum Glück hat er auch nicht die Ergebnisse meiner Google-Suche von heute Morgen unter »Theater der Grausamkeit« miterlebt: zunächst einen Artikel in der *Nation*, in dem die von den USA in Abu Ghraib begangenen Folterungen – und die Verbreitung der Fotos dieser Taten – als »Theater der Grausamkeit« bezeichnet werden; dann einen Blog von *USA Today*, in dem Lesende aus aller Welt aufgefordert werden, sich zu der Frage zu äußern: »Ist das Vorsingen bei *American Idol* ein ›Theater der Grausamkeit‹?«

Vielleicht ist das der Grund, warum mir Artauds Schriften heute am besten in der Stille, in der Einsamkeit und – entgegen seinem Wunsch – auf dem Papier begegnen. Sein Knistern ist immer noch hörbar, es versengt noch immer. Doch auf dem Papier ist es nicht auf die Dezimierung des Denkens angewiesen, die sich Artaud zuweilen als Läuterung vorstellte, die aber durch den Anti-Intellektualismus der zeitgenössischen amerikanischen Kultur zu etwas völlig Lähmendem umfunktioniert wurde.

Denn die Hauptströmung des heutigen Anti-Intellektualismus charakterisiert *das Denken selbst* als eine elitäre Tätigkeit. Und selbst wenn man sich dafür begeistern könnte, die Verrenkungen der geistigen Anstrengung hinter sich zu lassen, fordert der heutige Anti-Intellektualismus nicht, dass wir unsere Finger wieder in Blut und Dreck stecken, dass wir orgiastische Glückseligkeit entdecken, dass wir autonomer in unserer Fähigkeit werden, unsere grundlegenden, ursprünglichsten Bedürfnisse zu erfüllen, oder dass wir eins werden mit den ehrfurchtgebietenden Kräften des Kosmos. Dieser Anti-Intellektualismus verlangt nicht, was Thoreau verlangt: »Ich will eine Wildheit, die für keine Zivilisation erträglich sein kann, als würden wir vom Knochenmark roh verzehrter Kuduantilopen leben«. Und er lädt uns nicht ein, »uns wie stolze Früchte in das weite, verzerrte Maul des Windes zu werfen«, wie es F. T. Marinetti tat. Und natürlich imaginiert er auch nicht, wie Carolee Schneemann, dass die befreite Kraft der weiblichen erotischen Lust uns Zugang zu einer ekstatischen Erfahrung unserer Körper verschaffen könnte, die nicht mehr in Opposition zu intellektuellen Anstrengungen steht. Stattdessen propagiert dieser Anti-Intellektualismus so etwas wie eine Idiokratie, in der minderwertige Vergnügungen (wie die Fähigkeit, billige Waren zu kaufen, wenige oder gar keine Steuern zu zahlen, Waffen beim Starbucks-Besuch zu tragen und sich das Recht zu bewahren, sich gegenseitig *nicht* zu helfen) alle anderen Formen der Freiheit verdrängen, selbst die der transformativsten und tiefgreifendsten Sorte.

»Nicht denken, sagt der Dumme, sagt die vulgäre Herde, *warum zu denken versuchen?*«, schrieb Artaud, der das Denken oft als eine Art körperliche Qual empfand. »Als ob man ohne [Denken] leben könnte.«

Toll anzusehen

In ihrem bewegenden und einflussreichen Memoir gegen die Todesstrafe, *Dead Man Walking – Sein letzter Gang*, behauptet Schwester Helen Prejean: »Denn letztlich bin ich davon überzeugt, daß es keine Frage von Bosheit, bösem Willen oder der Grausamkeit ist, daß unsere Bürger die Todesstrafe befürworten. Es ist schlicht die Unwissenheit der Menschen darüber, was wirklich geschieht.« Prejean ist davon überzeugt: »wenn die Hinrichtungen öffentlich gemacht und die Folter und die Gewalt demaskiert werden würden, wären wir so beschämt, daß wir Hinrichtungen abschaffen würden.«

Ach, wenn es doch nur so wäre. Denn wenn die Hiobsbotschaften aus Abu Ghraib in den letzten Jahren eines deutlich gemacht haben, dann die Tatsache, dass Prejeans imaginiertes Modell – wir werden durch Scham zum Handeln bewegt, indem die Wahrheit unserer Handlungen enthüllt wird – nicht konkurrieren kann mit unserer Fähigkeit, schreckliche Bilder zu verarbeiten und grauenvolles Verhalten zu rechtfertigen oder abzutun. Ganz zu schweigen von der Tatsache, dass die Vereinigten Staaten – wie viele andere Länder und Personen auch – eine lange Geschichte haben, im Spektakel öffentlicher Hinrichtungen und grausamer Folterungen zu schwelgen. (In diesem Zusammenhang muss ich ohne Freude das im Jahr 2000 erschienene dokumentarfotografische Buch *Without Sanctuary: Lynching Photography* empfehlen.)

Prejeans Überzeugung, dass es schlichte, schuldlose Unwissenheit ist, die so viele Menschen Amerikas dazu veranlasst, Hinrichtungen zu unterstützen (oder die Folterung von Gefangenen im sogenannten Krieg gegen den Terror und so weiter), mag gutherzig sein. Aber leider lässt sie uns nur eine Möglichkeit: Erfahre die Wahrheit, und du wirst erlöst werden. Aber »die Wahrheit zu erfahren« ist keine Garantie für Erlösung, und das Gefühl der Erlösung garantiert auch nicht, dass der Kreislauf des Unrechts beendet wird. Manche würden sogar sagen, dass es der Schlüssel zur Aufrechterhaltung des Kreislaufs ist, da es wie ein Reset-Knopf wirken kann – eine Reinigung, die die Oberfläche säubert, ohne Garantie, dass an der Wurzel etwas verändert wird. Wenn man alles auf die »Logik der Entlarvung« setzt, wie Eve Kosofsky Sedgwick es (in *Touching Feeling*) formuliert hat, kann dies auch einfach die Logik der Paranoia befördern. »Paranoia setzt ihren Glauben in die Entlarvung «, schreibt Sedgwick – was bedeutet, dass die Entlarvung einer beunruhigenden Tatsache oder Situation diese nicht notwendigerweise verändert, sondern vielmehr die zirkuläre Überzeugung befördern mag, dass *man nie paranoid genug sein kann*.

Prejeans Logik beruht auf der Hoffnung, dass Scham, Schuldgefühle und sogar einfache Peinlichkeit im kulturellen und politischen Leben der USA noch immer Wirkung entfalten – und dass diese Prinzipien die Kräfte der Desensibilisierung und Selbstrechtfertigung übertrumpfen können. Eine solche Annahme wird durch die scheinbare Schamlosigkeit des Militärs, der Regierung, der Vorstandsvorsitzenden von Unternehmen und anderer, die immer wieder in monströse Akte der Verantwortungslosigkeit und des Fehlverhaltens verwickelt sind, stark in Frage gestellt. Diese Schamlosigkeit hat sich als schwer zu ertragen erwiesen, da sie eine buchstäblich überwältigende Wirkung auf die Bürgerinnen und Bürger hatte. *Sie sollten sich schämen!* schreien wir wieder und wieder, aber vergeblich. Sie schämen sich nicht, und sie werden sich auch nicht schämen.

Ebenfalls schwer zu bewältigen: die Tatsache, dass wir selbst über zahlreiche und gerissene Reserven an Bosheit, Machtstreben, Egozentrik, Angst, Sadismus oder einfach nur Gemeinheit verfügen, die von uns selbst, von unseren Lieben, unseren Feindinnen, geschickten Predigern, Politikerinnen und Rhetorikern aller Art jederzeit zu einem hysterischen, zerstörerischen Schaum aufgeschlagen werden können, sofern wir es denn zulassen.

Zu dieser Liste sollte man sicherlich noch die Fernsehindustrie hinzufügen. 1982 veröffentlichte Stephen King einen Science-Fiction-Roman namens *Menschenjagd*, der in einer nicht allzu fernen Zukunft spielt. In dem Roman ist *Menschenjagd* die beliebteste Gameshow des Landes und handelt von einem Teilnehmer, der sich bereit erklärt, um sein Leben zu laufen, während er von einer Gruppe von »Jägern« verfolgt wird, die den Auftrag haben, ihn zu töten. Der Sender bindet die Bevölkerung ein, indem er sie für bestätigte Sichtungen des Läufers bezahlt, die dann an die »Jäger« weitergegeben werden. Wenn der Gejagte dreißig Tage lang überlebt, erhält er eine Milliarde Dollar. Wenn er gefasst wird, wird er von den Jägern live im Fernsehen getötet.

Wie andere bereits angemerkt haben, erwies sich die dystopische Handlung von *Menschenjagd* eher als prophetisch denn als abschreckend. Das sogenannte Reality-TV dringt nun schon seit über zwei Jahrzehnten in dieses Gebiet vor und produziert eine Show nach der nächsten, die sich auf eine Kombination aus Überwachung, Selbstüberwachung, »Interaktivität« mit dem Publikum, Folter-, Verhör- oder Inhaftierungstechniken und Ritualen der Erniedrigung, des Sadismus und Masochismus stützt (und zwar von der Sorte »Ich tue alles für meine Familie oder mein Geld«, nicht von der Sorte »Ich tue das, weil es mir Spaß macht«: Es scheint, dass das Offenlegen der eigenen Vergnügungen ein größeres Tabu bleibt als das Offenlegen des eigenen Ehrgeizes oder der eigenen Geldgier).

Die internationale Begeisterung für Reality-Shows hat uns bisher Sendungen wie *Shattered* (2004) aus dem Vereinigten Königreich beschert, in der die Teilnehmenden mehrere Tage hintereinander keinen Schlaf bekommen, und *Unbreakable* (2008), in der die Teilnehmenden verschiedenen Formen der Folter ausgesetzt werden (unter anderem werden sie dem Waterboarding unterzogen, lebendig begraben oder müssen die Sahara-Wüste durchqueren, während sie beengende Gasmasken tragen); das Motto von *Unbreakable* lautet: »Pain Is Glory, Pain Is Pride, Pain Is Great to Watch – Schmerz ist Ruhm, Schmerz ist Stolz, Schmerz ist toll anzusehen.« In den Vereinigten Staaten hat sich das Reality-TV zuweilen mit Softcore-Journalismus und Strafverfolgung zusammengetan, um Sendungen wie jene von Dateline NBC, *To Catch a Predator* zu produzieren. *To Catch a Predator* – das in rechtlich fragwürdiger Weise nicht nur mit der Polizei, sondern auch mit einer Selbstjustiz- und

Anti-Triebtäter-Gruppe namens »Perverted Justice« zusammenarbeitet – heuert Lockvögel an, die sich als minderjährige Teenager ausgeben. Diese Lockvögel versuchen, Erwachsene zu Online-Sex-Chats zu verführen. Wenn einer der Erwachsenen zustimmt, seine Online-Brieffreundin im »Lockvogelhaus« zu treffen, wird er – und es ist immer ein Er – dort vom Moderator der Sendung, Chris Hansen, begrüßt, der ihn zunächst verbal demütigt, indem er ihm die geschmacklosesten Auszüge aus seinem Sex-Chat vorliest, und ihn dann der Polizei übergibt, die mit Handschellen schon in der Nähe wartet.

Die rechtlichen, ethischen und psychologischen Folgen derartiger Sendungen haben zu zahlreichen Diskussionen geführt, da sich diese Folgen häufig als unkontrollierbar erwiesen haben. So kam es am 5. November 2006 beispielsweise dazu, dass ein von Fernsehkameras verfolgtes SWAT-Team in das Haus von Louis Conradt Jr., einem langjährigen Bezirksstaatsanwalt in Murphy, Texas, eindrang. »Ich werde niemandem wehtun«, sagte Conradt, bevor er sich eine einzelne Kugel aus einer halbautomatischen Handfeuerwaffe in sein Gehirn schoss und sein Leben beendete. (Es gab keinen dringenden Grund, in Conradts Haus einzubrechen – Conradt hatte sich in Wahrheit geweigert, den Lockvogel im Lockvogel-Haus zu treffen –, aber das Produktionsteam der Sendung war bestrebt, die Verhaftung einer prominenten Persönlichkeit des öffentlichen Lebens vor die Kamera zu bekommen, da dies versprach, ein fesselndes Fernsehprogramm zu werden. Dateline verzichtete letztlich darauf, den Tod selbst zu senden, brachte aber einen Beitrag über den Fall.) Wie ein Zeitungskolumnist, der über den Vorfall schrieb, es beißend formulierte: »Wenn eine Fernsehsendung Mitleid mit potenziellen Vergewaltigern von Kindern erregt, weiß man, dass etwas falsch läuft.« (Oder richtig, je nach Sichtweise: *To Catch a Predator* war eine Zeit lang eine der erfolgreichsten Sendungen von NBC.)

Als ob es noch eines Tests bedurft hätte, wie viel Sadismus Reality-TV-Teilnehmer, Zuschauerinnen und Produzenten bereit sind zuzulassen, strahlte das französische Fernsehen am 17. März 2010 eine Sendung mit dem Titel *Le jeu de la mort* (*Das Spiel des Todes*) aus, eine Fake-Spielshow, in der das Milgram-Experiment an achtzig ahnungslosen Teilnehmenden erneut durchgeführt wurde. Den Teilnehmenden war mitgeteilt worden, dass sie an einem Spielshow-Pilotprojekt beteiligt seien, bei dem sie anderen Teilnehmenden Elektroschocks verabreichen sollten, wenn diese Fragen falsch beantworteten. Ein lächelnder Moderator und ein lautstarkes Studiopublikum statt eines schweigsamen Mannes im Laborkittel (wie im Experiment von Stanley Milgram) ermutigten das Verhalten der Teilnehmenden, während die Ergebnisse bemerkenswert ähnlich waren: Vierundsechzig der achtzig Mitstreitenden waren bereit, Schocks zu verabreichen, die ihre Empfängerinnen und Empfänger hätten töten können, wenn es am anderen Ende tatsächlich Menschen gegeben hätte.

Doch jenseits der Hauptsendezeit, die das digitale Zeitalter zu einer kuriosen Seltenheit macht, existieren nun direktere Versionen von Kings Menschenjagd-Szenario – und solche, die ihrem Publikum etwas mehr Beteiligung bieten als Schadenfreude auf Knopfdruck – durch ein paar Clicks auf der Computertastatur. Man betrachte etwa das Texas Virtual Border Watch Program, in dem sich »die Texas Border Sheriff's Coalition (TBSC) mit der Firma BlueServo℠ zu einer öffentlich-privaten Partnerschaft zusammengeschlossen hat, um die Virtual Community Watch einzusetzen, ein innovatives Echtzeit-Überwachungsprogramm, das die Öffentlichkeit in die Lage versetzen soll, proaktiv an der Bekämpfung von Grenzkriminalität mitzuwirken.« Mit anderen Worten: Die TBSC hat entlang der amerikanisch-mexikanischen Grenze in Texas Kameras an sogenannten Hochrisikopunkten für den Grenzübertritt oder den Drogenhandel installiert und lädt nun die Zuschauerinnen und Zuschauer zu Hause ein, sich einzuloggen, einen Punkt auszuwählen und »verdächtige kriminelle Aktivitäten über diesen ›virtual fence℠‹ [virtuellen Zaun] direkt zu überwachen.« Die Zuschauenden können die Live-Übertragung von einer der

»virtuellen Überwachungspunkte« so lange beobachten, wie sie wollen – die *New York Times* hat kürzlich ein Interview mit einer Hausfrau aus Rochester im Staat New York geführt, die berichtet, dass sie mindestens vier Stunden am Tag zuschaut.

Obwohl das BlueServo℠-Projekt umstritten ist, dürfte es kaum überraschen, wenn man mit den »Minutemen« und ihren Ablegern vertraut ist, deren Freiwillige seit 1995 (nicht virtuell) an der Grenze zwischen den USA und Mexiko patrouillieren und nach »Illegalen« suchen. »Es ist wie auf der Jagd«, erklärt Chuck Stonex, ein prominentes Mitglied. »Wenn man auf die Jagd nach Rehen geht, sollte man sich umsehen und herausfinden, welche Bewegungsmuster sie haben und welche Wege sie gehen.« Stonex, wie auch der Gründer von »Minuteman«, Jim Gilchrist, und andere führende Persönlichkeiten, haben seither eine defensivere Haltung eingenommen, nachdem eine ihrer wichtigsten Mitarbeiterinnen, Shawna Forde, im Juni 2009 im Zusammenhang mit dem Doppelmord an zwei Mitgliedern einer hispanischen Familie in deren Haus in Arivaca, Arizona, verhaftet wurde; eine der Getöteten war ein neunjähriges Mädchen. Doch das neue, von Gouverneurin Jan Brewer am 23. April 2010 unterzeichnete Anti-Immigrationsgesetz, das die Polizei ermächtigt, bei einem »begründeten Verdacht, dass die Person aus dem Ausland kommt«, einen Nachweis über den Einwanderungsstatus einer Person zu verlangen, hat sowohl in Arizona als auch im ganzen Land der Menschenjagd-Idee neues Leben eingehaucht.

Mit BlueServo℠ wird das Zuschauen nicht abgeschafft, sondern in eine Form der Ermächtigung transformiert: Auch du kannst dein Heimatland verteidigen, ohne auch nur eine Minute aus deinem Haus gehen zu müssen! Das Projekt verbindet auf unheimliche Weise die Anziehungskraft eines Zuschauersports mit einer Sprache, die typischerweise für links klingenden Gemeinschaftsaktivismus reserviert ist: *Innovativ. Proaktiv. Partizipation. Partnerschaft. Koalition. Gemeinschaft. Ermächtigung.* (Besonders quälend: »öffentlich-private Partnerschaft« – im Zeitalter des Sicherheits-

und Militärunternehmens Blackwater [jetzt Academi] oder der Tea Party müssen alle Bürgerwehrler auf ein Markenzeichen vorbereitet sein). Als ich das letzte Mal die BlueServo℠-Seite besuchte, waren fünfzehn Kameras im Einsatz, die Szenen von idyllischer Ruhe aufzeichneten. Meine Favoriten waren Kamera 5, die einen stillen Fleck goldenen Unkrauts mit der Anweisung zeigte: »Achten Sie tagsüber auf Personen, die zu Fuß unterwegs sind und große Taschen tragen«, sowie Kamera 10, die einen schnell fließenden Fluss mit der Anweisung zeigte: »Wenn Sie tagsüber vier oder fünf Männer in einem Boot sehen, melden Sie diese Aktivität. Wenn Sie nachts Fahrzeuge, Boote oder Menschen beobachten, die sich bewegen, melden Sie diese Aktivität.« Die statische, nicht enden wollende Art des Filmmaterials hat eine seltsame Ähnlichkeit mit der ausdauerbasierten Arthouse-Ästhetik von Andy Warhols *Empire* (1964) – einem Film, der aus acht Stunden und fünf Minuten ununterbrochenem Filmmaterial des Empire State Building besteht – oder mit der eines virtuellen Kaminfeuers, wenn auch einer unheimlicheren Variante.

Auf der Kehrseite solcher bürgerwehrähnlicher Polizeiprojekte steht etwa eine Menschenrechtsorganisation wie The Hub, die sich selbst als »die weltweit erste partizipative Medienseite für Menschenrechte« bezeichnet. Ich denke dabei insbesondere an das Witness-Projekt von The Hub, dessen Motto »See It, Film It, Change It« [Beobachte etwas, filme es, verändere etwas] lautet und das darauf abzielt, »Video- und Online-Technologien zu nutzen, um der Welt die Augen für Menschenrechtsverletzungen zu öffnen«. Witness verfolgt zwei Ziele: Erstens, Menschen mit Kameras auszustatten und sie darin zu schulen, Gräueltaten oder Ungerechtigkeiten, die sie erleiden oder miterleben, auf Video aufzuzeichnen; zweitens, eine Infrastruktur zu schaffen, die es erlaubt, eigene Videos hochzuladen und anderen zugänglich zu machen, vermutlich als Auftakt zu einer Form des Handelns nach dem Zuschauen. Der Einfachheit halber kann man die Videos nach Kategorien (bewaffnete Konflikte, Kinderrechte, Diskriminierung,

Gewalt, Frauenrechte und so weiter) oder nach den »meist angesehenen« Videos sortieren – die sexuelle Sklaverei Japans während des Zweiten Weltkriegs nimmt diesen Spitzenplatz schon seit einiger Zeit ein.

Die Personen hinter The Hub wissen sehr wohl, dass der Einsatz von Bildern oder Bewegtbildern im Dienste der Mobilisierung eines Individuums oder einer Bevölkerung eine heikle Angelegenheit ist. Aus diesem Grund zielt das Projekt darauf ab, das kleine Zeitfenster zwischen einem Aufflammen von Empörung oder Mitgefühl und dem Einsetzen von Apathie zu nutzen, um eine ansonsten flüchtige Emotion als Handlungskatalysator zu nutzen, bevor sie sich auflöst. (Worin das Handeln besteht, ist eine schwierige und umstrittene Frage – im Moment verweist der Reiter »take action« auf der Hub-Webseite auf »ein wachsendes Portfolio von Advocacy-Tools, die Verbündeten und Nutzerinnen dabei helfen, zum Handeln aufzurufen«, von der Unterzeichnung von E-Mail-Petitionen über das Schreiben an Kongressabgeordnete bis hin zur Überweisung von Spenden an eine Vielzahl von Organisationen sowie der Organisation von »Offline-Events«).

Ich meine es nicht als Entwertung des Hub-Projekts, wenn ich sage, dass ich das Buffet an menschlichem Leid, das auf der Webseite angeboten wird, abstoßend finde. Nicht, weil »es schwer mitanzusehen ist« (obwohl das natürlich mitunter der Fall ist), sondern weil die körperliche und geistige Aktivität des Surfens, das sich zusammensetzt aus dem Konsumieren eines rasanten Bilderflusses, der Destillation langer, komplexer Geschichten und Situationen zu kurzen, vierminütigen Schnipseln, aus Ein-Klick-Entscheidungen, zufälligen Isolierungen, Nebeneinanderstellungen und Verknüpfungen, die eine unheimlich nivellierende Wirkung auf Inhalt und Kontext haben – dies ist meiner Erfahrung nach ein außerordentlich schlechtes Mittel, um über die Schrecken von Menschenhandel, Kinderprostitution, Landminen und dergleichen nachzudenken. Im Guten wie im Schlechten wird die Erfahrung, die man beim Surfen auf The Hub macht, von der Frage geprägt, ob ich etwas ansehen will oder eben nicht: Will ich oder will ich nicht sehen, wie ein tibetischer Pilger von der chinesischen Polizei am Nangpa La-Gebirgspass erschossen wird? Und was ist mit Handy-Aufnahmen eines Mannes, der in einem ägyptischen Gefängnis kopfüber aufgehängt und mit einer Stange sodomisiert wird? Oder die Aussagen von Frauen in Bangladesch, deren Gesichter durch Säure entstellt wurden? So gut gemeint und wirkungsvoll die Aktion auch sein mag, habe ich beim Scrollen durch diese Auswahl das Gefühl, dass ich eher im Kern eines Problems angekommen bin als an dessen Lösung.

Insoweit der »Bilderfluss« nicht in absehbarer Zeit versiegt, ist es sicherlich sinnvoll, die Kräfte von YouTube für alle möglichen sozialen Zwecke sowie zur Unterhaltung zu nutzen. Doch es lauern auch Gefahren. Eine davon ist, dass in einem kulturellen Moment, der (von einigen, für einige) durch den Bilderfluss definiert wird, die Frage, was man sich anschauen sollte, zusammen mit den damit verbundenen Untersuchungen über die Art und Wirkung der vorbeirauschenden Bilder, auf beinahe unheimliche Weise fast alle anderen Fragen überschattet. Vielleicht ist dies sogar Teil der Daseinsberechtigung des sogenannten Bildregimes und nicht nur ein rätselhafter Nebeneffekt. Die Folgen können jedenfalls Sackgassen, falsche Fährten oder Ablenkungen sein, die sich für den Kern der Frage als fatal erweisen.

In einer Erklärung des Regisseurs zu seinem Abu-Ghraib-Dokumentarfilm *Standard Operating Procedure* nennt der Filmemacher Errol Morris beispielsweise die Hauptfrage, die sein Film aufwirft: »Ist es möglich, dass ein Foto die Welt verändert?« Doch was könnte die Antwort auf diese Frage – ob sie nun negativ oder positiv ausfällt – wirklich bedeuten? Wie Sontag in *Das Leiden anderer betrachten* schreibt: »Das Bild als Schock und das Bild als Klischee sind zwei Seiten des gleichen Phänomens« – ein Gedanke, der teilweise erklärt, wie das ikonische Bild des mit einer Kapuze vermummten Gefangenen in Abu Ghraib, der gezwungen ist, in jeder Hand einen elektrischen Draht zu halten, einem beim ersten Betrachten buchstäblich den Magen umdrehen konnte und anschließend zu einem viel parodierten Bild wurde (etwa auf den satirischen Plakaten, die nicht lange nach Bekanntwerden der Abu Ghraib-Geschichte in den New Yorker U-Bahnen auftauchten; Plakate, die das unverwechselbare Design der iPod-Kampagne von Apple aufgriffen, aber den Schriftzug »iPod« durch ein Wortspiel mit dem englischen Wort für Irak ersetzten – »iRaq« – und die Silhouette des vermummten Mannes anstelle der Silhouette der iPod-Tänzerin zeigten). Es ist nicht so, dass dieses Foto keine Rolle für den Verlauf menschlicher Ereignisse gespielt hätte – das hat es in jedem Fall. Doch nach fast 200 Jahren der Fotografie sind wir vielleicht der Erkenntnis näher als je zuvor, dass ein Bild – ob es nun in einer Zeitung, auf YouTube oder in einer Kunstgalerie verbreitet wird – eine außerordentlich schlechte Plattform ist für den unendlichen, mühsamen, vielschichtigen und umständlichen Prozess der »Veränderung der Welt«.

In seiner Besprechung von *Standard Operating Procedure* im Magazin *Artforum* vom April 2008 stellte der Kritiker Paul Arthur etwas Ähnliches fest. Arthur reflektiert über Morris' Fokus auf die Enthüllung, dass der Mann, der sich öffentlich als der vermummte Gefangene zu erkennen gab, in Wahrheit *nicht* das tatsächliche Opfer war, und Arthur schreibt: »Morris erachtet diese Enthüllung als aufschlussreich, weil sie zeigt, wie massiv verbreitete Bilder ihre eigene Herkunft verschleiern oder ›falsche Überzeugungen anziehen‹ können. Ist das tatsächlich so? Ich war der Meinung, dass die betrachteten Bilder mehr über Politik als über Erkenntnistheorie, mehr über staatlich geförderte Barbarei als über Medientäuschung enthüllten, und zwar speziell dann, wenn sie durch besonders hervorstechende verbale Kontexte ergänzt werden.« Mit anderen Worten: Man muss sich nicht in schreckliche Bilder versenken oder eine Debatte über ihren erkenntnistheoretischen Status führen, um Barbareien zu erkennen und gegen sie zu protestieren, wenn man Zeuge von ihnen wird. Man muss sich auch nicht mit Aufarbeitungen des Milgram-Experiments ablenken, die in nutzloser Weise wiederholen, was wir bereits über unsere Fähigkeit wissen, unter Druck (oder auch durch einfache Erlaubnis) Schaden anzurichten.

Man muss allerdings wissen, welche Grausamkeiten stattgefunden haben: das ist der Knackpunkt. Hier kommt Präsident Obama ins Spiel, als er über die Entscheidung seiner Regierung im Mai 2009 spricht, die Veröffentlichung einer neuen Reihe von Fotos zu unterdrücken, die den Missbrauch, die Vergewaltigung und die Folter afghanischer und irakischer Gefangener in amerikanischem Gewahrsam zeigen. »Die unmittelbarste Folge der Veröffentlichung [dieser Fotos] wäre, die antiamerikanische Stimmung weiter zu schüren und unsere Truppen in größere Gefahr zu bringen«, sagte Obama. Hier haben wir also die Bekräftigung der Vorstellung, dass Bilder die Macht haben, Verletzungen zu verursachen – obwohl es in diesem Fall ziemlich geschmacklos ist, vor etwas Derartigem zu warnen, wenn man bedenkt, dass die zurückgehaltenen Fotos vermutlich zeigen, wie unsere Truppen andere Menschen verletzen.

Auch übergeht Obama die offensichtlichste und unmittelbare Folge der Veröffentlichung der Fotos: dass die Menschen in den USA – sowie der Rest der Welt – mehr Beweise für die Grausamkeiten sehen würden, die in ihrem Namen, in ihrem angeblichen Auftrag und auf ihre Kosten begangen wurden. Um den offensichtlichen, aber häufig verdrängten oder geleugneten Punkt zur Sprache zu bringen: Es ist nicht der Akt der Veröffentlichung von Fotos, der die antiamerikanische Stimmung schürt, sondern das Verhalten, das auf den Fotos dokumentiert wurde. Im Zeitalter des »Folterers mit dem Toshiba-Camcorder«, wie es der Kunsthistoriker T. J. Clark formuliert hat, kann kein Bilderstrom vollständig kontrolliert werden. Auch können Überlebende und Zeugen nicht einseitig zum Schweigen gebracht werden. Wenn man nicht durch Bilder des Verhaltens aufrütteln will, muss man das Verhalten beenden.

Natürlich ist nicht ganz klar, dass die Vereinigten Staaten das Bekanntwerden der Anwendung von Folter geheim halten wollten. Kein Regime, das sich erhofft, durch die Anwendung derartiger Gewalt zu Macht zu gelangen (laut Hannah Arendt eine Unmöglichkeit), hat dies jemals getan. Sicherlich erschienen die Enthüllungen von Abu Ghraib wie ein Fehler, ein Riss im Gefüge; sicherlich hat die US-Regierung intensive Geheimhaltung, Zensur und Leugnung über alles betrieben, vom Folterbericht des Roten Kreuzes über die genauen Verhörmethoden bis hin zu den Operationen der Geheimgefängnisse, den sogenannten Black Sites, in aller Welt. Ganz sicher hatten Journalisten und Journalistinnen, von Seymour Hersh über Jane Mayer bis hin zu Mark Danner und Scott Horton, enorme Schwierigkeiten, an die Informationen zu gelangen, die nötig waren, um die Öffentlichkeit darüber zu informieren, was genau vor sich ging; ganz sicher hat die CIA entscheidende Beweise geheim gehalten und auf ungeheuerliche Weise vernichtet, zum Beispiel die Videobänder, auf denen die Verhöre mehrerer Terrorverdächtiger im Jahr 2002 zu sehen sind – Bänder, die die CIA 2005 inmitten einer bundesstaatlichen Untersuchung empörenderweise vernichtete.

Und dennoch. Auf einer anderen Tonspur laufen die Monologe von Dick Cheney, der seit seinem Ausscheiden aus dem Amt die Talkshows abklappert und ganz offen und stolz über seine Rolle im »Programm« spricht. Und dann ist da noch die fortwährende Beschäftigung mit dem Thema im grellen Licht des Fernsehens und der Blogosphäre, in denen von Bill O'Reilly über Andrew Sullivan und Christopher Hitchens bis hin zu Elisabeth Hasselbeck alle ganz unverblümt über die Wirksamkeit von Folter und ihre Auswirkungen auf unser Land debattieren – und nicht darüber, ob wir sie eingesetzt haben oder nicht. Der Bush-Cheney-Zweiklang aus Leugnung/Rechtfertigung stellt zwei Seiten derselben Medaille dar: Bush sprach mit der Stimme der Täuschung (es ist nie passiert, es wird nie passieren); Cheney mit der Stimme der Verteidigung (wir mussten es tun, wir sollten es weiterhin tun).

Die Durchschnittsbürgerinnen und -bürger können also zwischen diesen beiden unvereinbaren, kooperierenden Polen hin- und herpendeln, bis sich eine Desensibilisierung einstellt und damit eine widerwillige (oder, für manche, begeisterte) Akzeptanz der Praxis erreicht ist.

*

Bereits 1965 erklärte Sontag, wir lebten in einer »Zeit der Extreme«, die bedroht sei »durch zwei gleichermaßen furchtbare, wenngleich augenscheinlich gegensätzliche Schicksale: durch unendliche Banalität und unvorstellbaren Schrecken«. Ein Großteil der unter Artauds Einfluss entstandenen Kunst – etwa die Arbeiten von Nitsch – geht von dieser Prämisse aus und versucht, die zermalmende Banalität durch eine Form der brutalen, sensorischen Überlastung zu ersetzen. Selbst gemäßigtere Werke wie Jaars *Untitled (Newsweek)* basieren auf dieser mittlerweile bekannten Dichotomie – einer, die die betäubende Banalität auf die eine Seite und das unvorstellbare, zerbrechende Unheil auf die andere stellt.

Die Moral dieser Dichotomie ist, dass die Ablenkung durch das Banale die notwendige Konzentration auf das allzu reale Unheil verhindert. Diese Gleichung wurde in den Wochen und Monaten nach dem 11. September 2001 allgegenwärtig, als förmlich alle Medien die Tatsache beklagten, dass die Menschen der USA den Sommer 2001 unverzeihlich damit verbracht hatten, sich mit der neuesten Inkarnation von Britney Spears zu beschäftigen, anstatt sich auf die wirkliche Bedrohung durch Al-Qaida zu konzentrieren. In Wahrheit aber ist dies eine selbstgeißelnde, letztlich sinnfreie Diagnose, vor allem in ihrer Annahme, dass die Bürgerinnen und Bürger Amerikas ihre Zeit besser damit verbracht hätten, sich den Kopf über einen bevorstehenden Terroranschlag zu zerbrechen, dessen Ausformung sie unmöglich vorhersehen konnten. (Die nächsten sieben Jahre und vier Monate der Bush-Regierung lieferten ein treffendes Bild davon, wie eine Bevölkerung, die von einer derartigen

Angst beherrscht wird, aussehen kann – und was sie bereit ist, von ihrer politischen Spitze zu tolerieren – und dieses Bild war nicht gerade ansehnlich.)

Nach dem 11. September scheint Sontags Formulierung mehr Zulauf denn je zu haben, sowohl auf der Rechten als auch auf der Linken. Siehe zum Beispiel das Buch *Afflicted Powers: Capital and Spectacle in a New Age of War* des linken Kollektivs RETORT von 2005, worin wiederholt die auszehrende »falsche Tiefe« des Konsums (also die unermüdliche Banalität) der Behauptung gegenübergestellt wird, dass »wir der Hölle auf Erden noch nie näher waren« (also dem unvorstellbaren Terror). Doch entspricht dies der Wahrheit? Oder genauer gesagt, wessen Wahrheit ist dies, und wer nimmt an, dass es für andere die Wahrheit bedeutet? Leben wir tatsächlich im Schatten dieser gegensätzlichen Bedrohungen, oder ist es gerade die ständige Erwähnung dieser beiden grundlegenden ontologischen Optionen (und unsere unreflektierte Einwilligung in eine solche Formulierung), die eine wahrhaftige Bedrohung für unsere Belebung darstellt, für unsere volle Erfahrung des weiten Raums zwischen diesen beiden Polen – eines Raums, in dem sich schließlich der größte Teil unseres Lebens abspielt? Und wenn, wie David Graeber vorgeschlagen hat, revolutionäres Handeln »keine Form grimmiger Selbstaufopferung« ist, sondern vielmehr »das trotzige Beharren darauf, so zu handeln, als sei man bereits frei«, was nützt es uns dann, diejenigen, die sich weigern, im Schatten dieser beiden grimmigen Entscheidungen zu leben, eines falschen Bewusstseins zu bezichtigen, als verstünden sie nicht recht, was in unserer Zeit auf dem Spiel steht?

Man vergleiche zum Beispiel die mit »Blut und Wein gefüllten Tröge«, den »extremen Lärm der Orchester« von Nitschs *6-Tage-Spiel* mit John Cages vom Zen inspirierten Werk *4'33"*, das er 1952 komponierte und worin Cage bekannterweise das Publikum auffordert, vier Minuten und dreiunddreißig Sekunden lang in völliger Stille auszuharren, um die Geräusche ringsum wahrzunehmen, um auf all die Umgebungsklänge zu lauschen, die sonst nicht wahrgenommen worden wären. Angesichts des gesteigerten Wahrnehmungszustands, den Cages Stück hervorruft – seine tiefgreifende Fähigkeit, uns »mit unseren Sinnen in Kontakt zu bringen«, und zwar durch eine Reduktion der Reize anstatt durch eine Übersteigerung –, angesichts dessen kann man sich fragen, wessen Interessen bedient werden, indem wir weiterhin an den Mythos dieser Zeit der Extreme glauben und uns von ihm fesseln lassen, der darauf abzielt, dass wir uns bis zur Bewusstlosigkeit zudröhnen statt unser Bewusstsein zu schärfen.

Vielleicht noch kontroverser, angesichts unserer unbestreitbaren Mitschuld an allen möglichen systemischen Formen globaler Ungerechtigkeit: Gibt es überhaupt noch eine ethisch vertretbare Option, *nicht* hinzuschauen, sich *nicht* zu konzentrieren, sich *nicht* auf dem Laufenden zu halten über all die Ereignisse und Gräueltaten, die sich auf der Welt abspielen? »Warum sehen wir Nachrichten, lesen wir Zeitung, halten uns auf dem laufenden?«, fragt Annie Dillard in *Außer der Zeit*, einem Buch, in dem sie das zutiefst unzeitgemäße Argument vorbringt, dass unsere Zeit nicht einzigartig traurig ist – dass sie in der Tat überhaupt nicht einzigartig ist – und dass ihre Unbeständigkeit keine besonderen Anforderungen an unsere Aufmerksamkeit oder unser Gewissen stellt. Dass Belebung eher in stiller, sogar klösterlicher Zurückgezogenheit bestehen kann als in Bombardierung oder Ausschlachtung. »Wer will das schon hören, wer mag das gelten lassen?« fragt sich Dillard.

In ganz unterschiedlichen Kreisen – etwa in der linken politischen Philosophie – hat sich eine andere, aber verwandte Idee des »engagierten Rückzugs« durchgesetzt. Anstatt sich auf die Revolution zu fixieren, begünstigt diese Strategie orchestrierte und unorchestrierte Akte des Exodus. Wie der italienische politische Philosoph Paolo Virno es formulierte: »Nichts ist weniger passiv als Flucht.« In anarchistischen Kreisen steht dieser Rückzug in Beziehung zur Idee der »T.A.Z.«, der »Temporären Autonomen Zonen« (wie sie der Schriftsteller Hakim Bey entwickelt hat; Graeber bevorzugt den Begriff »provisorische autonome Zonen«):

kurzlebige, aber entscheidende Lücken in einer ansonsten erstickenden globalen kapitalistischen Ordnung, Lücken, in denen zumindest vorübergehend alternative Formen von sozialer Organisation und Wahrnehmung möglich erscheinen.

Kurzum, nach Jahrzehnten der kritischen Fokussierung auf die Übel des Zuschauens, des Blicks und der vermeintlich passiven Rolle des Publikums argumentiert derzeit ein zunehmender Chor kritischer Stimmen, dass wir irgendwie maßlos vom Kurs abgekommen sind, weil wir die Bedingung des Zuschauens als Problem oder zumindest als *das* Problem angesehen haben. Da ist Jacques Rancière, der in *Der emanzipierte Zuschauer* argumentiert, Zuschauer oder Zuschauerin zu sein, sei nicht »der passive Zustand, den wir in Aktivität umwandeln müssten«, sondern »unsere normale Situation«. Und dann ist da natürlich noch Sontag; in ihrem letzten Buch *Das Leid anderer betrachten* argumentiert sie, dass der Zweifel an einem Sehen, das es uns möglich macht, »von der Aggressivität der Welt« Abstand zu nehmen, um »zu beobachten und unsere Aufmerksamkeit gezielt einzusetzen«, schlicht und ergreifend ein Zweifel an der »Funktionsweise des menschlichen Geistes« wäre. Sontag kommt zum Schluss: »Es ist nicht unbillig, Abstand zu nehmen und nachzudenken. Mehrere Philosophen haben es auf diese oder jene Weise zum Ausdruck gebracht: ›Niemand kann gleichzeitig nachdenken und zuschlagen‹.«

In einer Kultur, die davon besessen ist, das Denken gegen das Handeln auszuspielen (um letzteres zu begünstigen), ganz zu schweigen von einer Kultur, die ständig am Geldwert der Reflexion zweifelt, kommt dies Kampfesworten gleich. Im Jahr 2006 veröffentlichte T. J. Clark – der für sein Wissen über Picasso ebenso bekannt ist wie für seine leidenschaftlichen politischen Überzeugungen (er ist sogar Mitglied des Kollektivs RETORT) – das Buch *The Sight of Death*, eine 242 Seiten starke Meditation über zwei Gemälde von Nicolas Poussin aus dem 17. Jahrhundert; darin versucht Clark eine Würdigung der langsamen Arbeit, die darin besteht, »sich zu konzentrieren, innezuhalten, sich der Stille des Bildes zu öffnen und sich von ihm ansprechen zu lassen – all das, was durch das heutige Wort ›Blick‹ verhüllt und verballhornt wird.« Auch greift Clark das wissenschaftliche Feld der »Visual Culture« an, die, wie er meint, »an ihre Bildverdrängungsmaschinen gekettet ist wie Labortiere an Morphiumspender« und deren reflexartige Reaktion auf eine ausgedehnte, hingebungsvolle, geduldige Betrachtung der klassischen Malerei (wie seine eigene Betrachtungsweise) darin bestünde, diese Form des Kunstzugangs als nostalgisch oder elitär abzutun oder durch »irgendeinen derartigen krächzenden Papageienschrei« herabzusetzen.

Die oben genannten Schreibenden haben ihr Leben dem langsamen Sehen, der langsamen Reflexion, der maßvollen Artikulation sowie dem radikalen Dissens oder der Abkehr von jeglichen *Doxa* gewidmet, die die Existenz ersticken oder sie unrechtmäßig erniedrigen. Ich bin geneigt, ihnen Aufmerksamkeit zu schenken. Anstatt das, was vermittelt, als etwas Feindliches zu verteufeln, bemühen sich beide gemeinsam darum, den Wert »des Dritten« zurückzuerobern. »In der Logik der Emanzipation«, schreibt Rancière, »gibt es zwischen dem unwissenden Lehrmeister und dem emanzipierten Lehrling immer eine dritte Sache – ein Buch oder irgendein Stück Schrift –, die sowohl dem einen als auch dem anderen fremd ist, und auf die sie sich beziehen können, um gemeinsam zu verifizieren, was der Schüler gesehen hat, was er darüber sagt und was er davon denkt.« Der emanzipatorische Wert dieser dritten Sache liegt für Rancière darin, dass sie niemandes Besitz werden kann; ihre Bedeutung kann niemandem gehören. Ihre Funktion ist die Übermittlung, allerdings nicht in dem Sinn, dass sie eine Realität imitiert oder repräsentiert, von der das Publikum ausgeschlossen ist. Hier setzt »das Übermittelnde« die Menschen zueinander in Beziehung, wobei *Beziehung* den Prozess des Zusammenführens und des gleichzeitigen Abstands zueinander bezeichnet.

Dabei handelt es sich im Wesentlichen um ein räumliches Konstrukt – ein Diagramm oder, wie Bacon sagen könnte, einen Handlungsring –, das sowohl Distanz als auch Kontakt (oder, wenn man so will, Individualität und Kollektivität) entstehen lässt. Seine Konstruktion markiert eine Art von Grenze, woraus nicht folgt, dass die Funktion dieser Grenze zwangsläufig verengend oder einschränkend sein muss. Tatsächlich kann die Funktion der Grenze völlig variabel und sogar befreiend sein, insbesondere insofern, als sie Teilräume erschafft und garantiert, dass das Spiel möglich wird. Der Philosoph Ludwig Wittgenstein drückt es so aus: »Wenn ich einen Platz mit einem Zaun, einem Strich, oder sonst irgendwie umziehe, so kann das den Zweck haben, jemand nicht hinaus, oder nicht hinein zu lassen; es kann aber auch zu einem Spiel gehören und die Grenze soll etwa von den Spielern übersprungen werden; oder es kann andeuten, wo der Besitz eines Menschen aufhört und der des andern anfängt; etc. Ziehe ich also eine Grenze, so ist damit noch nicht gesagt, weshalb ich sie ziehe.«

Angesichts der Tatsache, dass das »Überwinden von Grenzen« zu einem Synonym für innovatives oder progressives Handeln geworden ist – ob in der Kunst, im Bereich der sozialen Gerechtigkeit oder sonst wo –, ist es lohnenswert, Wittgensteins Unterscheidungen zu wiederholen. Nicht alle Grenzen und nicht alle vermittelnden Kräfte sind einerlei, nicht alle dienen demselben Zweck. Weder der Politik noch der Kunst ist damit gedient, wenn die Unterscheidungen zwischen ihnen freiwillig oder leichtfertig verwischt werden.

Rancières Verehrung des Begriffs des Dritten ruft auch einige Bemerkungen von Hannah Arendt auf, die sie vor mehr als einem halben Jahrhundert über die Bedeutung des öffentlichen Raums gemacht hat, der, wie Arendt klarstellt, definitiv *nicht* mit dem sozialen Raum identisch ist. »Der öffentliche Raum«, schrieb Arendt, »wie die uns gemeinsame Welt versammelt Menschen und verhindert gleichzeitig, daß sie gleichsam über- und ineinanderfallen. Was die Verhältnisse in einer Massengesellschaft für alle Beteiligten so schwer erträglich macht, liegt nicht eigentlich, jedenfalls nicht primär, in der Massenhaftigkeit selbst; es handelt sich vielmehr darum, daß in ihr die Welt die Kraft verloren hat, zu versammeln, das heißt, zu trennen und zu verbinden. Diese Situation ähnelt in ihrer Unheimlichkeit einer spiritistischen Séance, bei der eine um einen Tisch versammelte Anzahl von Menschen plötzlich durch irgendeinen magischen Trick den Tisch aus ihrer Mitte verschwinden sieht, so daß nun zwei sich gegenüber sitzende Personen durch nichts mehr getrennt, aber auch durch nichts Greifbares mehr verbunden sind.«

Für Arendt bedeutet dieser Zusammenbruch ein tiefes und gefährliches Versagen der menschlichen Beziehungen. (Weiß Gott, was sie aus dem riesigen sozialen Feld des Internets und der Erschaffung einer ganz anderen Form der Séance gemacht hätte – einer, bei der der Tisch zwar vorhanden bleibt, die menschlichen Körper jedoch verschwunden sind.) Für andere stellt dieser Zusammenbruch das Portal zur ekstatischen, unvermittelten Vereinigung dar. Wieder andere, die in dieser fantasierten Vereinigung utopischen Unsinn sehen, aber ebenso beunruhigt sind über die Formen der Entfremdung, die diese Vereinigung angeblich verhindern, warten stattdessen mit satirischen oder zynischen Dystopien auf. Und nochmals andere – vor allem junge Menschen – ignorieren einfach sowohl die Verheißungen als auch die Gefahren der gesamten Dyade aus Gemeinschaft und Entfremdung, so wie man typischerweise alle Binarismen ignoriert, die nicht mehr in die entscheidenden Bedingungen und Möglichkeiten der eigenen Zeit passen. Das umwerfende Werk eines Künstlers wie Ryan Trecartin ist ein besonders ergreifendes Beispiel für Letzteres.

Trecartins spielfilmlanges Video *I-Be Area* (2007) basiert zwar nominell auf dem Konzept der »virtual reality«, ist aber eine krawallige Untersuchung der Möglichkeiten von Raum, Identität, Körperlichkeit, Sprache, Sexualität und Bewusstsein, sofern man die Dichotomie von Virtuellem und Realem loslässt, so wie auch eine ganze Reihe weiterer Binaritäten nicht zum Tragen kommen müssen (das Alltägliche und das Apokalyptische, das Öffentliche und das Private, das Utopische und das Dystopische, männlich und weiblich, schwul und heterosexuell, um nur einige zu nennen).

Das hyperaktive Klonen, das frenetische Flackern der Charaktere und das postidentitäre Geschwätz von *I-Be Area* lassen James Camerons *Avatar* (2009) oder das Online-Spiel *Second Life* wie Relikte aus der Steinzeit anmuten. »Ich liebe die Vorstellung, dass sich Technologie und Kultur schneller entwickeln als das Verständnis der Menschen für diese Medien«, sagte Trecartin, und seine Arbeiten zielen darauf ab, das Publikum in diesen Zustand zu versetzen, in dem das Hochladen unterbrochen wurde. Die Desorientierung dieses Zustands gleicht nicht der Verwirrtheit eines benebelten Opas, der durch eine Handvoll Druckerkabel überfordert ist, sondern eher der Art von psychologischer und physiologischer Benommenheit, die man wahrscheinlicher mit einer Überdosis LSD oder schizoiden Zusammenbrüchen in Verbindung bringt.

I-Be Area geht von Unvermögen aus, dem Unvermögen, zu absorbieren, einen Sinn zu finden, etwas zusammenzuhalten, zu sortieren und sich zu konzentrieren. (»Es ist so, als ob der Springer gesprungen wird, bevor der ›Sprung‹ beginnt«, erklärt Trecartin auf gleichzeitig hilfreiche wie nicht hilfreiche Art). Dann wird dieses Unvermögen multipliziert, indem die Geschwindigkeit, die Farbe, die Hysterie und das Flimmern gesteigert werden. Bild- oder Sprachüberflutung erscheinen nicht mehr als Probleme und schon gar nicht als etwas, das durch Kunst gelöst werden könnte oder sollte. Sie sind die Orte, an denen wir leben, zumindest wenn wir Trecartin zusehen; sie sind unser »abstraktes Handeln im Jetzt«, wie er es bezeichnet. Trecartins Fähigkeit, uns hier für eine gewisse Zeit festzuhalten, mutet mitunter magisch an, da eine solche Fähigkeit der Definition nach auch jenseits des Künstlers zu liegen scheint. Das heißt, sein Kunstwerk fühlt sich häufig so an, als würde es sich schneller bewegen, als Trecartin selbst in der Lage wäre – was wahrscheinlich der Grund dafür ist, dass seine Filme mit Blick auf sein Alter (*I-Be Area* wurde fertiggestellt, als er gerade einmal 26 war) in der Kunstwelt Ehrfurcht verbreiteten. »Alles, was ich tun kann, ist, Verallgemeinerungen über diese Welt anzustellen und mit einem sehnsüchtigen, verblüfften Vergnügen auf sie zu deuten«, schreibt Wayne Koestenbaum über Trecartins Arbeit. »Mein Fingerzeig ist die Geste eines Außenseiters, eines Touristen, der einen radioaktiven Karneval begafft, den ich weder zähmen noch unter Quarantäne stellen kann.«

Koestenbaum merkt an, dass es in Trecartins Werk um radikale Zerstreuung geht – jenen gefürchteten, ausufernden Zustand, der tagtäglich zu einer überwältigend hohen Zahl von Autounfällen mit Mobiltelefonen führt und der sonst so fortschrittliche Professorinnen und Professoren dazu veranlasst, verzweifelt den Kopf zu schütteln, wenn die Studierenden sich unter dem Tisch im Klassenzimmer Nachrichten zuschicken. Doch Trecartins Art der Zerstreuung beruht nicht auf einer einfachen, trügerischen Gleichsetzung von Form und Inhalt, die besagt: »Das heutige Leben ist verwirrend, fragmentiert und zerstreut, also muss auch meine Kunst verwirrend, fragmentiert und zerstreut sein.« Dafür ist Trecartins Arbeit zu streng inszeniert – zu vielschichtig, zu gut geschauspielert, zu zielgerichtet geschnitten, auf zu intelligente Weise pervers. So obszön und hysterisch Trecartins Videos auch sein mögen, haben sie einen engen Handlungskreis: Sie sind verdichtete, schnelllebige Weltschöpfungen, die auf intensivste Weise unsere Aufmerksamkeit erzwingen. Und das belebende Paradox dieser Welt ist, wie Koestenbaum es formuliert hat, dass »*Trecartins Figuren sich auf Zerstreuung konzentrieren.*« So frenetisch *I-Be Area* auch sein mag, die Zerstreuung ist nicht so groß wie etwa jene, die hervorgerufen wird durch idiotische Pop-up-Fernster und krabbelnde Laufschriften, die zu festen Bestandteilen des Fernsehbildschirms geworden sind. *I-Be Area* aufmerksam zu folgen – jedes Wort aufzunehmen, jede Entscheidung und jeden Schnitt zu verfolgen –, bedarf enormer Anstrengung. Am meisten hat man dann davon, wenn es einem gelingt, sich auf die Zerstreuung zu konzentrieren.

Natürlich ist es möglich, dass man nicht vieles von dem in Erinnerung behält, was sich abgespielt hat, dass man sich keine der Figuren zurückrufen kann und nicht einmal ein Bild vor Augen hat. Macht man jedoch eine Erfahrung, die der meinen ähnlich ist, bleibt etwas viel Amorpheres zurück – eine Art vibrierende Erinnerung an den nervenaufreibenden Geisteszustand, den das Werk erzeugte oder einfing oder erfand (und vielleicht ein Notizbuch voller niedergekritzelter Zeilen, die sich beim Zuschauen großartig anhörten, etwa: »Meine eigene, wirklich kleine Muschi entwickelt einen sehr inneren Monolog, den ich dir nicht verrate, während ich dynamisch werde«). In dem luziden, fesselnden Buch über die Arbeit am Theater, *Unbalancing Acts: Foundations for a Theater*, formuliert der berühmte Avantgarde-Dramatiker Richard Foreman diese Ästhetik der Amnesie sehr gut: »Das Bild des Marlboro-Mannes, der auf seinem Pferd dahinreitet und seine Zigarette raucht, hat sich mir über viele Jahre lang eingeprägt – und was soll's? Es ist Müll. Es ist Kitsch. Es bedeutet nur, dass das Bild mich verführt hat, dass es einen Knopf gedrückt hat, der gedrückt werden konnte, und ich habe mich hingegeben. Meine Sensibilität, mein Mitgefühl oder meine Intuition sind dadurch nicht erweitert worden. Eine Kunst hingegen, die man im Moment berührt, an die man sich dann aber nur schwerlich erinnern kann, ist bemüht, einen auf eine andere Ebene zu heben. Sie bietet Bilder oder Ideen von einer anderen Ebene, einer anderen Seinsweise, an die man sich nur schwer erinnern kann. Doch sie hat einem die Möglichkeit eröffnet, zu dem zu werden, was man noch nicht ist, und genau das ist es, was die Kunst bewirken sollte.«

Foreman ist etwas zuversichtlicher, was die Möglichkeit angeht, »zu dem zu werden, was man noch nicht ist«, als Trecartin es ist, dessen Enthusiasmus für neue Technologien und ihre Beziehung zum menschlichen Bewusstsein eine entschiedene Stimmung der Rücksichtslosigkeit an den Tag legt – *ganz gleich, wohin wir uns auch bewegen, lasst uns feiern!* Ich glaube zum Beispiel nicht, dass Trecartin explizit ein Werk erschaffen will, das seinem Publikum »künstlerische Strukturen« darbietet, wie Foreman meint, »Modelle des Bewusstseins, die zu einer neuen Art von Klarheit und Selbstbeherrschung heranwachsen könnten und uns ermöglichen würden, die Stromschnellen unserer Zeit zu durchschiffen«, ein

Unterfangen, das Foreman selbst bereits seit über vierzig Jahren unternimmt. Kurzum, die Kritik und das Publikum, die in Trecartin einen inselbegabten Abgesandten der nächsten Generation zu erkennen meinen, der eine Antwort bereitstellt auf die Frage »*Wird alles gut gehen?*« – sie werden vermutlich keine zufriedenstellende Antwort erhalten.

Letztendlich spielt all dies aber vielleicht gar keine Rolle. Sowohl Foreman als auch Trecartin gehen von einer Auffassung des Menschen oder des »Realen« aus, die von Widersprüchen, Fluktuation, Inkohärenz und Perversität getragen wird; beide bieten eine Möglichkeit zum Eintauchen in ihre Vision an, die auskommt ohne den Fetisch der Avantgarde, das Publikum zu terrorisieren, oder jenen des Mainstreams, es an die Hand und mitzunehmen. »Wir halten uns an kulturelle Richtlinien, die uns dazu drängen, jeden Gedanken, jede Erfahrung zu klären, um daraus ihre einzige, dominante Bedeutung zu isolieren und dabei ein verantwortungsbewusster erwachsener Mensch zu werden, der weiß, was er oder sie denkt«, meinte Foreman. »Was ich aber zu zeigen versuche, ist das Gegenteil: wie die Welt uns in jedem Augenblick eine Komposition präsentiert, in der eine Vielzahl von Bedeutungen und Wirklichkeiten bereitsteht, und man in der Lage ist, klar und selbstbeherrscht in diesem turbulenten Meer der Vielfalt umherzuschwimmen.« Hat man *I-Be Area* oder einem Stück von Foreman eine gute Stunde lang zugesehen, beginnt man langsam in einem solchen Meer umherzuschwimmen. Diese Erfahrung erscheint mir zumindest wie der Anfang von einem lohnenswerten Gefühl von menschlicher Freiheit.

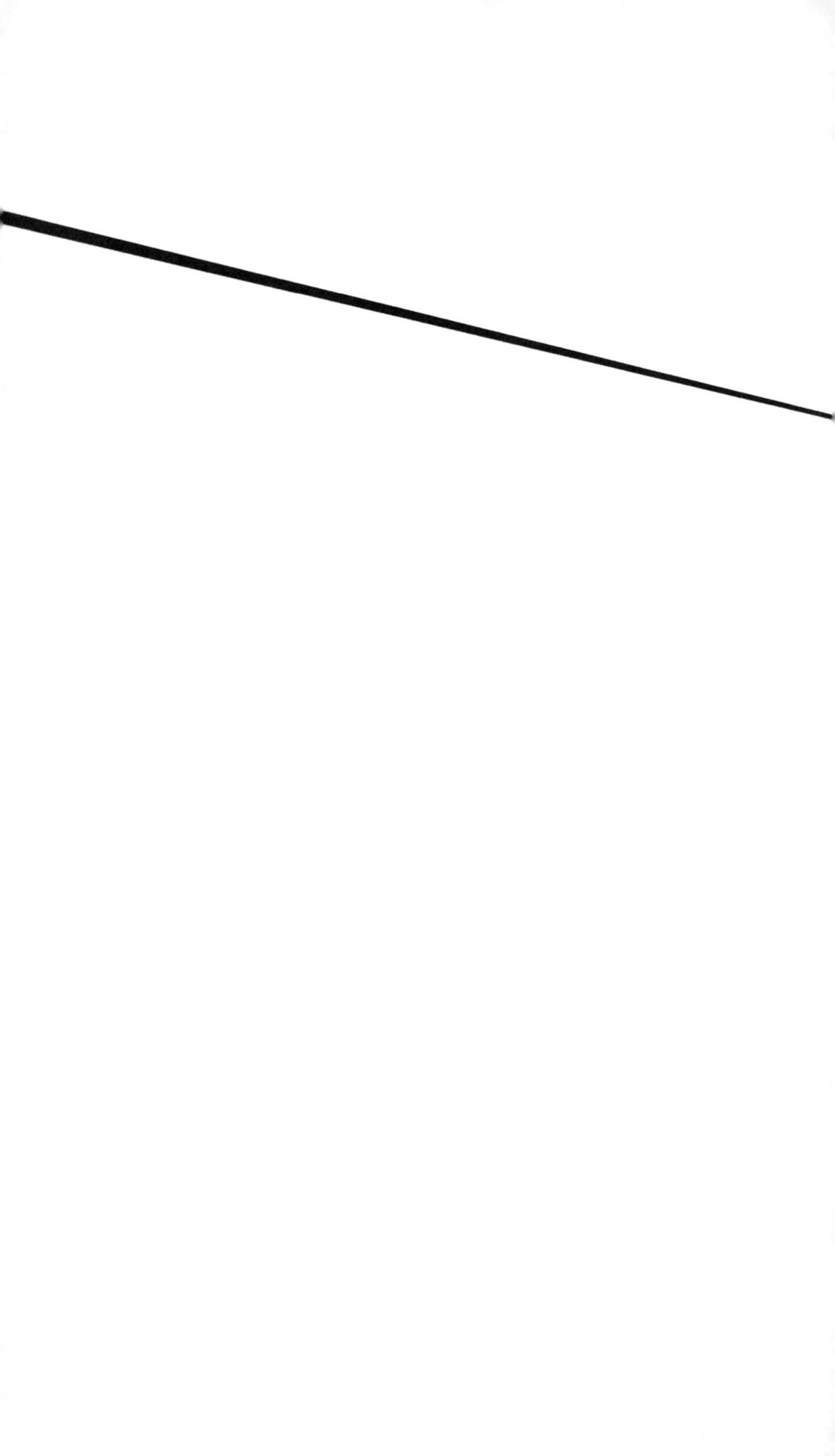

Gefangenschaft, Katharsis

In seinem Buch *Unbalancing Acts* schreibt Richard Foreman, reaktionäre Kritikerinnen und Kritiker seien zu Recht besorgt, dass subversive Formen der zeitgenössischen Kunst die westliche Kultur untergraben könnten. »Doch sie sollten sich keine Sorgen machen«, rät er gelassen. »Danach wird etwas Besseres kommen.«

Ob das nun gut oder schlecht ist, niemand scheint sich noch größere Sorgen zu machen. Warum sollte man über Andres Serranos *Piss Christ* oder Robert Mapplethorpes Foto einer Faust in einem Arsch außer Fassung geraten, wenn Homosexuelle mittlerweile bundesweit legal heiraten können? Sicherlich gibt es Reaktionäre, die sich regelmäßig oder anhaltend mit dem Schmutz und der Verkommenheit moderner Kunst befassen (Gott segne sie). Doch seit den Kulturkriegen der späten 1980er- und frühen 1990er-Jahre – also jenen, die sich um die Finanzierung des National Endowment for the Arts drehten und im Fall *National Endowment for the Arts et al. vs. Finley et al.* (1998) vor dem Obersten Gerichtshof gipfelten – wurde vielfach die Frage gestellt und erprobt, ob Bilder zu Verletzungen (moralischer oder anderer Art) führen können, und zwar am direktesten (und hysterischsten und streitsüchtigsten) in Bezug auf die trashigen Verwandten der Kunst, nämlich die Massenmedien.

Nicht, dass die Verschiebung des Spielorts irgendetwas geändert hätte an den Anliegen jener Leute, die sich traditionelle Familienwerte auf die Fahnen schreiben. Nehmen wir zum Beispiel die American Family Association (AFA), deren Ziel es laut Leitbild ist, »traditionelle Familienwerte zu fördern und sich dabei vor allem auf den Einfluss des Fernsehens und anderer Medien auf unsere Gesellschaft zu konzentrieren«. Ein kurzer Besuch auf der Webseite der AFA offenbart den Kern ihrer Bedenken in Bezug auf Fernsehen und Medien: auf der Seite wird heute (21. Februar 2010) zum Boykott von PepsiCo aufgerufen, weil das Unternehmen eine »nicht neutrale« Werbung über Homosexualität schaltet – alles Teil der (verwerflichen) Bemühungen von PepsiCo, »die schwule Cola« zu werden. Und dann ist da noch der Beitrag auf der Webseite mit dem Titel

»Immer schlimmere Nachrichten für Homosexualität«, worin man auf folgende Aussage stößt: »Familien, die sich für traditionelle Familienwerte starkmachen, wird mangelndes Mitgefühl vorgeworfen. Aber bedenken Sie nur: Wir wollen nicht, dass Homosexuelle hingerichtet werden. Wir wollen, dass sie Hilfe bekommen.«

Wenn man sich mit Leuten wie der AFA einlässt, bleibt wenig Lust, sich an einer Debatte über »den Einfluss des Fernsehens und anderer Medien auf unsere Gesellschaft« zu beteiligen. Von einigen wenigen Ausnahmen abgesehen, handelt es sich um eine Debatte, die von Moralisten und Vermarkterinnen geführt wird, die im grellen Licht des Fernsehsenders für politische Berichterstattung C-SPAN zwar oft auf unterschiedlichen Seiten auftreten, aber regelmäßig zusammenarbeiten, um die gemeinsamen Kräfte des sogenannten freien Markts und der sogenannten traditionellen Familienwerte zu fördern, selbst wenn die Allianz in begriffliche Zusammenhanglosigkeit ausfranst.

An dieser Stelle wäre es naiv, sich darüber zu wundern, dass von den 22 Punkten, die die AFA unter der Überschrift »Unanständigkeit des Fernsehens« aufführt, nur einer mit Gewalt zu tun hat. (Wenig überraschend, alle anderen haben mit Sex zu tun.) Zahllose weitere Organisationen – von der Federal Communications Commission über die American Academy of Pediatrics bis hin zu Parents Against Media Violence – haben allerdings einen anderen Weg eingeschlagen und die Darstellung von Gewalt ins Zentrum ihrer Überlegungen gestellt. Typischerweise erhitzt sich diese Diskussion meistens nach einer Massenschießerei wie dem Massaker von Columbine oder dem an der Virginia Tech, auch wenn Schießereien an Bildungseinrichtungen (zu denen seit dem 12. Februar 2010 leider auch Schießereien von Professorinnen in Fakultätssitzungen gehören) so alltäglich geworden sind, dass sie einen nahezu kontinuierlichen – und vielleicht zunehmend sinnlosen – Diskurs hervorrufen.

Inzwischen habe ich zahllose Studien, Leitartikel, Kongressprotokolle und buchfüllende Untersuchungen über Mediengewalt gelesen. Dabei fiel mir immer wieder auf, dass die Frage, die bei allen – auch bei der American Civil Liberties Union – am meisten Anklang zu finden scheint, die direkteste ist: Erhöht der Konsum von Gewalt im Fernsehen, in Comics, Filmen oder Videospielen die Wahrscheinlichkeit, dass Menschen – in der Regel Jungen oder Männer – anderen Menschen Gewalt antun? Ich respektiere den Pragmatismus dieser Frage – auch wenn der Morast an Statistiken, der ihre Antwort darstellt, mir eine unzureichende Reaktion auf die viel umfassendere Frage zu sein scheint, in welche Form der Realitätsgestaltung wir als Kultur und als Spezies unsere Bemühungen und unsere Vorstellungskraft stecken sollten. (Die Frage betrifft eine Kultur, die einen enormen Teil ihrer Zeit damit verbringt, sich an, sagen wir, extrem gewalttätigen, frauenfeindlichen Computerspielen zu ergötzen, die aber auf wundersam niedrige Vergewaltigungs- und Mordraten verweisen könnte – vielleicht, weil so viele Menschen wie narkotisiert an ihren Geräten hängen –, dies erschiene mir immer noch nicht wie eine Kultur, in der ich leben möchte.) Wie dem auch sei und auch wenn ich nicht geneigt bin, die Lösung in Verboten zu sehen, so bin ich doch zu der Überzeugung gelangt, dass die größeren Fragen unsere Aufmerksamkeit verdienen, auch wenn sie sich nicht so leicht ausmachen lassen.

Am 13. März 2007 wachte ich morgens auf und stellte fest, dass meine Nachbarschaft von einer Werbekampagne für einen Film mit dem Titel *Captivity* plakatiert worden war. Die Bilder der ersten Welle dieser Werbekampagne, die aus 30 Plakatwänden in Los Angeles und 1.400 Schildern auf Taxidächern in New York City bestand, waren jeweils in vier Sektionen unterteilt, die den Weg einer Frau durch vier mögliche Stadien ihres Daseins aufzeigten: »Abduction« (Entführung), »Confinement« (Gefangenschaft), »Torture« (Folter) und »Termination« (Auslöschung). Die Entführungssektion zeigt die Frau mit der Hand eines Schwarzen

Mannes oder einer Hand mit schwarzem Handschuh über ihrem Mund – es wurde bewusst mit Unschärfe gearbeitet, um rassistisch gesträhnte Panik zu provozieren und sich gleichzeitig unangreifbar zu machen. Die Sektion Gefangenschaft zeigte eine Nahaufnahme ihres mit Schmutz und Wimperntusche verschmierten Gesichts, das gegen einen Maschendrahtzaun gepresst ist. Die Foltersektion zeigte ihr Gesicht, mumiengleich bandagiert, mit einem Schlauch in der Nase, aus dem dunkelrotes Blut fließt, bevor der Schlauch aus dem Bild verschwindet. Die letzte Sektion, die der Auslöschung, zeigte ihren größtenteils entkleideten Körper, der über einem Tisch ausgebreitet ist, ihr lebloser Kopf baumelt in Richtung Boden, die leblosen Brüste zeigen in Richtung Himmel – ein weiteres Opfer für Gott-weiß-was.

Nach einem öffentlichen Aufschrei, der laut der Nachrichtenagentur Reuters aus einer »Flut von E-Mails und Anrufen von verärgerten Eltern und beleidigten Frauen« bestand, blieb nur noch die Sektion zur Gefangenschaft übrig. Und zwar überall, vier Monate lang. Manchmal stand ich an einer Bushaltestelle vor einem Plakat für den Film, blickte nach oben und sah eine der Plakatwände vor dem Himmel am westlichen Horizont, dann drehte ich mich um und sah ein weiteres Plakat am östlichen Horizont. Auf der Straße erschienen die Plakate häufig neben der Werbung für zwei andere Filme, die zeitgleich in die Kinos kamen – Eli Roths *Hostel 2*, worauf ein bedrohlicher Mann in einer blutbespritzten Metzgerschürze gezeigt wurde, der bereit war, drei Studentinnen im Europaurlaub zu foltern, und Gregory Hoblits *Das perfekte Verbrechen*, auf dem Anthony Hopkins, das Lieblingsmonster aller Filmemacher, in Nahaufnahme zu sehen war, sein Gesicht überzogen mit riesigen roten Buchstaben des prahlerischen Slogans »I SHOT MY WIFE« (Ich habe meine Frau erschossen). Ein richtig progressives Dreiergespann.

Zumindest war dies die vorgeschobene Meinung von Courtney Solomon, CEO von After Dark, der Marketingfirma hinter der *Captivity*-Kampagne. »Der Film ist natürlich ein Horrorfilm, und es geht um Entführung, aber er handelt auch von weiblicher Selbstbestimmung«, sagte Solomon. Er versuchte zu erklären, dass auch er sich über die Plakate zum Thema »Entführung mit Todesfolge« aufgeregt hatte – nicht wegen ihrer Anschaulichkeit oder ihrer Verherrlichung sexualisierter Folter, sondern weil sie, was den Handlungsverlauf des Films betraf, »in die Irre führten«. Solomon erklärte, dass sie nach vielen Testvorführungen und Fokusgruppen ein neues Ende gedreht hätten, »damit die Hauptfigur sich am Ende in einer so positiven Lage wiederfindet, wie es die Situation erlaubt«. Ich nehme an, dass dies eine Version der weiblichen Ermächtigung darstellt – die Art, die man durch ein Schlüsselloch an der Tür zur Hölle sehen könnte.

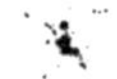

Es macht nicht mehr so viel Spaß, die amerikanische Popkultur zu analysieren. In den 1980er- und 90er-Jahren hat sich die Wissenschaft regelrecht darauf gestürzt – was für ein skandalöser Spaß, die ganze wilde Kraft des eigenen Geistes auf Madonna oder *Matrix* oder Spike Lee oder *Akte X* oder, in jüngerer Zeit, *The L Word – Wenn Frauen Frauen lieben* oder *24* zu verwenden. Womit ich nicht sagen will, dass diese Arbeit gar keine Freude mehr bereitet oder keinen Mehrwert oder keine Notwendigkeit besitzt; vielleicht ist das heute mehr denn je der Fall. Ich will damit nur sagen, dass es sich für mich persönlich wie eine Sackgasse anfühlt. Kulturelle Produkte scheinen jetzt darauf ausgelegt, sich selbst zu analysieren und ein Spektakel aus ihrer im Wesentlichen konsumierbaren Perversität zu machen. »Sie lassen mich meine Kreativität zur Schau stellen«, sagen die Schreibenden, während sie noch mehr Dreck produzieren. Und darin liegt, wie Slavoj Žižek (in *Die Tücke des Subjekts*) erklärt, »das unerträgliche Paradox dieser postmodernen ›De-Entfremdung‹: Die Spannung besteht nicht mehr zwischen meinen innersten idiosynkratischen, kreativen Impulsen und der Institution, die diese nicht schätzt oder sie sogar unterdrücken will, um mich zu ›normalisieren‹«. Stattdessen, so Žižek, arbeiten postmoderne Unternehmen (wie Microsoft) auf eine eher Foucaultsche Art und Weise: Anstatt von unserer idiosynkratischen Kreativität bedroht zu werden, sind sie darauf angewiesen, sich diese Kreativität in ihrem eigenen Namen zu Nutze zu machen. Wie Žižek es ausdrückt, wird man für sie in dem Moment nutzlos, in dem man anfängt, seinen »Kobold der Perversität« zu verlieren.

Dieses Paradoxon führt dazu, dass sich Kommentare zu den »irgendwie hegemonialen, irgendwie subversiven« Praktiken (um Eve Kosofsky Sedgwicks wunderbare Formulierung zu verwenden) so vieler Populärkulturen langweilig anfühlen – wie wenn man eine Flagge auf dem Mond aufstellt, nachdem schon vierzig Länder vor einem dort gelandet sind, oder auf einem Mond, dessen einziger Zweck darin besteht, Flaggen zu beherbergen. Lionsgate/After Dark stellt eine Reihe von Plakaten auf, die – ohne Genehmigung der Motion Picture Association of America – abscheuliche Folterungen zeigen; die Leute rufen an, um sich zu beschweren, wobei ihnen der Klang ihrer jammernden Tipper-Gore-Stimme nicht behagt. Die Menschen legen auf und machen sich Gedanken über die Auswirkungen ihres Protests auf die Meinungsfreiheit, also wenden sie sich Noam Chomsky zu und stellen sich komplizierte Fragen über die Herstellung von Konsens und die Bedeutung der Meinungsfreiheit in einer Welt, in der alles entweder in Besitz ist oder zum Verkauf steht, bevor sie Richtung Jürgen Habermas blicken, um über die Bedeutung des öffentlichen Raums in einer Welt, in der alles entweder in Besitz ist oder zum Verkauf steht, nachzudenken. »Die durch die Massenmedien erzeugte Welt ist Öffentlichkeit nur noch dem Scheine nach«, schreibt Habermas, und so ist es auch. Und (um Theodor Adorno zu paraphrasieren) es ist entscheidend, sich daran zu erinnern, dass diese Welt zwar scheinbar *von* der Gesellschaft als Ganzes ausgeht, in Wirklichkeit aber *auf* die Gesellschaft als Ganzes *gerichtet* ist.

Man fragt sich also, wie sich erkennen lässt, was wovon ausgeht, und wie sich die eigene körperliche Empörung über die Ausstrahlung von *Captivity* in Einklang bringen lässt mit einer tiefen Verehrung für Schreibende wie de Sade über Jean Genet, Dennis Cooper und Heather Lewis, bis hin zu Pat Califia und Benjamin Weissman, und man fragt sich, ob man sich weiterhin auf einer quasi-nostalgischen und ganz bestimmt elitären (aber nicht gänzlich bedeutungslosen) Unterscheidung ausruhen kann zwischen High und Low in der Kunst oder einer Unterscheidung zwischen dem Wert des komplexen und im Wesentlichen privaten geschriebenen Wortes auf der einen und einem schrillen Medienbild auf der anderen Seite. Dann hört man eine Stimme, die sagt: *Das ist das Problem mit den Liberalen von heute, sie denken zu viel, sie interessieren sich zu sehr für Komplexität, um wirkliche Veränderungen herbeizuführen*, und man entgegnet: *Meinetwegen – ein Leben für die Komplexität ist das Leben, das ich führen möchte*. Dann ist man erfreut, wenn die *Captivity*-Werbung zurückgezogen wird und alle Führungskräfte für einen Moment wie Deppen dastehen, weil sie gezwungen sind, alle möglichen künstlichen Entschuldigungen und Ausreden herauszukramen – wie Peter Wilkes von Lionsgate, der schwor, dass sein Unternehmen »nichts mit der Werbung zu tun hatte«, oder Solomon, der in einem Atemzug sagte: »Ich persönlich wollte diese Kampagne nicht mitmachen. Für mich ging sie viel zu weit«, und in einem anderen, dass die Anzeigen ein »Versehen« gewesen seien und »die falschen Dateien an die Druckerei geschickt wurden.« Aber dann werden die Plakate abgehängt und über Nacht durch den Schriftzug »Captivity Was Here« und ein neues Anlaufdatum des Films ersetzt, und einem wird klar, dass alles Teil des Plans gewesen ist, des Plans, Kontroversen zu erzeugen, indem man an die Grenzen geht – Teil des Plans, alle, die gegen die ursprünglichen Plakate protestiert haben, als Schulmeisterin, Zankapfel, »wütende Eltern und beleidigte Frauen« darzustellen – also als diejenigen, die als erstes ins Rettungsboot dürfen – und der Film gewinnt an Aufmerksamkeit, weil die Leute von der Kontroverse Wind bekommen haben und sich fragen, welche anderen Formen der Folter ihnen sonst noch vorenthalten werden, und weil noch mehr Leute bereit sind, ihre zehn Dollar zu blechen, um zu sehen, wie die hübsche blonde Lady zu Tode gefoltert wird, oder wenn schon nicht zu Tode, dann so weit, bis sie sich in einer »so positiven Lage wiederfindet, wie es die Situation erlaubt«, was in diesem Fall vermutlich heißt, dass sie nackt aus einem Keller stolpert, wobei noch ungefähr ein Viertel ihrer inneren Organe heilgeblieben ist. Und wenn der Film endlich rauskommt, schmeißt Solomon eine Release-Party in West Hollywood in einem Club, der zu einer Folterkammer umfunktioniert und mit der ursprünglichen, »viel zu weit gehenden« Werbung geschmückt wurde und bei der die Suicide Girls bedienen, und er nennt die Veranstaltung »seine kleine persönliche Hommage an die Frauengruppen« und versucht später, Bündnisse wie die National Organization for Women zu einer »Town-Hall-ähnlichen Debatte« über den Film zu ködern (was die Gruppe aus offensichtlichen Gründen ablehnt). Und das Rad dreht sich weiter.

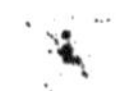

Aber weshalb verbringe ich so viel Zeit damit, über Filme nachzudenken, oder, was noch seltsamer ist, mich über Filmbewertungen oder Werbekampagnen zu echauffieren? Wer interessiert sich schon für Filme, vor allem für diese Art von Filmen? »Für das Publikum, für das [*Captivity*] gemacht ist, ist der Film zufriedenstellend. Ich bin mir sicher, dass es nicht dasselbe Publikum ist, das sich über die Werbetafeln beschwert«, behauptet Solomon. In meinem Fall liegt er da ganz richtig. (Allerdings verwischt diese Aussage bewusst den Unterschied zwischen Plakatwänden, die für alle Personen ohne deren Zustimmung sichtbar sind, und Filmen, bei denen dies ganz anders aussieht.) In jedem Fall kenne ich zahllose Menschen, die diese Folterpornos lieben – einige von ihnen sind gewiefte feministische, marxistische, queere, anarchistische, globalisierungsfeindliche oder sonst wie kritische Akademiker und Schriftstellerinnen, die dermaßen gutgelaunte, witzige und intelligente Lesarten dieser

Filme anbieten (insbesondere Eli Roths *Hostel*-Reihe hat eine Menge lobende wissenschaftliche Aufmerksamkeit erfahren), dass ich mich in ihrer Gegenwart für meine Zimperlichkeit, die Schärfe meines moralischen Kompasses und die Offensichtlichkeit meiner Kritik schäme.

Ich nehme an, dass eine Teilantwort darin besteht, dass das Gesicht der *Captivity*-Lady (das der Schauspielerin Elisha Cuthbert, die sich durch ihre Spezialisierung auf Opferrollen schnell einen Namen gemacht hat; sie spielte Jack Bauers Tochter in der Serie *24*) während manch finsterem Tag der George-W.-Bush-Regierung eine überdimensionale, tägliche Erinnerung an die kulturellen und politischen Kräfte darstellte, die ununterbrochen drauf und dran sind, all das zu normalisieren – oder in diesem Fall als ›sexy‹ erscheinen zu lassen –, was in der (öffentlich anerkannten) amerikanischen Politik vor nicht allzu langer Zeit undenkbar gewesen wäre: nämlich Folter, insbesondere sexualisierte Folter. (»Folter ist heiß, ganz einfach«, schrieb ein anonymer Blogger als Unterstützung der *Captivity*-Kampagne.) Beim Betrachten von Cuthberts Gesicht sah ich deshalb nicht nur das bearbeitete Bild einer weiteren blonden Schauspielerin, die vorgibt, irgendwo eingesperrt, gefoltert und möglicherweise umgebracht zu werden, sondern die namenlosen Körper all der echten People of Color, die eingesperrt, gefoltert und womöglich umgebracht werden – und dieses riesige, sexualisierte, arische, weinende Gesicht, das alles verdeckte wie ein gigantischer Pornoflor.

Beispielsweise gab es kein Plakat von Manadel al-Jamadi, der in amerikanischem Gewahrsam in Abu Ghraib gefoltert und umgebracht wurde, nachdem er einer als »palästinensisches Hängen« bekannten Foltermethode ausgesetzt war. (Beim palästinensischen Hängen – eine der vielen von der Bush-Regierung genehmigten »erweiterten Verhörmethoden« – werden die Arme eines Menschen hinter seinem Rücken gefesselt und dann weit über dem Rumpf befestigt, so dass der Körper wie bei einer Art Kreuzigung herabhängt. Nachdem er geprügelt worden war, wurde Jamadi auf diese Weise aufgehängt, wobei ihm ein grüner Plastiksandsack über den Kopf gezogen wurde. Als die CIA-Vernehmungsbeamten ihm schließlich die Kapuze abnahmen und seinen Körper auf den Boden absenkten, »floss Blut aus seiner Nase und seinem Mund, als ob ein Wasserhahn aufgedreht worden wäre«.)

Eine Form der Selbsttäuschung: Umkehrungen anbieten, die zwar rhetorisch wirksam sind, bei genauerer Untersuchung ihrer Bedeutung jedoch in sich zusammenfallen. Um also eine überarbeitete Version zu versuchen: Ich bin nicht wirklich davon überzeugt, dass ein Plakat von Jamadi irgendetwas »bewirkt« hätte, selbst wenn es in uns Traurigkeit oder Fassungslosigkeit oder Wut oder Scham oder Empörung hervorgerufen hätte. Wie Sontag zu Recht angemerkt hat – und ich meine, die Wiederholung lohnt sich –, umgeht die Konzentration auf die Frage, ob ein Bild die Fähigkeit besitzt, eine starke Emotion hervorzurufen, das Problem, dass eine starke Emotion nicht dasselbe ist wie eine Einsicht und auch nicht dasselbe wie eine Handlung. »Du *fühlst* nicht notwendigerweise [Mitgefühl]«, warnte der buddhistische Lehrer Chögyam Trungpa einmal einen Schüler, der sich Sorgen machte, wie er mitfühlend handeln könnte, ohne das Mitgefühl zuerst zu fühlen. »Du *bist* das Mitgefühl.«

In seiner gruselig engagierten Polemik »The Media Violence Myth« behauptet der Historiker und Verteidiger gewaltverherrlichender Medien Richard Rhodes, dass ultragewalttätige Medien der Öffentlichkeit einen Dienst erweisen, indem sie »den psychischen Müll rausbringen«. Wie genau diese Evakuierung durch Verbreitung funktionieren soll – ganz zu schweigen davon, wessen psychischen Müll ein Film wie *Captivity* darstellt (oder auf wen er abgeladen wird) – bleibt allerdings völlig unerwähnt. Denn es gibt keinen Beweis dafür, dass die in Fernsehserien wie *24* oder in Filmen wie *Captivity* dargestellte Folter den Müll beseitigt, es sei denn, »Katharsis« bedeutet heute: »Schalten Sie nächste Woche wieder ein«.

In der Tat ist die gesamte psychoanalytische Vorstellung auf die Probe gestellt worden, nach der die Katharsis einer Heilung durch marktorientierte Unternehmungen gleichkommt, die davon profitieren, bestimmte Wünsche zu erwecken, anstatt jemanden von ihnen zu befreien. Freud selbst hat die Idee der Katharsis als Heilung letztendlich aufgegeben, doch in der Psychologie des 20. Jahrhunderts ist sie am Leben geblieben und findet sich allerorts wieder, von der Urschreitherapie über Colon-Hydro-Therapie bis hin zum Rolfing. Gegenwärtig herrschen nach wie vor gravierende Meinungsverschiedenheiten darüber, wie man am besten unkontrollierbare, potenziell zerstörerische Emotionen wie Wut unter Kontrolle bringt: Viele westliche Therapeutinnen und Therapeuten ermutigen wütende Erwachsene und Kinder dazu, »alles rauszulassen«, etwa durch Schläge in ein Kissen; Buddhisten wie Thích Nhất Hạnh – Autor von *Ärger: Befreiung aus dem Teufelskreis destruktiver Emotionen* – raten sanft, aber entschieden von derlei Methoden ab, da sie der Meinung sind, man übe oder schreibe sich Destruktivität nur ein, wenn man glaube, das Schlagen einer Sache – auch wenn es sich dabei im Moment um ein gefühlloses Objekt handelt – sei eine nützliche und angemessene Reaktion auf Wut.

Und abermals kommt es darauf an, was man unter »Katharsis« versteht. Folgendes meinte zum Beispiel Rush Limbaugh in Bezug auf die Behandlung irakischer Gefangener in Abu Ghraib: »Das ist nichts anderes als das, was bei Initiationen der Studentenverbindung Skull & Bones vor sich geht, und wir ruinieren deshalb das gesamte Leben dieser Leute und lassen zu, dass unsere militärischen Bemühungen behindert werden, und dann machen wir die Leute richtig fertig, nur weil sie sich amüsiert haben. Wissen Sie, auf diese Menschen wird jeden Tag geschossen. Ich spreche von Leuten, die sich amüsieren; diese Leute, haben die jemals von emotionaler Entlastung gehört? Haben Sie schon einmal davon gehört, dass man etwas Dampf ablassen muss?«

Als Aristoteles den Begriff »Katharsis« gebrauchte, bezog er sich auf die griechischen Tragödien, die zweifellos voller Gewalt stecken, oft von ganz grauenvoller Art (obwohl einer Definition nach die gewalttätigsten Handlungen einer Tragödie nicht auf der Bühne selbst stattfinden). Für Aristoteles ging es bei der Katharsis um die Emotionen »Mitleid und Furcht«, die durch das Stück geweckt wurden, und nicht um die Fähigkeit, das Mittagessen bei sich zu behalten, während man zusieht, wie eine Frau gezwungen wird, von einem Mixer zerkleinerte innere Organe zu trinken (was offenbar zu den Dingen gehört, die der Heldin von *Captivity* widerfahren). Aus diesen und anderen Gründen lässt sich diese klassische Art von Tragödie nicht ohne Weiteres mit einem massenvermarkteten Medienspektakel vergleichen, das uns mit Bildern von Folterpornos mästet, insbesondere in einer Zeit, in der unser Land dahingehend abgerutscht ist, tatsächlich von sexualisierter Folter Gebrauch zu machen.

Allerdings gibt es Anhaltspunkte dafür, dass die Verherrlichung der Folter in populärer Unterhaltung eine politische Funktion erfüllt, da sie ein Netz von Identifikationen erspinnt, die die Menschen für Folter und Folternde erwärmen, und zwar zu einer Zeit, in der unsere Regierung begonnen hat, Folter zu billigen und anzuwenden. (Limbaugh ist sich hierüber ganz genau im Klaren und richtet seine Äußerungen eindeutig darauf aus, diesen Service zu leisten). Im Vorfeld der Präsidentschaftswahlen 2008 trug die nette Kassiererin meiner Uni-Mensa am Revers einen Anstecker mit der Aufschrift »Jack Bauer for President« (Jack Bauer ist der von Kiefer Sutherland gespielte Anti-Terror-Agent in der Serie *24*, der regelmäßig sowohl sogenannte Unschuldige als auch Schuldige foltert). Für sie war dies ein Witz, gleichzeitig aber meinte sie es auch völlig ernst. Ihr idealer Präsidentschaftskandidat wäre der Mann, der dem Folterknecht Jack Bauer am ähnlichsten sei. Das ist wahrscheinlich der Grund, warum sich die republikanischen Präsidentschaftskandidaten in den Debatten vor den Vorwahlen 2008 ein Wortgefecht lieferten, bei dem sie Jack Bauer Konkurrenz machten.

Die konservative Talkmasterin Laura Ingraham fasste dieses Ethos am 13. September 2006 zusammen, als sie auf Fox News zu Bill O'Reilly sagte: »Die Durchschnittszuschauer lieben die Serie *24*. OK? Sie lieben Jack Bauer. Sie lieben *24*. Meiner Meinung nach ist das so etwas wie ein nationales Referendum darüber, ob es in Ordnung ist, harte Taktiken gegen hochrangige Al-Qaida-Mitglieder anzuwenden.«

Solche Verlautbarungen lassen sich nicht ohne Weiteres mit dem ebenfalls häufig von Limbaugh und Co. vorgetragenen Refrain vereinbaren, *24* sei »nur eine Fernsehsendung, reißt euch mal zusammen!« Im Fall von *24* ist es so, dass die Popularität der Serie (deren letzte Folge im Mai 2010 ausgestrahlt wurde) dem Militär vor Ort so viel Ärger bereitete, dass im November 2006 Brigadegeneral Patrick Finnegan, der Dekan der Militärakademie in West Point, zusammen mit einem Team von Militär- und FBI-Verhörspezialisten nach Los Angeles flog, um sich mit den Machern der Serie zu treffen. Die Militärdelegation hoffte, die schweren, negativen Auswirkungen zu vermitteln, die die Darstellung von Folter in der Serie ihrer Meinung nach auf amerikanische Soldatinnen und Soldaten hatte, die immer mehr von Bauers Motto, er tue »alles Notwendige« verführt zu werden schienen und immer weniger geneigt seien, die Bedeutung der Einhaltung von internationalem und militärischem Recht ernst zu nehmen. In ihrem Artikel im *New Yorker* vom 19. Februar 2007 berichtete Jane Mayer, dass das Kreativteam von *24* nicht besonders an dieser Nachricht interessiert war und nicht größer darauf reagierte. Gary Solis, ein pensionierter Juraprofessor, der das Kriegsrecht für Kommandeure in West Point entworfen und gelehrt hat und der zu den Mitgliedern des Militärteams bei diesem Treffen gehörte, sagte später zu Mayer, der Versuch, die Produzenten dazu zu bewegen, ihren Kurs zu ändern, gleiche »dem Versuch, einen Ameisenhaufen zu zertreten«.

Alles ist nett

»All jenen, die glauben, Gewalt im Kino bestehe entweder aus harmlosen Actionspektakeln oder Meisterwerken von Martin Scorsese, schlage ich vor, einmal im örtlichen Multiplexkino vorbeizuschauen und einen Blick auf einige der grotesken, morbiden Kreationen zu werfen, die dort über die Leinwände flackern«, schrieb der Filmemacher Mike White in einem Gastbeitrag für die *New York Times*, der kurz nach der Schießerei an der Virginia Tech im Jahr 2007 erschien – einer Schießerei, die neue Beispiele offensiver und defensiver Haltungen gegenüber der Rolle von Gewalt in den Medien bei realen Morden lieferte. »Sinnlose Sadismusexperimente wie *The Hills Have Eyes 2* mit Verweis auf *Macbeth* zu verteidigen, ist beinahe so, als würde man *Romeo und Julia* bemühen, um Kinderpornografie zu rechtfertigen«, schrieb White.

Ich hatte großen Respekt vor Whites Gastbeitrag, weil er von jemandem aus der Branche stammte, der nicht nach Zensur oder verschärfter Gesetzgebung oder Scham oder Reinigung rief, sondern eher dafür plädierte, dass Filmschaffende bloß einen Augenblick innehalten, ohne herumzutrompeten, »Filme töten keine Menschen, es sind Wahnsinnige, die Menschen töten«. Stattdessen stellte White einige kluge Fragen über die Neigung, alles nur fürs große Geld zu tun, und zuzugeben, dass Filme eine enorme Fähigkeit besitzen, »unser Denken zu formen und unsere Entscheidungen zu beeinflussen«, weshalb sich, so White, die meisten Menschen in der Branche überhaupt erst für diese Kunstform interessierten.

Darüber hinaus schätze ich Whites Gastbeitrag, weil die Beispiele aus seinem eigenen Leben – ob absichtlich oder nicht – die geschlechtsspezifische Natur des Problems verdeutlichen. Er schreibt, dass er als Kind ganz sicher von Filmen darin beeinflusst wurde, wie er und seine Freunde mit ihren Freundinnen sprachen, und dass es, auch wenn auf seinem Spielplatz niemandem ins Gesicht geschossen wurde, viele Beispiele »männlicher Prahlerei« gegeben habe, deren Bandbreite »von dumm bis grausam« reichte.

Ich wünschte, ich – oder irgendwer – hätte einen Gastbeitrag verfassen können, der etwas Licht darauf wirft, wie bestimmte Filme das Verhalten von Frauen auf dem Spielplatz beeinflussen, doch da wir weibliches Verhalten immer noch sehr häufig bloß als Reaktion auf männliches Verhalten ansehen, ist es schwierig zu sagen, wo man überhaupt anfangen sollte.

Ein (heimischer) Ort, wo man damit anfangen könnte, wäre vielleicht mein Bücherregal, von dessen Bestand ich eine Liste jüngerer und zeitgenössischer Schriftstellerinnen anfertige, die für gewalttätiges oder grausames Schreiben bekannt sind (ich bin mir über den Unterschied bewusst). Hier ist meine kurze Liste: Kathy Acker, Dorothy Allison, Octavia Butler, Angela Carter, Ivy Compton-Burnett, Virginie Despentes, Mary Gaitskill, Patricia Highsmith, Shirley Jackson, Elfriede Jelinek, Sarah Kane, Natsuo Kirino, Heather Lewis, Joyce Mansour, Susannah Moore, Joyce Carol Oates, Flannery O'Connor, Sylvia Plath, Pauline Réage, Sapphire, Valerie Solanas und Christina Stead. Überrascht es, dass die meisten, wenn nicht sogar all diese Schriftstellerinnen dafür bekannt sind, dass sie in Bezug auf – und oft auch ausdrücklich aus Protest gegen – männliche Gewalt, Frauenfeindlichkeit oder das Patriarchat schreiben? Ist das eine der Ungerechtigkeiten des »Phallozentrismus« selbst, das heißt seiner Andeutung, dass es nichts anderes unter der Sonne gibt – nicht einmal eine Form weiblicher Aggression oder Wut oder Dunkelheit –, was nicht von Männern geformt oder an sie gebunden wäre? »Möge die Frau ihre Grausamkeit, ihre Heftigkeit wiederfinden, die sie auf den Besiegten losstürzen läßt, weil er eben besiegt ist, die sie so weit treibt, ihn zu verstümmeln«, lässt Valentine de Saint-Point 1914 in ihrem *Manifest der futuristischen Frau* verlauten, worin sie die Frauen auffordert, sich wie »die Erinnyen, die Amazonen; die Semiramis, die Jeanne d'Arc, die Jeanne Hachette; die Judit und die Charlotte Corday; die Kleopatra und die Messalina« zu verhalten, die sie im Grunde sind oder sein können. »Frauen, werdet erhaben, ungerecht wie die Natur.«

Um die Ermordung al-Jamadis in Abu Ghraib zu vertuschen, packte ihn das CIA-Personal in einen mit Eis gefüllten Leichensack, um den Verwesungsprozess zu verlangsamen, weshalb er auch als

»Ice Man« bekannt wurde. Seine geeiste Leiche wurde dann auf Schnappschüssen verewigt, aufgenommen von dem Soldaten Charles Graner und der Soldatin Sabrina Harman, die neben dem zerschundenen Körper für die Kamera posierten. Die berühmteste dieser Fotografien zeigt Harman, wie sie mit grünen Handschuhen vor Jamadis Gesicht den Daumen nach oben zeigt, während eines von al-Jamadis Augen fast aus der Augenhöhle gequetscht zu sein scheint. Valentine de Saint-Point wäre stolz gewesen.

Für die vielen anderen, die eine weibliche Rückbesinnung auf den Sadismus nicht als Grund zur Freude erachten, waren die Fotos aus Abu Ghraib, die Specialist Megan Ambuhl, Private First Class Lynndie England und Specialist Sabrina Harman während brutaler Folterungen und sexuellen Missbrauchs zeigen, niederschmetternd. Die Schriftstellerin Barbara Ehrenreich ging sogar so weit zu behaupten, dass »eine bestimmte Art von Feminismus, oder vielleicht sollte ich besser sagen, eine bestimmte Art von feministischer Naivität, in Abu Ghraib gestorben ist.« Die feministische Naivität, von der sie spricht, ist die Ansicht, nach der »Männer ewige Täter, Frauen ewige Opfer [sind] und männliche sexuelle Gewalt die Wurzel aller Ungerechtigkeit[ist]« und die davon ausgeht, Frauen seien Männern aufgrund ihrer »geringeren Neigung zu Grausamkeit und Gewalt« moralisch überlegen. All dies, so Ehrenreich, gehöre der Vergangenheit an, also einer Zeit, bevor »wir weiblichen sexuellen Sadismus in Aktion gesehen hatten.«

Die Existenz von etwas, das als weiblicher sexueller Sadismus bezeichnet werden könnte, kam und kommt für mich nicht überraschend. (Genauso wenig hätte dies den Marquis de Sade überrascht, der in *Die Philosophie im Boudoir* das recht seltsame Argument vorbringt, dass »die Grausamkeit der Frauen [...] wegen der extremen Empfindsamkeit ihrer Organe weit häufiger und stärker ist als bei Männern.« Mehr dazu findet sich in Angela Carters brillantem Akt des Ungehorsams und des Widerstands *Sexualität ist Macht: Die Frau bei de Sade.*) Ich würde auch nicht mehr oder weniger von meinem vermeintlichen Geschlecht halten, wenn ein solcher sexueller Sadismus dazugehören würde. Schließlich sind wir Menschen (oder etwa nicht?). Und doch ist es ein Fehler, die Rolle der Frauen auf den Fotos von Abu Ghraib in erster Linie als Beweis für ein solches Phänomen anzusehen. Meine Reaktion auf die Bilder hatte mehr mit der von Angela Davis gemein, die in ihnen eine Wiederholung der tragischen, aber altbekannten historischen Tatsache sah, dass »Menschen mit Macht, unabhängig von Geschlecht oder Ethnie, die gleichen Möglichkeiten haben, anderen Menschen rassistische und sexistische Gewalt zuzufügen.« Ja, leider. Und leider auch: selbstverständlich.

Ich befürchtete jedoch, dass diejenigen, die bewusst oder unbewusst jegliche Güte und jegliches Mitgefühl in den Bereich des Weiblichen verbannt haben (wie Ehrenreich zugibt, und wie es das westliche Denken im Allgemeinen zumindest seit dem viktorianischen Zeitalter getan hat – und ich gebe zu, dass auch ich mich gelegentlich dabei ertappt habe) – dass all jene nun Anlass haben würden, mit den Schultern zu zucken und zu sagen – wenn auch in einem unterschiedlichen Grad an Zynismus, Traurigkeit oder Bosheit –: *Seht doch nur, sogar die Mädchen tun es – es muss also wirklich der üble Kern der menschlichen Natur dahinterstecken! Willkommen auf der dunklen Seite, jeder und jede von euch!*

Sollten die restlichen Fotos aus Abu Ghraib jemals veröffentlicht werden, wird uns die durchgehende Präsenz von Frauen wahrscheinlich einen umfassenderen – wenn auch erschütternderen – Eindruck von den verschiedenen Rollen vermitteln, die sie in dem Gefängnis spielten. Nicht nur ist es wahrscheinlich, dass noch mehr Misshandlungen durch Soldatinnen bekannt werden, angeblich existieren sogar Fotos, die die Vergewaltigung von irakischen Menschen durch amerikanische Soldatinnen und Soldaten zeigen, sowie den sexualisierten Missbrauch von Kindern, einige von ihnen angeblich nicht älter als zehn Jahre. (Noch im Mai 2009 hat das Pentagon vehement bestritten, dass derartige Fotos existieren oder dass derartige Taten stattgefunden haben; General Antonio Mario Taguba, der für die Durchführung einer umfassenden Untersuchung der von amerikanischem Militärpersonal im Gefängnis begangenen Übergriffe verantwortlich ist, gab zu Protokoll, dass er derartige Fotos zu Gesicht bekommen hat und dass derartige Taten stattgefunden haben.)

Zusammengenommen erinnern uns diese Fotos eindringlich an etwas, das wir bei einer isolierten Betrachtung von Lynndie England und ihres angeleinten Gefangenen leicht vergessen könnten: ganz gleich, ob es sich nun um Täter oder Täterinnen handelt, die angewandten Strategien haben ihre Ursache nach wie vor in einem allzu bekannten, uralten Gemenge aus frauenfeindlicher und homophober Gewalt, rassistischer Entmenschlichung und militarisierter Eroberung – Strategien, die nicht gerade von »weiblichem sexuellem Sadismus« angetrieben wurden und werden.

Davis argumentiert, dass die Fotos von Soldatinnen in Abu Ghraib eine Form der feministischen Analyse erfordern, die »die vorherrschenden Annahmen in Frage stellt, denen zufolge die einzig mögliche Beziehung zwischen Frauen und Gewalt darin besteht, dass Frauen die Opfer sind«. Sicherlich hat die lange Geschichte der Beziehungen zwischen *weißen* Frauen und Schwarzen Männern und Frauen in diesem Land – von der Sklaverei bis zur Zeit der Bürgerrechtsbewegung – bereits eine unmittelbare und gewaltige Herausforderung für derartige Annahmen dargestellt. Diese Form der feministischen Analyse ist von entscheidender Bedeutung und glücklicherweise inzwischen weit verbreitet, was vor allem auf die Bemühungen von Feministinnen wie Davis zurückzuführen ist, die zu Recht und unnachgiebig darauf insistiert haben, dass die unzähligen Formen der Unterdrückung gemeinsam verstanden und bekämpft werden (wie in Davis' Klassiker *Rassismus und Sexismus. Schwarze Frauen und Klassenkampf in den USA* aus dem Jahr 1982).

Das Problem bleibt allerdings bestehen: Angesichts der patriarchalen Struktur der meisten Gesellschaften auf der Erde und angesichts der Tatsache, dass unsere ältesten, archetypischen Beispiele weiblichen Verhaltens und weiblicher Ausdrucksformen –

von Antigone über Medea bis hin zu Judit – in gewisser Weise untrennbar mit den sozialen Strukturen verbunden sind, die sie hervorgebracht (und oft auch verfasst) haben, bleibt ungewiss, ob und wie diese Beziehungen von den Umständen ihrer Entstehung losgelöst werden können. Wahrscheinlich stecken in einer solchen Analyse Elemente eines Irrwegs, so wie in den meisten Versuchen, Natur und Erziehung voneinander zu trennen – als ob ein Leben jemals unter dem Einfluss nur der einen oder nur der anderen gelebt worden wäre, anstatt in einer komplexen Wirrnis aus beiden.

Wenn die möglichen Beziehungen zwischen Frauen und Grausamkeit oder Gewalt jedoch unweigerlich durch die frauenfeindlichen und/oder patriarchalen sozialen Strukturen, von denen sie ausgehen, geformt oder sogar erzeugt werden, dann muss dasselbe auch für Männer gelten. Es gibt keinen Grund, warum zum Beispiel die Arbeiten von Paul McCarthy, Brian Evenson, Chris Burden, Michael Haneke, Martin McDonagh, Otto Muehl und unzähligen anderen nicht in diesem Sinne analysiert werden können oder gar analysiert werden sollten. (In der Tat ist vieles davon bereits analysiert worden – McCarthys Werk ist berühmt dafür, dass er hart mit Männlichkeit und Imperialismus ins Gericht geht; Evenson hat ausdrücklich das faschistische Patriarchat und die Misogynie der Mormonenkirche zu seinen Themen gezählt; das Werk der Wiener Aktionisten ist in vielerlei Hinsicht eine aggressive Untersuchung sexueller Machtverhältnisse und Tabus, ganz abgesehen davon, dass es eng mit den verschiedenen Psychosen verknüpft ist, die das Österreich der Nachkriegszeit plagten und so weiter).

Mit anderen Worten: Wenn sich beim Thema Grausamkeit und Frauen herausstellt, dass sich Kontingenz und Essenz nicht voneinander trennen lassen, dann besteht kein Grund, warum eine solche Trennung plötzlich möglich sein sollte, wenn es um Männer geht. Es sei denn, man behauptet, dass Frauen nicht an der *conditio humana* teilhaben – eine These, die in religiösen und philosophischen Kreisen in den letzten Jahrtausenden immer wieder vorgebracht wurde und ein ständiges rechtliches wie politisches Rätsel darstellt.

(Zu ersterem siehe den satirischen, oft reproduzierten Renaissance-Text *Disputatio nova contra mulieres, qua probatur eas homines non esse* [»*Neue Disputation gegen die Frauen zum Erweis, daß sie keine Menschen sind*«]; zu letzterem siehe Catharine MacKinnons internationale Studie von 2006 über die Menschenrechte von Frauen 500 Jahre danach, die den Titel trägt *Are Women Human*?)

Trotz ihres Wunsches, uns in eine kosmologische Sphäre zu katapultieren, in der Kräfte wie Artauds »Lebensstrudel, der die Finsternis verschlingt«, die Oberhand haben, zeigen viele Denker und Künstler eine Obsession mit Geschlecht, die schwer, wenn nicht gar unmöglich zu ignorieren ist, selbst wenn man sich bemüht, auf ihren postgeschlechtlichen, transzendentalen Zug aufzuspringen. Nietzsche und Bataille stützen sich bei ihren Versuchen, Zugang zu diesem »Lebensstrudel« zu finden, unablässig auf geschlechtsspezifische Begriffe: bei Nietzsche geschieht dies durch eine Vielzahl frauenfeindlicher Nebenbemerkungen und endloser Metaphern, die sich auf Frauen, Schwangerschaft, Kastration, Verweichlichung, Mutterschaft, Impotenz, Vergewaltigung und so weiter beziehen; Batailles Philosophie der transgressiven Erotik hängt oft von der Annäherung zwischen Männlichkeit und Gewalt ab, die häufig in der stereotypen Dyade aus männlichem Angreifer und weiblichem Opfer zum Ausdruck kommt. Verglichen mit diesen beiden Grausamkeits-Brüdern ist Artauds Vorliebe für das Anale oder das Fäkale gegenüber dem Genitalen eine willkommene Abwechslung. Artauds »Gott ist Scheiße« ist mir tausendmal lieber als Nietzsches »Vorausgesetzt, dass die Wahrheit ein Weib ist«.

Aus den oben genannten, aber auch aus weiteren Gründen bin ich keineswegs davon überzeugt, dass diese Frage sinnvoll ist, aber ich stelle sie trotzdem: Gibt es spezifische Formen der Grausamkeit – über die Bereitschaft hinaus, sich zu beteiligen an verschiedenen Formen rassistischer und sexistischer Gewalt, die uns umgeben –, die scheinbar das Spezialgebiet der Frauen sind, sei es in der »Repräsentation« oder in der »Realität«?

Natürlich gibt es das Rape-and-Revenge-Modell [Vergewaltigung und Rache], das als Prämisse für eine Vielzahl von Filmen genutzt wurde, vom berüchtigten *I Spit on Your Grave* (1978) bis zu seinen Mainstream-Ablegern, angefangen bei *Das brennende Bett* (1984) bis hin zu *Thelma und Louise* (1991). Das Vergewaltigungs-und-Rache-Szenario ist eng verwandt mit dem Modell der potenziell zu rechtfertigenden Selbstverteidigung, die sich in eine unverzeihliche Psychose verwandelt, wie zuletzt in dem Film *Monster* von 2003, der auf der wahren Geschichte der Serienmörderin Aileen Wuornos basiert; oder in dem französischen Film *Baise-Moi (Fick mich!)*, der Adaption von Virginie Despentes' gleichnamigem Buch. (Ich sollte erwähnen, dass Despentes, die bei dem Film eigens Regie führte, die Verbannung des Films in ein Ghetto böser Mädchen anficht: »Vergessen Sie für eine Sekunde die Titten und Fotzen. Die Schlüsselwörter hier sollten lauten: Waffe, Tod, Kunstblut. Nicht ›Muschi-Muschi-Muschi.‹ ... Mir ist egal, dass diese beiden Figuren Fotzen haben. Sie sind Archetypen: gewalttätige Ausgestoßene. Sie sollten nicht immer durch ihre Fotzen definiert werden.«) Eine rätselhaftere, unaufdringlichere Variante eines ähnlichen Themas ist Chantal Akermans Klassiker von 1975, *Jeanne Dielman*, ein Film, der in aller Gelassenheit über drei Tage die Alltagsaktivitäten einer alleinerziehenden Mutter verfolgt, die sich gelegentlich als Prostituierte verdingt. Nach drei Stunden und fünfunddreißig Minuten erreicht der Film ein unerwartetes, gewalttätiges Ende, als Jeanne einen ihrer Freier ersticht, indem sie ihm eine Schere in den Hals stößt.

Jedes dieser Szenarien wird von der Vorstellung des Exzesses durchspukt, dem Eindruck, dass die Emotionen, die hinter der Gewalt stehen, zwar verständlich sein mögen, die Tat an sich aber immer exzessiv ist, maßlos, hysterisch, monströs – es sei denn, sie ist unmittelbar an einen Akt der Selbstverteidigung gebunden, der notwendig ist, um ein Leben zu erhalten. 1987 lieferte Toni

Morrison der Welt eine der unauslöschlichsten, moralisch tiefgründigsten Dramatisierungen dieser Geschichte in ihrem Roman *Menschenkind* mit der vielschichtigen Darstellung von Sethe, einer Mutter, die versucht, ihre Kinder zu töten, um sie vor einem Leben in Sklaverei zu bewahren. Bei ihrem Versuch, die Kleinen dorthin zu bringen, »wo sie in Sicherheit« sind, tötet Sethe am Ende nur ihr ältestes Kind, dem sie mit einer Handsäge die Kehle durchschneidet. Der Geist dieses Kindes – benannt nach dem einzigen Wort auf seinem Grabstein, Beloved – sucht die überlebende Familie in der Folge auf unvorhersehbare und erstickende Weise heim.

Ein Teil der Genialität von *Menschenkind* liegt in der erzählerischen Ausformung der Beziehung zwischen dem, was Žižek bezeichnet hat als »subjektive Gewalt« (das heißt die leicht erkennbaren Ausbrüche von Gewalt im Alltag, mit erkennbaren Handelnden und Beschädigten) und »objektive Gewalt« (das heißt die systemische oder symbolische Gewalt, die oft so unsichtbar ist wie dunkle Materie, die der Struktur des Kapitalismus selbst zugrunde liegt und ihn mobilisiert). In seinem 2008 erschienenen Buch *Gewalt* argumentiert Žižek, dass man Ausbrüche subjektiver Gewalt immer im Rahmen dieser strukturellen oder objektiven Gewalt lesen muss, anstatt sich – wie wir es so häufig tun – nur auf erstere zu fixieren. Ohne eine solche Perspektive werden Akte subjektiver Gewalt (wie Mord, Terrorismus und Krieg) fast immer exzessiv, monströs, unerklärlich und – laut Žižek vielleicht am gefährlichsten – entsetzlicher erscheinen als die strukturelle Gewalt, die ihre wahre und abscheulichere Ursache ist.

Am offensichtlichsten jedoch, und wohl auch am zahlreichsten, ist die Selbstauslöschung, die mitunter bis zur Verstümmelung geht. »Mädchen sind am grausamsten zu sich selbst«, schreibt Anne Carson in »The Glass Essay«, ihrem brillanten Langgedicht über die Verheerungen von weiblicher Wut, Einsamkeit, Trauer und Sehnsucht, und liefert uns verpackt als poetische Sprichwörter all das, was uns viele andere Bereiche als Statistik liefern. Doch Mädchen können noch etwas anderes sehr gut. Sie können sehr gut die Grausamkeiten anderer aufdecken. Und eine beunruhigende Unterart dieses Talents besteht darin, Szenarien zu schaffen, die anderen die Möglichkeit oder die Gelegenheit geben, sich grausam zu verhalten.

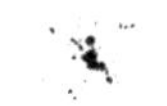

Die historische Ausstellung »WACK: Art and the Feminist Revolution«, die am 4. März 2007 im Museum of Contemporary Art in Los Angeles eröffnet wurde – nur wenige Tage, bevor die *Captivity*-Plakate die Stadt zukleisterten –, bot einen dichten Wald dieser sich überlappenden Formen von Grausamkeit. Da war Nancy Speros *Torture of Women* (1976), riesige Papiertafeln, die fragmentierte, dokumentarische Berichte von Amnesty International über Folterungen von Frauen auf der ganzen Welt mit Ausschnitten aus verschiedenen Mythologien verbanden, in denen die Zerstückelung und Verstümmelung von Frauen im Zentrum steht. Da war Annette Messagers *Les tortures volontaires* (1972), 86 gerahmte Fotografien aus Zeitungen und Zeitschriften, und jede von ihnen zeigt Frauen, die sich Verschönerungsprozessen unterziehen, deren Bandagen, Elektroden, Augenbinden, Einschnitte, Kompressionen, Pumpen, Schläuche und Fesseln an Folter erinnern. Da war Orlan, die Performance-Künstlerin, die sich vielen solcher »Verschönerungsprozessen« als besonders verstörende Form des feministischen Theaters unterzogen hat, indem sie ihr Gesicht in wiederholten Operationen demontierte und rekonstruierte, um es Ikonen weiblicher Schönheit wie der Mona Lisa oder der Venus von Milo anzugleichen.

Am verstörendsten aber waren jene Werke, die Plattformen für neue Grausamkeiten boten, oder zumindest die Möglichkeiten für solche. Am einfachsten und subtilsten ist Yoko Onos *Cut Piece* (1964), in dem Ono teilnahmslos auf der Bühne sitzt, eine Schere neben sich liegen hat und das Publikum dazu einlädt, sich ihr zu nähern und Teile ihrer Kleidung abzuschneiden. In den ersten

Minuten ihrer Performance dieses Stücks im Jahr 1965 in der Carnegie Hall begnügten sich die meisten Zuschauenden mit einem einzigen spielerischen Schnippeln. Allerdings dauert es nicht lange, bis ein aggressiver junger Mann auftaucht und größere Schnitte vornimmt. Während er sie zerlegt, zuckt Ono zusammen und scheint mit sich zu ringen, Haltung zu bewahren. Das Vergnügen, das der Mann dabei empfindet, ihre BH-Träger durchzuschneiden, wirkt kindsköpfig – eine kleine, dumme Grausamkeit. Doch der Sinn der Performance liegt darin, dass Ono zu dieser Verschandelung aufgerufen hat. Sie hat keine Feder oder ein Cremetiegelchen neben sich auf die Bühne gelegt, sondern eine Schere, und sie hat dem Stück den Namen *Cut Piece* gegeben. Das Ergebnis ist zutiefst beunruhigend. Ebenfalls beunruhigend: wie erotisch die Performance ist. Ich sehne mich danach, Onos Kleider fallen, ihre Brüste entblößt zu sehen. Doch dabei spüre ich auch ein zunehmendes Gefühl von Beunruhigung, Empathie und Ungerechtigkeit, wenn ich mitansehe, wie ihr Körper verletzlich gemacht wird. Ich verspüre den Drang, sie zu beschützen, die grinsenden Arschlöcher zu verscheuchen, die sich lustvoll die Schere aneignen und nicht aufhören. Das Übermaß an widersprüchlichen Gefühlen steigert sich ganz langsam bis ins Unerträgliche. Und Schnitt.

Spulen wir nun etwa zehn Jahre vor ins Jahr 1974, in die Galleria Studio Morra in Neapel, Italien, wo die serbische Künstlerin Marina Abramović ihre berüchtigte Performance *Rhythm 0* aufführt, die Onos *Cut Piece* wie ein Musterbeispiel an Bescheidenheit und Zurückhaltung erscheinen lässt. Bei *Rhythm 0*, das Abramović nur ein einziges Mal aufgeführt hat, steht die Künstlerin sechs Stunden lang regungslos da, während auf einem Tisch an ihrer Seite 72 Objekte ausgelegt sind, die das Publikum nach Belieben an ihrem Körper ausprobieren darf; der erste Gegenstand auf der Liste ist »Revolver«. (Weitere Gegenstände: eine Nadel, ein Skalpell, ein Messer sowie andere Objekte, die aufgrund ihrer relativen Unbedenklichkeit nicht Teil der Legende geworden sind: eine Rose, Olivenöl, eine Feder und so weiter.) Wie bei *Cut Piece* beginnen die Verletzungen an Abramovićs Körper erst gemächlich, bevor sie Fahrt aufnehmen. Am Ende der Aufführung sind ihre Kleider abgeschnitten, ihr Körper wurde versengt, aufgeritzt und verziert. Schließlich hält ihr ein Mann den geladenen Revolver an den Kopf und versucht, sie zu provozieren, auf dass er ihn abfeuern kann, woraufhin einige Leute aus dem Publikum eingreifen und ihn aufhalten.

In ihrem 1999 erschienenen Text *On Beauty and Being Just* argumentiert Elaine Scarry, dass Schönheit »unsere Fähigkeit zur Beschäftigung mit den Problemen der Ungerechtigkeit nicht beeinträchtigt, sondern vielmehr den Druck verstärkt, den wir empfinden, um bestehende Verletzungen zu beheben«. Scarry möchte eine Ethik darauf gründen, »dass die Tatsache, dass etwas als schön empfunden wird, mit dem Drang verbunden ist, es zu schützen oder in seinem Namen zu handeln.« In sechs kurzen Stunden macht Abramovićs *Rhythm 0* diese Vorstellung dem Erdboden gleich und entlarvt sie als das Wunschdenken-Geschwätz, das sie ist. Wer braucht schon die akademischen Formalitäten des Milgram-Experiments, um zu demonstrieren, wie schnell Menschen ins gegenseitige Verletzen abgleiten können, wenn eine hinreißende serbische Künstlerin den Beweis einfach dadurch erbringen kann, dass sie sechs Stunden lang nackt und reglos neben einem Tisch mit diversen Werkzeugen steht? Scarry hat Recht, dass wir häufig den Drang verspüren, schöne Dinge oder Menschen zu schützen und zu verehren. Allerdings ist es eine gefährliche Torheit, die Tatsache zu ignorieren, dass wir häufig auch den Drang verspüren, sie zu verletzen oder zu zerstören. Sowohl der Ethik als auch der Psychologie ist es unmöglich, einfach die negativen oder widersprüchlichen Impulse abzuschalten und dann aufs Beste zu hoffen.

Das Geniale an Abramovićs frühen Arbeiten ist die Fähigkeit, ihren Körper als Bühne zu inszenieren und somit zu dramatisieren, was geschieht, wenn diese Impulse aufeinanderprallen. Oder implodieren – siehe etwa ihr Stück *Art Must Be Beautiful, Artist Must Be Beautiful* aus dem Jahr 1975, in dem sich die Künstlerin, bewaffnet mit einer Haarbürste in der einen und einem Kamm in der anderen Hand, selbst mit dem Befehl ihres Titels auf manische Weise zurechtweist, während sie eine Stunde lang mit den Pflegeutensilien auf ihren schönen Kopf und ihr Gesicht einschlägt, bis ihre Kopfhaut blutüberströmt ist. »Damals dachte ich, dass Kunst eher verstörend als schön sein sollte«, sagte Abramović 1999 in einem Interview fürs *Art Journal.* »Aber jetzt, in meinem Alter, denke ich langsam, dass Schönheit gar nicht so schlecht ist. Mein Leben steckt voll von solchen Widersprüchen.« Dasselbe gilt auch für ihre Kunst, was 2010 in ihrer Retrospektive im New Yorker Museum of Modern Art deutlich wurde, der ersten Retrospektive des Museums, die jemals einer Performance-Künstlerin gewidmet war.

Eines der erschreckendsten Stücke in der WACK-Ausstellung war meiner Meinung nach eines der kleinsten: ein winziges Standbild aus Ana Mendietas Dokumentation *Rape Scene* (1973), einer Performance, in der Mendieta die Folgen einer Vergewaltigung und eines Mordes an der Universität von Iowa minutiös nachstellte und dann Studierende in ihre Wohnung einlud, die ohne Vorwarnung über ihre »Leiche« stolperten. Nackt, gefesselt, die Unterwäsche um die Knöchel, ihr Körper mit Blut und Dreck verschmiert und über einen Tisch gebeugt, blickt Mendieta über ihre Schulter in die Kamera wie ein aus dem Schlamm auferstandenes Gespenst. (Zuvor hatte Mendieta bereits eine Freiluftversion derselben Idee durchgeführt, *Rape Piece* von 1972, in dem sie die Mordszene in einem Waldstück in Campusnähe nachstellte und Bekannte einlud, sie dort zu entdecken.)

Ich kann mir vorstellen, dass Mendieta dachte, ihre politischen Ansichten seien hier vernünftig gewesen – dass sie mit Hilfe eines Schreckens auf einen Schrecken aufmerksam machen wollte, der nicht hinreichend Beachtung fand. Doch die Zwanghaftigkeit, mit der sie die Szene nachstellte (nicht nur einmal, sondern zweimal!) und ein ahnungsloses Publikum terrorisierte (nicht nur einmal, sondern zweimal!), erschwert jede einfache feministische Geste im Sinne von »Seht her, wie schlimm Vergewaltigung und Mord sind«. Meiner Meinung nach ist diese Komplikation ein Teil dessen, was Mendietas Arbeit so faszinierend, so beachtlich, so beklemmend macht. Man kann sie nicht ins Ghetto der feministischen Protestkunst verbannen und die Augen verschließen vor ihren aggressiveren, grenzwertig sadistischen Motivationen und Auswirkungen. Auch kann man die Vergewaltigungsarbeiten nicht ohne Weiteres von ihren eher schamanistischen Arbeiten mit Blut trennen, von denen viele im selben Jahr entstanden sind: *Untitled (Self-Portrait with Blood)* (1973), *Sweating Blood* (1973), *Mutilated Body on Landscape* (1973), *Blood Signs I and II* (1974) und so weiter.

Blut signalisierte für Mendieta häufig Gewalt, vor allem sexuelle Gewalt – wie in *Blood Writing* von 1973, in dem sie ihre Hände in einen Eimer Blut taucht und die ominöse Nachricht »SHE GOT LOVE« auf eine weiße Galeriewand schreibt. Doch genauso häufig bedeutete Blut für sie etwas anderes oder etwas Zusätzliches. (Mendieta, die sich sehr für die rituellen Santeria-Praktiken ihrer kubanischen Heimat interessierte, sagte über ihre Arbeit mit Blut einmal: »Es ist eine sehr mächtige magische Sache. Ich sehe es nicht als negative Kraft.«) Mendietas Kühnheit – die sich in den Arbeiten von Künstlerinnen wie Carolee Schneemann, Abramović und der französischen Performance-Künstlerin Gina Pane widerspiegelt – bestand darin, wiederholt und ungerührt auf diese Multivalenz zu bestehen, und zwar unabhängig von der Fähigkeit der Kultur, sie zu verstehen.

Die Grausamkeit von Stücken wie *Rape Scene* (oder *Rhythm 0* oder *Cut Piece*) mag von einer gewissen Grausamkeit gegenüber dem eigenen Ich ausgehen, doch diese Grausamkeit überträgt sich schnell aufs Publikum. Den Künstlerinnen genügt es nicht, in die Kamera zu starren und zu fragen: »Warum schaust du immer noch zu?« Stattdessen fragen sie: »Wie willst du dich daran beteiligen?«

Mendietas *People Looking at Blood, Moffitt* (1973) stellt diese Frage auf eine besonders schräge und beunruhigende Weise. In dieser Arbeit schüttete Mendieta eine große Menge von scheinbar klumpigem Blut über eine Haustür sowie den Gehweg einer Straße in Iowa City. Dann verließ sie die Szene und fotografierte aus der Ferne die Reaktionen verschiedener vorbeikommender Menschen. (Das Stück endete, als ein Ladenbesitzer es auf sich nahm, die Sauerei zu beseitigen.) In der WACK-Ausstellung wurde *People Looking at Blood* in Form von 24 Dias gezeigt, die auf einer Leuchttafel angebracht waren. Um sie zu betrachten, musste man sich über die Tafel beugen und eine Vergrößerungslinse verwenden, was eine weitere Ebene des Voyeurismus zu diesem Werk hinzufügte, das ohnehin schon voll davon war.

Als ich vor *People Looking at Blood* und *Rape Scene* stand, die in der Ausstellung nebeneinander zu sehen waren, kam mir der Gedanke, dass *People Looking at Blood* das grausamere, wenn auch abstraktere der beiden Werke ist. Es zeigt den Passantinnen und Passanten, dass eine schwere und dramatische Verletzung stattgefunden hat, liefert allerdings keinerlei Erklärung und – noch viel wichtiger – keinerlei Handlungsaufforderung. Das Werk kann Entsetzen, Besorgnis, Mitgefühl und Abscheu – also Mitleid und Furcht – hervorrufen, doch es bietet diesen Gefühlen keinen Raum. Und natürlich stellt sich keine Katharsis ein. Die einzige wirkliche Wahl eines jeden vorbeikommenden Menschen besteht darin, einfach weiterzugehen, was von außen betrachtet – und wahrscheinlich auch innerlich empfunden – wie ein gefühlloses Im-Stich-Lassen aussieht, wenn auch eines unbestimmten oder imaginären Wesens. Und nun, beinahe 40 Jahre später, blicken wir auf das ganze Durcheinander, wahrscheinlich mit genauso wenig Ahnung, was wir davon halten sollen, wie eine Fußgängerin, die an jenem Tag daran vorüberging. Und irgendwo außer Sichtweite lauert Mendieta, eine Voyeurin des unfreiwilligen Voyeurismus jedes vorbeigehenden Menschen. Mendietas *Rape Scene* sagt aus: *Seht euch an, was jemand getan hat. People Looking at Blood* sagt aus:

Seht euch diesen Haufen Gemetzel an, ohne klare Geschichte, Ursache, Täter oder Opfer. Schaut es euch einfach an. Und jetzt seht euch an, wie andere es sich ansehen. (Und ich werde mir ansehen, wie ihr es euch anseht.)

*

In einem Artikel in der *New York Times* vom 28. Februar 2010 mit dem Titel »Violence That Art Didn't See Coming« (Gewalt, die die Kunst nicht kommen sah) stellt der Chefredakteur Sam Tanenhaus die These auf, dass die Kunst – insbesondere die von Frauen gemachte Kunst – ganz und gar nicht die Art von Gewalt vorhersehen konnte, die sich am 12. Februar 2010 ereignete, als Professorin Amy Bishop in einer Fakultätssitzung an der University of Alabama das Feuer auf ihre Kolleginnen und Kollegen eröffnete. Trotz einer Reihe von Arbeiten, die seine titelgebende These zu widerlegen oder zumindest zu erschweren scheint, vertritt Tanenhaus die Auffassung, dass »das Thema Frauen und Gewalt – besonders in der Darstellung durch Frauen – mehr oder weniger in einer Zeitschleife gefangen scheint, die von den Themen sexuelles oder häusliches Trauma bestimmt ist.« Er ist der Meinung, dass diese Fixierung auf Traumata (sprich: Opferkunst) Künstlerinnen blind gemacht hat für die sich wandelnde soziale Landschaft, die die Bedingungen für Bishops Amoklauf geschaffen hat. (Seine Liste dieser Bedingungen: Mädchen übertrumpfen Jungen im Klassenzimmer, Frauen stellen »die Mehrheit der Studierendenschaft an vielen angesehenen Colleges«, Frauen übertreffen Männer zahlenmäßig in der Arbeitswelt und Frauen werden »in Tausenden von Fällen zur einzigen Geldverdienerin ihrer Familie.«)

Für den Augenblick ist es egal, wie man die Auswirkungen dieser sozialen Bedingungen auf Bishops mörderische Handlungen bemisst (die Tatsache, dass Bishop 24 Jahre zuvor ihren jüngeren Bruder erschossen hat, bevor diese Trends eintraten, verkompliziert die Frage ganz sicher). Lassen wir auch die seltsame Annahme außen vor, dass der Nutzen der Kunst in ihrer Fähigkeit liegt, die Handlungen eines bestimmten Individuums an einem bestimmten Tag vorherzusagen. Tanenhaus will damit Folgendes ausdrücken: obwohl »sich diese Bedingungen seit einigen Jahren entwickeln, scheinen sich die fortschrittlichsten Erzählungen über weibliche Gewalt nicht dafür zu interessieren.«

Und was sind diese »fortschrittlichsten Erzählungen«? Hier hebt Tanenhaus die Arbeiten der Künstlerinnen Abramović und Karen Finley hervor, deren Werke er als »auf ihre Weise anregend«, aber »seltsam altmodisch« bezeichnet. In einer populistischen Geste, die nicht ganz zutreffend ist (das sind heutzutage die wenigsten), stellt Tanenhaus »high art« gegen »low art«, wobei er Abramović und Finley als Vertreterinnen des »progressiven« oder anspruchsvollen Flügels einsetzt, der der »populären, sogar trashigen Kunst« negativ gegenübersteht, zu der (Überraschung!) eine ganze Reihe von »publikumswirksamen Filmen« zählen, die größtenteils von Männern gedreht wurden (Bob Rafelsons *Die schwarze Witze*, Jonathan Demmes *Das Schweigen der Lämmer*, Quentin Tarantinos *Kill Bill* und so weiter). Irgendwie haben diese Filme »begriffen«, was die Künstlerinnen übersehen haben, und bieten daher »die nützlichsten Kommentare zu Dr. Bishop«. Und was genau haben sie begriffen? Dass »Frauen genauso gewalttätig sein können wie Männer«. Gleichberechtigung abgeschlossen; Gespräch beendet – aber nicht, ohne innezuhalten, um Tarantino einen weiteren Lorbeerkranz ums Haupt zu legen, bevor Tanenhaus andeutet, dass der Großteil der Arbeit, die von den »progressiven« Künstlerinnen des letzten halben Jahrhunderts gemacht wurde, kulturell irrelevant war.

Die Behauptung, dass »Frauen genauso gewalttätig sein können wie Männer«, ist statistisch gesehen problematisch (99 Prozent der Vergewaltigungen und 90 Prozent der Tötungsdelikte werden von Männern begangen), doch für die vielen Künstlerinnen, Schriftstellerinnen, Kritikerinnen und Aktivistinnen – ob sie sich nun als Feministinnen bezeichnen oder nicht –, die sich seit Jahrzehnten, wenn nicht seit Jahrhunderten, mit den komplexen Beziehungen von Frauen zu Gewalt, Aggression und psychischen, wirtschaftlichen, sozialen und politischen Machtstrukturen befassen – für sie alle ist die Behauptung nicht gerade eine Neuigkeit. Will man diese Sackgassen-Dichotomie – auf der einen Seite eine bedauerliche Gleichheit (»Frauen können genauso gewalttätig sein wie Männer«), auf der anderen eine ebenso bedauerliche Differenz (»Frauen sind im Wesentlichen Opfer und Männer sind im Wesentlichen Aggressoren«) – wirklich überwinden, so muss man ein schärferes Ohr für Dissonanzen, für künstlerische Instanzen und für klangliche Nuancen kultivieren, die ihren Treibstoff nicht aus Boxenstopps eingefahrener Erzählstationen beziehen.

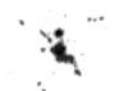

Eine der seltsamsten und pikantesten Instanzen dieser Art, die mir begegnet sind, ist Jane Bowles' Kurzgeschichte »Einfache Freuden« von 1946. Ein solcher Titel sollte einen das Fürchten lehren, denn in diesem auf leise Art brutalen, vierzehnseitigen Meisterwerk finden sich nur wenige Freuden, und schon gar keine, die einfacher Natur sind (außer der Freude an Bowles' einfacher Prosa, die immens ist).

In »Einfache Freuden« lernen wir Mrs Alva Perry kennen, eine Witwe, die seit elf Jahren ein Leben in mürrischer, geordneter Einsamkeit führt. Eines Tages wird diese Einsamkeit von einem gewissen John Drake durchbrochen, einem Lieferanten, der ebenfalls in ihrem Mietshaus wohnt. Mr Drake bietet an, ihr dabei zu helfen, einen Sack Kartoffeln die Treppe raufzutragen. Später in der Nacht veranstalten sie ein gemeinsames Kartoffelrösten in ihrem trostlosen Hinterhof. Von dieser Begegnung erregt, lädt der ebenso einsame wie zurückhaltende Mr Drake Mrs Perry am darauffolgenden Abend zum Essen ein, eine Einladung, die sie widerwillig annimmt. Trotz ihrer erklärten Vorliebe für »einfache Freuden«, das heißt, »wie die, die keine Menschenmassen oder ausgefallenes

Essen brauchen«, lässt sich Mrs Perry dazu hinreißen, sich für die Verabredung aufzutakeln und erwartet Mr Drake im Restaurant in einem frisch umgeschneiderten lavendelfarbenen Kleid und mit einer Perlenkette ihrer Schwester. Mr Drake kommt allerdings zu spät, und der Groll, den Mrs Perry während des Wartens auf ihn entwickelt, erweist sich als unüberbrückbar. Nachdem er eingetroffen ist, betrinkt sie sich mit lieblichem Wein, legt ihre Perlen in die Bratensoße, wirft ihm ein paar harte Worte an den Kopf und flieht anschließend in ein leeres Zimmer über dem Restaurant, wo sie weint, bis sie einschläft.

Das schnelle Trüben ihrer Begegnung und die unnötige Zerstörung der großen (wenn auch bis dahin unterdrückten) Hoffnungen dieser beiden isolierten Seelen wäre schon grausam genug. Doch Bowles fügt der Erzählung eine weitere Wendung hinzu, und zwar in Form des Restaurant-Besitzers. Der Mann stellt rasch fest, wie betrunken Mrs Perry ist, und schätzt, »in ihrem derzeitigen betrunkenen Zustand wäre es leicht, einen Kuss oder vielleicht sogar mehr von ihr zu erschleichen.« Er folgt Mrs Perry ins obere Stockwerk, als sie sich davonmacht, und stellt mit gemeiner Freude fest: das Zimmer, in dem sie versehentlich eingeschlafen ist, ist sein eigenes Schlafzimmer. Dann belügt er Mr Drake, was ihren Aufenthaltsort betrifft, versichert ihm, dass man sich gut um sie kümmern werde, und ermutigt ihn, nach Hause zu gehen.

Als Mrs Perry am nächsten Morgen erwacht, ist sie allein, aber nackt, und Lesende werden in die unbehagliche Lage gebracht, zu mutmaßen, dass sie vermutlich vergewaltigt wurde. Erschwerend kommt hinzu, dass Mrs Perry mit unerklärlich guter Laune aufwacht, obwohl sie keine Erinnerungen an den letzten Abend mehr hat. Die verdunkelte Lücke am Nabel dieser Geschichte ist einer der unauffälligsten Grausamkeitssplitter der Literatur. Doch Grausamkeit gegenüber wem? Tatsächlich ist eines der bemerkenswertesten Dinge an Bowles' Geschichten, dass sie Lesende meistens im Unklaren darüber lassen, was sie empfinden sollen. Sollen wir Mrs Perry bemitleiden? Oder sollen wir ihr die gute Laune gönnen?

Steht es uns zu, ihre gute Morgenstimmung als falsches Bewusstsein zu bezeichnen? Bowles erlaubt sich hier die Freiheit, aus einer möglichen Vergewaltigung eine mulmige Satire zu machen – ein Schachzug, der eine eigene Form des Ungehorsams in einer Welt darstellt, die davon besessen ist, dass weibliche Verunreinigung eine weltbewegende Sache ist. In einem solchen Kontext beginnt der Titel der Geschichte, »Einfache Freuden«, ebenso verrucht wie vielschichtig zu wirken.

»Alles ist nett«, sagt ein Chor muslimischer Frauen in einer anderen von Bowles' messerscharfen Erzählungen, die diese wahnwitzige Maxime als Titel trägt. Denn in »Alles ist nett« ist, wie allgemein in Bowles' Welt, äußerst wenig – wenn überhaupt irgendetwas – »nett«. In Wahrheit besteht ein Großteil von Bowles' Witz darin, ihren Figuren solche Plattitüden in den Mund zu legen, um sie als bedeutungslos, irrig oder wahnhaft zu entlarven. Es geht Bowles nicht so sehr darum, uns mitzuteilen, dass die Welt ein grausamer und kalter Ort ist, und dass darin etwas Bedauerliches liegt. Wie viele Künstlerinnen der Grausamkeit ist auch sie keine Philosophin. Sie durchstreift eine Welt voller Luftballons, bewaffnet mit einer Nadel.

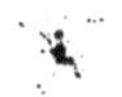

Diese verschlagene Entlarvung, begleitet von einer beunruhigenden Unergründlichkeit, ist häufig ein Zeichen dafür, dass etwas Neues geschieht. Es ist der dissonante Klang eines neuen Territoriums, das betreten wird, einer neuen Geschichte, die erzählt wird. Es ist nicht feministisch in dem Sinne, dass es irgendeinem vorgegebenen Ziel der Ermächtigung oder Gleichberechtigung dient; gäbe es einen solchen Prüfstein, wäre »Einfache Freuden« sicherlich ungeeignet. Doch die Darstellung einer Welt, in der ein Blackout einem süßen Triumph gleichkommt, eine Vergewaltigung kein Seelenmord ist und die Befreiung darin besteht, seine Halskette in die Bratensoße zu tunken und zu verkünden, »ich bin keine Kartoffelbrei-Stampferin«, ist ausgesprochen belebend. Nichts hier ist nett, doch die kühle Kombination aus dem plattfüßig Sublunarischen und dem unheilbar Erschütternden der Geschichte erzeugt eine leise ekstatische Wirkung.

Diese dissonanten Akkorde mögen für eine Schriftstellerin oder Künstlerin schwer anzuschlagen sein; für die Kultur mögen sie noch schwerer zu hören sein. Der Impuls, sie zu assimilieren, indem man sie als selbsttäuschend, lächerlich oder sogar kriminell hinstellt, folgt mitunter schnell und heftig. Nehmen wir etwa den Fall von Karen Finley. Sicher könnte man einige von Karen Finleys Arbeiten als »Opferkunst« bezeichnen (dieser Ausdruck wurde von Arlene Croce in ihrer berüchtigten Non-Rezension von Bill T. Jones' Tanzproduktion *Still/Here* aus dem Jahr 1995 geprägt). Doch nun, da 20 Jahre vergangen sind, seit Jesse Helms und Co. Finley als »diese schokoladenverschmierte Frau« an den Pranger gestellt haben – und 20 Jahre, nachdem Finley für Künstlerinnen meiner Generation zu einer feministischen Heldin wurde (und, wie es bei Heldinnen oft der Fall ist, zu jemandem, gegen die man sich wehrt, von der man sich abgrenzt, manchmal bis hin zur Ablehnung oder zum Spott) – nun gibt es Raum, ihre Monologe mit anderen Ohren zu hören.

Ich fordere alle heraus, sich Stücken aus Finleys *I'm an Ass Man* (1984), wie »Yams Up My Granny's Ass«, oder aus *The Constant State of Desire* (1986), wie »The Father in All of Us«, zu widmen und dabei die Vorstellung aufrechtzuerhalten, Finley sei eine Opferkünstlerin oder gar eine Frau, die ein fieses männliches Skript nur deshalb vorliest, um es zu kritisieren. So erzählt der Sprecher von »The Father in All of Us« beispielsweise von seinem Fetisch für Frauen mit Babys und beschreibt, wie er von einer Dame in einem Waschsalon erregt wird: »Oh, das macht mich an, zu sehen, wie sich eine Frau an eine Maschine lehnt und von ihr durchgeschüttelt wird. Ich nehme einfach diese Mama und drücke sie gegen die Waschmaschine – dann nehme ich ihr Baby, ein glatzköpfiges Baby, gebe Downy-Weichspüler auf den Baby-Kopf – schnalle mir das

Baby um die Taille, bis daraus ein Baby-Dildo geworden ist. Dann nehme ich dieses Baby, dieses Dildo-Baby, und ficke seine eigene Mama damit – DENN ICH BIN DOCH NUR EIN MOTHERFUCKER!« Und der Sprecher von »Yams Up My Granny's Ass«, erklärt, »wenn es schlimm wird, ganz, ganz schlimm, Dad, dann schnappe ich mir eine Dose Süßkartoffeln und schmiere sie meiner Oma in den Arsch. Die Oma eignet sich so gut zum Demütigen, die Oma eignet sich so gut zum Quälen, weil sie eine stumme Oma ist. Sie macht keinen Mucks. Ihre Augen stehen raus wie blaue Rosinen bei einem Kaninchen, irgendeinem kleinen Pelztierchen. Ich schmiere sie voll mit den kandierten, gezuckerten Süßkartoffeln. Und ich drehe sie um, dass der kandierte Süßkartoffelsaft ihren Rücken, entlang ihrer Wirbelsäule, hinunterläuft.«

Die Begierden, die hier zum Ausdruck kommen, sind zu bizarr, zu lyrisch, zu ausschweifend formuliert, zu aufreibend, um einem einzigen benennbaren, verwertbaren Zweck zu dienen. Monologe dieser Art konfrontieren uns weiterhin mit komplexen, beunruhigenden Akten der Reklamation, Aggression, Tadelung, Ablehnung sowie Identifikation, und diese Akte sind nach wie vor selten, auch wenn die Kultur behauptet, sie absorbiert oder sich von ihnen »abgewendet« zu haben. Angesichts der Behauptung, dass solche Handlungen »seltsam altmodisch« geworden sind, bin ich erinnert an die Schlussfolgerung von Eve Kosofsky Sedgwick (in *Epistemology of the Closet*) über die prophylaktische Ablehnung von der Beschäftigung mit queeren Themen: »Fragen Sie nicht hier, fragen Sie nicht gerade jetzt; wir wissen im Vorfeld, welche Art von Differenz durch die Berufung auf *diese* Differenz gemacht würde; es macht keinen Unterschied; es bedeutet nichts.« Auch bin ich erinnert an den Studienanfänger, der einmal einen meiner Lyrik-Workshops belegte, und nach unserer Lektüre des Gedichts »Zur Feier meines Uterus« von Anne Sexton verkündete, er würde lieber sterben, als noch ein weiteres Gedicht über die Gebärmutter oder die Periode einer Frau zu lesen. Mein Gott, dachte ich, hat sich in der Highschool-Ausbildung irgendetwas ganz radikal verändert?

Werden die Jugendlichen mittlerweile regelrecht überschwemmt mit solchen Gedichten, wenn sie aufs College kommen? Oder – was ich für wahrscheinlicher halte – hatte er nach einer Handvoll Gedichte zu diesem Thema (oder, was noch wahrscheinlicher ist, nach diesem einen) den Eindruck, dass er schon genug davon hatte?

Kurz gesagt, die Behauptung, im Vorfeld zu wissen, welchen Unterschied eine Differenz machen könnte – oder die Behauptung, sie satt zu haben, bevor sie sich eingestellt hat – ist ein einfaches Mittel, sie loszuwerden. Um die Dissonanz zu erfahren – vor allem in der Kunst – muss man sich oft Zeit nehmen und sich die göttliche Möglichkeit offenlassen, überrascht zu werden. Als mir beispielsweise jemand erstmals von einem Stück der Performance-Künstlerin Nao Bustamante aus dem Jahr 1992 mit dem Titel *Indig/urrito* erzählte, in dem Bustamante *weiße* Männer auf die Bühne holt und bittet, vor ihr auf die Knie zu gehen und für 500 Jahre Unterdrückung der Indigenen Völker durch *weiße* Männer zu büßen, bevor sie zur Absolution einen Happen des Burritos abbeißen, den Bustamante als Strap-on vor ihnen umherschwingt, da habe ich dem Unterfangen, glaube ich, irgendeine schlappe Absage erteilt und ein Desinteresse an kollektiver Schuld, Identitätspolitik, Demütigung des Publikums und Domina-Chic ins Feld geführt.

Nachdem ich mir eine fünfzehnminütige Aufführung des Stücks angesehen hatte (die im Theater Artaud in San Francisco aufgezeichnet wurde und auf der Webseite der Künstlerin zu sehen ist), wurde mir klar, dass ich mich nicht stärker hätte irren können. Es ist vor allem Bustamantes schlagfertigem Humor und ihrer wohlwollend sarkastischen Art zu verdanken, dass das Stück politische Klischees in absurdes Theater verwandelt und Raum schafft für Komik, Unvorhersehbarkeit, Erheiterung und eine unwahrscheinliche Kameraderie. Die Anklage, die das Stück erhebt, sofern es denn eine gibt, ist vielschichtig: Bustamante beginnt damit, sich über eine (namenlose) Kunstorganisation lustig zu machen, die angeboten hat, Kunst von People of Color zu subventionieren, deren Arbeit »die vergangenen 500 Jahre der Unterdrückung Indigener

Völker thematisiert«, und dieses Stück präsentiert sie als ihre Antwort darauf. Dann bittet sie »jeden *weißen* Mann, der die Last der Schuld der letzten 500 Jahre auf sich nehmen möchte«, sich auf der Bühne zu melden. Nachdem sich niemand regt, lädt sie »alle [ein], die einen *weißen* Mann im Inneren haben«, dann »alle, die Hunger haben«, dann »alle, die einen *weißen* Mann kennen, der Hunger hat« und so weiter. Das Konzept der kollektiven Schuld – ebenso wie das der unerschütterlichen Identität – erfährt die ganze Verkomplizierung, die es verdient hat, und das auf rasante und urkomische Weise.

Schließlich schlendert ein Sammelsurium *weißer* Männer auf die Bühne und fällt hinter ihr auf die Knie, und Bustamante schwelgt in der Erbärmlichkeit der Männer. (Über einen besonders hageren, glatzköpfigen und buckligen Freiwilligen gurrt sie: »Ach, ich glaube, der wird für viele Leute Buße tun können, oder?«) Gleichzeitig lobt sie die Männer als Helden und Märtyrer, als diejenigen, die bereit sind, die Schuld und Schande zu schultern, die die feigeren *weißen* Männer da draußen nicht bereit sind, auf sich zu laden. Die Unvorhersehbarkeit der Performance kommt, als sie jeden Mann bittet, seinen Namen in ein Mikrofon zu sprechen (das in Kniehöhe befestigt ist) und eine Erklärung abzugeben, bevor jeder einzelne einen erlösenden Bissen von ihrem Burrito nehmen darf.

Wie allen von Ono über Abramović bis hin zu Lynn Breedlove (Leadsinger der Queercore-Band Tribe 8, die häufig Teile des Publikums auf die Bühne bat, um Breedloves Schwanz zu lutschen) bewusst ist, verhalten sich mitunter selbst Männer, die sich freiwillig an solchen Unternehmungen beteiligen, sehr impulsiv. Das Gefühl, plötzlich im Rampenlicht zu stehen, während eine Frau unbestreitbar das Sagen hat, ist für viele eine unerträgliche Umkehrung (wenn auch eine, die viele Männer hinter verschlossenen Türen durchaus zu schätzen wissen). Aus diesem Grund liegt ein Teil des enormen Vergnügens von *Indig/urrito* darin, Bustamantes souveräne Mischung aus Anmut, Kraft und Witz zu beobachten, wenn sie darüber spöttelt, wie sich die einzelnen Männer vorstellen und entschuldigen, und wenn sie sich darüber lustig macht, wie die hartgesottenen unter ihnen übertheatralisch an ihrem Burito lutschen. Auch gibt es jede Menge bissige Flirterei: Nachdem ein gutaussehender »Justin« mit mehr Koketterie als Reue sagt: »Ich bin männlich, ich bin weiß, und es tut mir leid«, antwortet Bustamante: »Mir tut es nicht leid, Justin, mir tut es ganz und gar nicht leid«, und als er ein Stück des Burritos abbeißt, rollt sie verzückt mit den Augen. Als der glatzköpfige Herr – der sich als »Allan« vorstellt – abbeißt, quietscht Bustamante: »Er ist so erbärmlich!« und hält seinen Kopf gegen ihr stoßendes Becken. Als der letzte Burrito-Beißer, eine schlanke, kurzhaarige Gestalt im Anzug, übers Mikrofon verkündet: »Ich bin ein Mädchen, ich bin hispanisch und ich bin vorbereitet«, bevor er versucht, ein Kondom über die Sauerei, die an Bustamantes Strap-on-Gurt hängt, zu entrollen, haben sich alle oberflächlichen Prämissen in Luft aufgelöst (wie auch der Burrito selbst).

Bevor das Beißen von *Indig/urrito* beginnt, bittet Bustamante das Publikum, in dem Moment, in dem die Zähne eines jeden Mannes in ihren Burrito eindringen, ein beglückwünschendes »Amen« auszurufen und in diesem Moment an einen ihnen bekannten *weißen* Mann zu denken, der Absolution braucht, damit »wir alle das einfach *überwinden* können.« Das Publikum im Theater Artaud beantwortet diesen Aufruf mit lautem Gejubel. Offensichtlich wissen Bustamante und ihr Publikum, dass es nicht so einfach ist, 500 Jahre Ausbeutung und Rassismus hinter sich zu lassen. Doch weder ihr Aufruf noch die spontane Reaktion des Publikums wirken gänzlich scherzhaft. *Indig/urrito* zeigt 15 Minuten lang, wie eine andere Art der »Überwindung« aussehen könnte – eine, die nicht auf Verleugnung, Verzicht, Spott oder präventiver Ablehnung beruht, sondern auf verwirrenden Vorgängen des Rollentauschs, auf belastenden, aber einvernehmlichen Konfrontationen, auf Humor, der die Grenzen von Verachtung und Wut streift, ohne sich von ihnen verschlucken zu lassen, und auf dem Wunsch, mitanzusehen, was als Nächstes geschieht, mitanzusehen, wie sich einzelne Menschen in einer politisch und sexuell aufgeladenen Situation verhalten könnten, wenn man sie gebeten hat, sich mit dieser Situation auseinanderzusetzen, anstatt sie zu verdrängen. »Allen, die sich davon angegriffen fühlen«, warnt Bustamante vor Beginn ihres Rituals, »denen rate ich ernsthaft, ihren Körper zu verlassen.«

Das sind nur Puppen

Wenn wir uns anhören, was eine Reihe von Zeitungsredakteuren, Sozialwissenschaftlerinnen, Vorstandsvorsitzenden, Politikerinnen, Historikern, besorgten Eltern, Universitätspräsidentinnen und Statistikern über die Rolle zu sagen haben, die Darstellungen von Gewalt im »wirklichen« Leben spielen können, scheint es nur richtig, auch Kunstschaffenden oder Kunstwerken Aufmerksamkeit zu widmen, die diese Frage ausdrücklich aufgreifen. Die Schere von Theaterstück, die Martin McDonaghs *Der Kissenmann* (2003) ist, hat in dieser Hinsicht eine ganze Menge zu sagen, auch wenn das, was es zu sagen hat, vielleicht niemandem Freude bereitet.

Der Kissenmann spielt in einem Verhörraum der Polizei in einem nicht näher bestimmten totalitären Land. Zwei Polizisten – Ariel und Tupolski – verhören und foltern einen Schriftsteller, Karturian, um den Zusammenhang zwischen Karturians Kurzgeschichten – in denen es vielfach um die grausame Folterung und Ermordung von Kindern geht – und drei kürzlich geschehenen »realen« Foltermorden zu ergründen, die in ihren Einzelheiten denen aus Karturians Geschichten sehr ähnlich sind. Das Verhör offenbart ein verworrenes Geflecht aus »echten« und erfundenen Grausamkeiten. So erfahren wir von Karturians leicht zurückgebliebenem Bruder Michal, der die ersten sieben Jahre seines Lebens damit verbrachte, von den Eltern im Zimmer neben Karturians gefoltert zu werden; dass Karturian Michal schließlich von der Folter befreit und dann als Vergeltung die Eltern erstickt hat; dass Karturian als Erwachsener mit seinem Bruder Michal zusammengelebt und ihm alle seine Geschichten vorgelesen hat; und dass sein Bruder Michal es eines Tages auf sich genommen hat, drei Kinder auf exakt die raffiniert grausame Weise zu ermorden, die Karturian in seinen Erzählungen imaginierte.

Bevor Karturian erfährt, was sein Bruder getan hat, ist er der Meinung, dass der Staat lediglich an seinem Schreiben Anstoß nimmt. Er fragt seine Vernehmungsbeamten: »Glauben Sie, ich will damit sagen ›Geht los und ermordet Kinder?‹ […] Wollen Sie mir sagen, daß ich keine Geschichten über Kindermorde schreiben soll, weil es in der Realität Kindermorde gibt?« Daraufhin antwortet Ariel: »Er will, daß wir denken, daß er denkt, alles was wir gegen ihn haben, ist ein Vorbehalt gegen seinen beschissenen Schreibstil.« Natürlich haben sie mehr gegen ihn in der Hand, denn wie sich herausstellt, sitzt sein Bruder Michal nebenan in Untersuchungshaft und hat die Verbrechen bereits gestanden. Später jedoch, nachdem einige Verwirrung über Michals Schuld entstanden ist, stellen die Polizisten klar: ganz gleich, welcher der beiden Brüder tatsächlich die Kinder getötet hat, allein Karturians Schreiben würde ihn schon zum Schuldigen machen. »[W]eißt du was? Ich würde dich zu Tode foltern, wenn du so eine Geschichte nur schreiben würdest, vom Nachspielen ganz zu schweigen«, sagt Ariel, während er ein Elektroden-Foltergerät aus einem Schrank holt und einsatzbereit macht.

Was so intelligent an dem Stück *Der Kissenmann* ist (das ich übrigens nicht auf der Bühne sehen möchte, weil mir die visuelle Inszenierung seiner Grausamkeiten ebenso unnötig wie unvermeidlich erscheint), ist, dass es durch die Ungerechtigkeit von Karturians Folterung und letztendlicher Hinrichtung vorführt, wie grausam es ist, darauf zu bestehen, es bestünde eine direkte, kausale Beziehung zwischen »Leben« und »Kunst«, während das Drama gleichzeitig verdeutlicht, wie absurd es ist, darauf zu bestehen, dass diese beiden Sphären gar nichts miteinander zu tun haben. Schließlich sind Karturians grauenhafte Geschichten eindeutig Wiederholungen und Neuinszenierungen des Traumas seiner eigenen und der Jugend seines Bruders, so wie das Ausleben der Geschichten durch seinen Bruder Teil seiner eigenen Beschädigung darstellt. Schließlich erfahren wir sogar die Hintergrundgeschichte der »schwierige[n] Kindheit« des Folterers Ariel, einer Kindheit, die Tupolski kurz und bündig als eine »von-Papa-gefickt-Kindheit« bezeichnet. Die beiden Folterknechte vertreten schließlich zwei gleichermaßen vernünftige Positionen gegenüber den Verbrechen (einschließlich ihrer eigenen), um die es geht: »Es geht mir nur auf die Nerven, daß jeder hier seine beschissene Kindheit benutzt, um sein eigenes beschissenes Benehmen zu rechtfertigen«, sagt Tupolski, während Ariel zu Karturian sagt: »Ich weiß, das alles ist nicht deine Schuld [...] und es tut mir leid für dich, es tut mir wirklich leid für dich«, kurz bevor er Karturian die schwarze Exekutionskapuze über den Kopf zieht, damit Tupolski ihn erschießen kann.

»Eine Gewalttat in der Sprache zu inszenieren, ist keineswegs dasselbe wie eine Gewalttat zu begehen«, meint der Schriftsteller Brian Evenson. »Das Schreiben selbst ist nicht gewalttätig, sondern eher präzise. Wer jemals in echte Gewalttaten verwickelt war, sieht, wie tiefgreifend der Unterschied ist.« Das ist die Wahrheit. Es wäre ein ungeheuerlicher, im Grunde totalitärer Fehler, McDonaghs Schreiben – oder das von Evenson oder von wem auch immer – mit dem Begehen einer Gewalttat in Verbindung zu bringen. (Evenson – einst Hohepriester der Mormonenkirche, heute Professor an der Brown University – hatte allen Grund, diesen Unterschied festzustellen: 1996 kostete ihn eine Kontroverse über seinen ersten Erzählband, *Altmann's Tongue*, seinen Job an der Brigham Young University, führte zum Ende seiner ersten Ehe und schließlich zu seinem Austritt aus der Mormonenkirche.)

Dennoch sitze ich nicht ganz Evensons Taschenspielertrick auf, wonach die Darstellung von Gewalt in der Literatur einfach »präzise« sei. Schließlich gibt es noch viele andere Formen von Präzision (oder etwa nicht?). Ist Gewalt unter ihnen lediglich nur die heftigste, die schnellste, die unmittelbarste oder physiologischste? Wie A. O. Scott – der seit einiger Zeit in der *New York Times* Artikel über die eskalierende Brutalität im Mainstream-Kino verfasst – in seiner Rezension von Quentin Tarantinos *Inglourious Basterds* (2009) feststellte: »Alles, was man tun muss, ist, jemanden zu skalpieren – was mit liebevoller Anschaulichkeit vollzogen wird –, um das Publikum in Spannung zu versetzen.«

Natürlich ist Gewalt nicht immer eine Abkürzung, und ich will auch nicht behaupten, dass man sie durch eine Art leichtverdauliches Äquivalent ersetzen könnte oder sollte. Ich will nur sagen, es ist nicht ganz richtig, dass McDonaghs langsame Enthüllung der Schicksale der ermordeten Kinder in *Der Kissenmann* – ein kleiner Junge verblutet, nachdem ihm alle fünf Zehen eines Fußes abgehackt wurden, ein kleines Mädchen stirbt, weil es Äpfel gegessen hat, die mit Rasierklingen gespickt waren, und ein kleines Mädchen wird von ihren Pflegeeltern buchstäblich gekreuzigt und dann lebendig begraben, weil sie testen wollen, ob das Kind wieder aufersteht (tut es nicht) – dass diese Enthüllung bloß »präzise« wäre. Sie ist grausam – wie vieles in Evensons eigenem Werk. Und ein Teil der Grausamkeit von *Der Kissenmann* besteht darin, dass wir, wie Michal, diese abscheulichen Geschichten nun verinnerlicht haben (ganz zu schweigen von einer anderen Geschichte – der des Theaterstücks *Der Kissenmann* selbst). Die Frage, welche Auswirkungen sie auf uns haben könnten – auf unsere Psyche, unsere Seele, unsere soziale Landschaft und unser Handeln – ist zu einer Last geworden, die wir schultern müssen.

»Im Leben«, sagt Evenson, »wird einem Gewalt angetan. In der Literatur trifft man die Entscheidung, das Buch in die Hand zu nehmen und zu lesen – und weiterzulesen.« Er hat Recht – Zustimmung ist absolut entscheidend. Das Gefühl, von einem Kunstwerk verletzt worden zu sein, wird durch die Tatsache verstärkt – und vielleicht erträglich gemacht –, dass wir uns dazu entschieden haben, es zu erfahren, komme, was wolle. Doch das macht die Befürchtung, dass eine Grausamkeit stattgefunden hat, nicht gänzlich hinfällig. In diesem Sinne hatte die Brigham-Young-Studentin, die an die Mormonenkirche schrieb und auf das Wesen von Evensons Literatur aufmerksam machte, vielleicht Recht. Nach der Lektüre von *Altmann's Tongue* schrieb die gekränkte Studentin: »Ich fühle mich, als hätte ich etwas Giftiges gegessen und versuche verzweifelt, es jetzt wieder loszuwerden.«

Ich kann nicht sagen, für wen genau ein Stück wie McDonaghs *Der Kissenmann* nun grausam sein könnte und welcher Art diese

Grausamkeit ist. Wenn ich sagen könnte, *simulierte Grausamkeit ist gar keine Grausamkeit*, dann bestünde keinerlei Unbehagen. Ich könnte mich entspannen – selbst wenn das hieße, meine gefühlte Erfahrung mit vielen Kunstwerken zu verleugnen, oder – und das ist schwieriger – wenn es hieße, den vollständigen Angriff auf die Grenzen zwischen Kunst und Leben zu ignorieren, den ein Großteil der Kunst des 20. Jahrhunderts in harter Arbeit vollzogen hat. Ich könnte jedes Mal eine Grenze ziehen, mich auf die Seite der »Kunst« schlagen und entspannt zurücklehnen – so wie diejenigen, die sich regelmäßig an den Demütigungen des Reality-TV ergötzen, es gewöhnt sind, jegliche Schuldgefühle oder Vorbehalte, die sie sonst aufgrund der Behandlung ihrer Mitmenschen haben könnten, dadurch loszuwerden, dass sie sich auf die »TV«-Seite der Gleichung schlagen und ebenfalls zurücklehnen. (Zumindest ist es das, was ich normalerweise tue: diese Frau hat sich bereit erklärt, eine Stunde lang in einem Sarg voller beißender Ratten eingeschlossen zu werden; diese Grausamkeit zählt daher nicht als »echte« Grausamkeit; ich brauche mein Gewissen nicht damit zu belasten.) Und sicherlich lässt sich manches Leiden nicht ohne Weiteres als Grausamkeit einstufen – etwa das der Handvoll Journalisten, die sich beispielsweise freiwillig einem Waterboarding unterzogen haben, um sich dazu äußern zu können, ob das Verfahren »wirkliche« Folter darstelle.

Umgekehrt könnte ich sagen: *simulierte Grausamkeit ist eine Art von Grausamkeit*, und wenn man »gegen« Grausamkeit in all ihrer Form ist, was auch immer das heißen mag, dann sollte man auch »gegen« grausame Simulationen sein, was auch immer das heißen mag, und auch dann gäbe es kein Unbehagen, dann könnte ich mich in die Reihen derer mischen, die Überstunden machen, um Anime zu kriminalisieren und strafrechtlich zu verfolgen, weil darin etwa die Vergewaltigung von Vorpubertierenden dargestellt wird, oder einfach an einer guten altmodischen Bücherverbrennung in meiner örtlichen Bibliothek teilnehmen und alles von *Lolita* bis *Der Kissenmann* auf den Scheiterhaufen werfen.

In einem 2003 in *The Believer* erschienenen Artikel mit dem Titel »The Bad Mormon« berichtet der Schriftsteller Ben Ehrenreich, wie Evenson als Antwort auf seine Anklägerinnen und Ankläger von der Brigham Young eine dreizehnseitige Entschuldigung verfasste, in der er darlegte, dass sein Werk in Wahrheit »kompromisslos moralisch« sei, da es versuche, »die Gewalt in ihren wahren Farben zu zeichnen und sie selbst enthüllen zu lassen, wie schrecklich sie ist.« (Siehe Michael Haneke: »Die Gewalt in meinen Filmen wird so gezeigt, wie sie wirklich ist. … Deshalb werden die Filme oft als schmerzhaft empfunden.«)

Ehrenreich merkt an – meiner Meinung nach zu Recht –, dass der Angriff auf Evenson zwar ungebildet klang, Evensons Bemerkungen allerdings unaufrichtig wirkten. Erstens: Selbst, wenn die Kunst das Gefühl erzeugt, etwas so dargestellt zu haben, »wie es wirklich ist«, tut sie dies mit Hilfe von Verdichtung und Künstlichkeit – oder, besser gesagt, durch ein komplexes Verfahren, das man beschreiben könnte als die Anwendung von Künstlichkeit, um Künstlichkeit von ihrer Künstlichkeit zu befreien. Mit anderen Worten, es handelt sich immer noch und immer wieder um einen Akt von Invention, Transformation und Selektion. Zweitens gibt es, wie Ehrenreich anmerkt, »viel zu viel Humor in [Evensons] Geschichten, zu viel ästhetisches Vergnügen sogar in der Syntax der grausamsten Episoden, als dass Evenson sich als einfacher Pedant ausgeben könnte.« Humor und ästhetisches Vergnügen sind nicht nur entscheidende Aspekte von Evensons Genialität, sondern es ist auch töricht, einen kunstschaffenden Menschen für bare Münze zu nehmen, der vorgibt, Gewalt ausschließlich auf moralische Weise anzusehen. Um ehrlich zu sein, glaube ich nicht, dass so etwas überhaupt möglich ist – nicht wegen eines Versagens der Kunstschaffenden, sondern wegen der unkontrollierbaren Natur von Gewalt, Sadismus und Voyeurismus selbst.

In der bekannten Eröffnungssequenz von David Lynchs Film *Blue Velvet* aus dem Jahr 1986 zoomt die Kamera auf ein abgeschnittenes Ohr, das im Grasnest eines pittoresken amerikanischen

Vorstadtrasens liegt, und deutet damit die Welt der unterirdischen Grausamkeiten an, in die der Protagonist des Films, Jeffrey, bald hinabsteigen wird. In seinem Buch *A Good War Is Hard to Find: The Art of Violence in America* schreibt David Griffith über diese Szene: »Das abgetrennte Ohr auf dem verwaisten Grundstück lädt uns ein, mit Jeffrey die Unterwelt zu betreten. Wir glauben, dass wir unverdorben und sogar weiser zurückkehren werden. Doch Gewalt erhellt nicht, sie befleckt. Wir können nicht gleichzeitig Perversling und Detektiv sein.«

Griffith hat Recht, dass Gewalt oder Grausamkeit nichts erhellen. Er mag auch Recht damit haben, dass sie befleckt (obwohl die hygienische Paranoia, die in dem Wort steckt, unnötig erscheint – ich meine, es sei besser, bei unserer geschädigten Studentin zu bleiben, die sich fühlt, als hätte sie etwas Giftiges gegessen und nun verzweifelt versucht, es wieder loszuwerden: das In-sich-Aufnehmen von Grausamkeit oder Gewalt verwandelt sich dadurch von einem moralischen zu einem metabolischen Dilemma). Doch Griffith hat nicht recht damit, dass wir nicht gleichzeitig pervers und detektivisch sein können. Meistens sind wir genau das. Wohlmeinende Moralisten wie Griffith mögen sich wünschen, dass dies nicht so wäre. (Vielleicht ist es für ihn auch nicht so.) Doch wenn man Jacques Rancières Prinzip der Emanzipation ernst nimmt – dass »eine Kunst emanzipiert und emanzipierend ist, wenn sie aufhört, uns emanzipieren zu *wollen*« –, dann kann oder sollte kein kunstschaffender Mensch so tun, als würde er an den Grenzübergängen patrouillieren.

Doch vielleicht will Griffith einfach die Bürde an uns zurückgeben. Vielleicht will er sagen, dass wir – als Zuhörerin, Zuschauer, Leserin, Teilnehmer, Konsumentin – nicht darauf hoffen können, Ungerechtigkeiten aufzustöbern, gegen bestimmte Formen von Verletzungen, Gewalt und Übergriffen zu protestieren, während wir gleichzeitig Vergnügen oder Lust aus den Darstellungen dieser Dinge schöpfen (geschweige denn aus den Dingen selbst: strengstens verboten!). Ich bin anderer Meinung. Es hilft nichts, die

Komplexität unserer Reaktionen wegzuwünschen, uns für sie zu kasteien, keine Unterscheidungen zwischen ihnen zu treffen oder davon zu träumen, dass wir unbeschadet daraus hervorgehen. »Wir haben nun die Entdeckung gemacht, daß wir da sind, und wenn diese Entdeckung auch in jedem einzelnen sehr viel Unheil anrichtet, so ist sie doch nicht rückgängig zu machen«, schrieb Ralph Waldo Emerson. »Wir nennen diese Icherkenntnis den Sündenfall.« Oder – falls wir die lapsarische Saga lieber hinter uns lassen wollen (und das würde ich), so reicht uns der Künstler Joseph Beuys dasselbe Gefühl mit einer aktiveren Wendung dar: »Man kann nicht auf ein unschuldiges Werkzeug ohne Blut daran warten, denn das Leben ist kurz«, schrieb er, »man muss das blutige Werkzeug benutzen, um es zu reinigen.«

Reichhaltiger und anzüglicher als *Der Kissenmann* – das letztendlich ein recht konventionelles »Problemstück« ist, wenngleich mit einer raffinierten Babuschkapuppen-Schachtelstruktur und etwas heftigem Inhalt – ist das Werk des Künstlers Paul McCarthy, das in der Regel grundlosere – und nuanciertere – Gelegenheiten bietet, unsere Reaktionen auf verstörende Darstellungen zu reflektieren. Ich denke dabei speziell an das 1987 mit Mike Kelley gedrehte Video *Family Tyranny*, worin es gelingt, in nur acht Minuten mit Hilfe einer Styroporkugel, eines Trichters und einer scheinbar sehr wässrigen Mayonnaise ein unvergleichliches Maß an Spannung, Abscheu und Verblüfftheit über die Funktionen der Grausamkeit zu erzeugen.

Auf einer Kunstrasenbühne drückt McCarthys hemdloser, behaarter Vater die spermaartige Mayonnaise-Flüssigkeit mit der Hand in einen Trichter, der zuvor in die Styroporkugel gesteckt wurde. Die Kugel wurde mithilfe eines Huts und einer Öffnung an der Stelle, an der man einen Mund vermuten könnte, so gestaltet, dass sie ganz leicht einem Kopf ähnelt. Während der Vater seine fettige Faust immer wieder in den Trichter rammt, während der Mayonnaise-Saft überall verschmiert und verschüttet wird, wiederholt er mit dem Singsang eines erzieherischen Missbrauchstäters die Worte: »Daddy kommt heute von der Arbeit nach Hause« und »Mein Daddy hat das mit mir gemacht, das kannst du auch mit deinem Sohn machen« und »Mach es langsam, dass sie es spüren, mach es langsam, dass sie sich dran gewöhnen.« Später im Video taucht eine Figur des Sohnes (gespielt von Kelley) auf, die wimmert und vergeblich zu entkommen versucht. Erst bei einer weiteren groben Vergewaltigungssimulation – diesmal mit dem unter einem Tisch kauernden und kreischenden Sohn und dem Vater, der erbarmungslos und rhythmisch einen Baseballschläger in einen roten Becher auf dem Tisch stößt – wird abermals der Effekt einer beinahe unerträglichen Grausamkeit erreicht, aus welchem Grund auch immer.

Wie kann das Befüllen einer Styroporkugel mit Mayonnaise oder das Stoßen eines Baseballschlägers in einen Becher beim Betrachten ein so tiefschürfendes, beinahe unkontrollierbares Unbehagen hervorrufen? Wie Arthur Danto einmal als Reaktion auf *Family Tyranny* meinte: »Zu sagen ›Das sind nur Puppen‹ hilft gerade so viel, wie zu sagen ›Das ist nur Kunst‹.« Oder, wie es der Kritiker Bruce Hainley 2001 in einem Artikel in *Frieze* ausdrückte: »McCarthy hat immer wieder betont, dass es ›einen großen Unterschied zwischen Ketchup und Blut‹ gibt. Natürlich gibt es einen ebenso großen Unterschied zwischen einem Dummy, einem Mannequin oder einer Puppe und einem Menschen. Wie und warum deutet das eine aber das andere an, und kann diese referenzielle Wirkung gedrosselt werden? Kann in einer mediengetränkten Gesellschaft etwas nur das sein oder bleiben, was es ist?« Letzteres ist keine Frage, die leicht zu beantworten wäre – was wahrscheinlich der Grund dafür ist, dass Hainley klugerweise gar nicht erst eine Antwort versucht. Die Dinge sind und bleiben nicht ›nur das, was sie sind‹: Das ist der heikle Raum, aus dem ein Werk wie jenes von McCarthy so viel von seiner Kraft schöpft.

»Du musst es so machen, dass es ihm *emotional* zusetzt«, betont der Vater in *Family Tyranny* und gibt damit einen weiteren Hinweis auf die Wirkung des kurzen Videos. Um ihm oder uns *emotional zuzusetzen* (und nicht physisch oder »tatsächlich«), sind Simulation und Künstlichkeit die Schlüssel. Eine offensichtliche Ebene der Simulation ist McCarthys berühmter Einsatz von leicht erkennbaren Nahrungsmitteln (Schokolade, Ketchup, Mayonnaise und so weiter) anstelle tatsächlicher Körperflüssigkeiten (ein Ansatz, der, wie viele betont haben, seine Arbeit vom Werk der Aktionisten unterscheidet, auf deren Kunst McCarthy Bezug nimmt und sie gleichzeitig umgestaltet). Ein weiterer Aspekt ist, dass McCarthy das Publikum nicht als voyeuristische Menge einer diskreten Szene vorführt, die sich in der Privatsphäre eines Hauses abspielt. Vielmehr führt die Figur des Vaters diese Handlungen an der Sohn-Figur von vornherein als parodistische oder pädagogische Re-Inszenierungen auf, vor den Augen des Publikums und auf einer Bühne, während er sogar einmal rät: »Macht das mal zu Hause nach!« Einerseits führt diese transparente Haltung gegenüber Fälschung dazu, dass das Werk erträglich wird (und in meinem Fall – erst nach wiederholtem Anschauen – irgendwie lustig). Andererseits führt der offensichtliche Kunstgriff auch dazu, dass das Stück heimtückischer wird, da der Missbrauch somit von der Last der glaubwürdigen Darstellung befreit und eine kristallisierte Version seiner Auswirkungen zur Schau gestellt wird.

Welches Echo von psychologischem Unbehagen wir nach dem Anschauen von *Family Tyranny* auch verspüren mögen, es verblasst ganz eindeutig im Vergleich zu dem psychologischen Schaden, den diejenigen erleiden, die tatsächlich Opfer eines derartigen Angriffs werden. In uns regen sich unliebsame und vertrackte Gefühle, während wir ein Video ansehen, was jedoch etwas ganz anderes ist, als unfreiwillig psychische und physische Schäden zu erleiden. Und doch ist McCarthys Betonung der psychologischen Heimsuchung insofern beunruhigend, als die psychologische Heimsuchung genau dort stattfindet, wo sowohl die Kunst als auch das Trauma ihre

Wirkung entfalten. »Keine Sorge, sie werden sich dran erinnern«, trällert der Vater immer wieder – als läge der Sinn des Übergriffs weniger in der momentanen Entladung bösartiger psychosexueller Energien als vielmehr in der Fähigkeit des Täters, eine behindernde Narbe auf der Psyche zu hinterlassen.

Schließlich ist »Keine Sorge, sie werden sich dran erinnern« das direkte, negierende Versprechen, das das Trauma der Katharsis macht. Und es ist ein Mantra, das auch fürs Publikum gelten kann, da es das Video mit einem beunruhigenden Gefühl von Angst und Unbehagen eine Zeit lang in Erinnerung behalten kann. Re-Inszenierungen von sexuellem Trauma, die auf Abreaktion abzielen, sind eine Sache; Re-Inszenierungen, die explizit darauf abzielen, aus dem Trauma etwas Ansteckendes und Dauerhaftes zu machen – sowohl für den Sohn als auch für uns, das Publikum – sind eine andere. Anstelle von Läuterung oder Sublimierung verspricht *Family Tyranny*, dass es zu einer Wiederholung kommen wird. Zu einem Vermächtnis. Zu einem Chaos.

Angesichts der Tatsache, dass auch ich mich nach dem ersten Anschauen von *Family Tyranny* fühlte, als hätte ich etwas Giftiges gegessen und verzweifelt versuchte, es jetzt wieder loszuwerden, bleibt die Frage bestehen: Warum sich damit befassen? Warum in diesem Chaos verweilen, wenn auch nur vorübergehend? (Tatsächlich wurde mir diese Frage einmal von einer Studentin gestellt, die nach einer Vorführung dieses Werks im Seminar in Tränen ausbrach.) Ich bin nicht sicher, ob ich eine treffende Antwort darauf habe. Zum jetzigen Zeitpunkt meines Leben würde ich den Wunsch jedes Menschen unterstützen, sich *nicht* damit zu befassen – eine Haltung, die die pädagogische Ethik der Präsentation eines solchen Materials etwas schwer zu navigieren macht.

Was ich allerdings sagen kann, ist, dass ich aus *Family Tyranny* jedes Mal, wenn ich es gesehen habe, etwas anderes mitnehmen konnte, und dass das Video mir eine außergewöhnlich unangenehme, aber unheimlich produktive Plattform geboten hat, von der aus ich über Repräsentation, Trauma, Humor, Improvisation und die übelsten Aspekte von Patriarchat und sexueller Gewalt nachdenken konnte. Auch kann ich sagen, dass ich das Gift von *Family Tyranny* den grandiosen, mythopoetischen Darstellungen vorziehe, wie sie etwa Hermann Nitschs Orgien-Mysterien-Theater erforscht, das gerne eine Reihe phallozentrischer, patriarchaler und/oder buchstäblich ödipaler Gewalttaten als »mythisches Leitmotiv« verwendet (etwa die Kreuzigung Jesu Christi, die Zerreißung des Dionysos, die Blendung des Ödipus, die Ermordung des Orpheus, die Ermordung des Adonis, die Kastration des Attis, ritueller Königsmord und etwas, das Nitsch, vermutlich in Anlehnung an Bataille, »den sadomasochistischen Grundexzess« nennt). Meine Präferenz bleibt bestehen, obwohl – oder vielleicht gerade weil – Nitsch emanzipieren will; McCarthy will klaustrophobisches Grauen vermitteln. Denn wenn Rancière Recht behält, dass eine Kunst emanzipiert und emanzipierend ist, wenn sie aufhört, uns emanzipieren zu wollen, dann ist meine Präferenz vielleicht gar kein Mysterium.

Nitschs Arbeit beruht ausdrücklich auf der Vorstellung, dass es so etwas wie heilige oder opferbereite Gewalt gibt und dass diese Art von Gewalt ein einträgliches, kathartisches Ventil sein kann, das die Ausbreitung von Gewalt in einer bestimmten Gesellschaft oder Gruppe eher zu vermindern als zu steigern hilft. Der französische Anthropologe und Philosoph René Girard hat diese Theorie in *Das Heilige und die Gewalt* (1977) ausgebreitet, worin er argumentiert, dass die Opferungsgewalt oder das Sündenbock-Denken als notwendiges, grundlegendes »Sicherheitsventil« in menschlichen Gesellschaften fungiert. Die rituelle Beseitigung eines häufig willkürlich ausgewählten Anderen dient dazu, die ansonsten diffusen Gewalttriebe der Einzelnen zu beschwichtigen und die Gruppe gegen den gewählten Sündenbock zu vereinen. (Girard wendet nicht viel Zeit damit auf, die Opfer solcher Opferungen zu betrachten, von denen man häufig annimmt, dass sie entweder willig sind oder sich in einer tiefen projektiven Identifikation mit ihren Opferern befinden oder dass sie schlicht und ergreifend unbedeutend sind.

Historisch gesehen ist es jedoch bemerkenswert, dass diese auserwählten Anderen meist nicht einwilligende Tiere, Kriminelle, Arme, Kriegsgefangene, Frauen, Jugendliche, Menschen einer anderen Ethnie, Nation oder eines anderen Stammes sowie jene andere waren, deren Handlungsfähigkeit hinreichend beeinträchtigt oder als irrelevant angesehen wurde.) Girard zufolge unterdrücken wir den Sündenbockmechanismus auf unsere Gefahr hin, da »das obligatorische Mitgefühl unserer Gesellschaft neue Formen der Grausamkeit zulässt.«

Falls und wenn die Gesellschaft, die diesem überoptimistischen »obligatorischen Mitgefühl« verfallen ist, aufhört, Plattformen für eine solche natürliche, heilsame und kathartische Opfertätigkeit zu schaffen (so die Argumentation eines Künstlers wie Nitsch), dann muss eben die Kunst einspringen und den Altar errichten. Wenn man diesen Einsatz des Sündenbockmechanismus – in der Kunst oder im Leben – für eine toxische Angelegenheit hält, die im Allgemeinen ihre Risiken nicht wert ist, dann kann McCarthys Werk – das, wie er selbst sagte, eher clown- als schamanenhaft ist – als ein belebendes und willkommenes Stärkungsmittel wirken.

Hier könnte man anmerken, dass ich einfach nur den Unterschied zwischen einem Mystiker und einem Ironiker herausstelle, und dass ich – typisch für meine Generation – natürlich den Ironiker bevorzugen würde. In einer Besprechung des Videos *Heidi 2* (1999) der jüngeren Künstlerinnen Sue de Beer und Laura Parnes, einer »unautorisierten Fortsetzung« von McCarthys und Kelleys *Heidi* (einem Video von 1992, das wegen seiner Übergriffe auf Puppen noch berüchtigter ist als *Family Tyranny*), schrieb der Kritiker Tom Moody im Jahr 1999: »Dieses Eintauchen in die Medien und die Populärkultur unterscheidet Parnes und de Beer von einer älteren Generation der Performance-Kunst (McCarthy, Schneemann, Nitsch), die die Spaltung zwischen einem ›unterdrückten, kulturellen‹ Selbst und einem ›authentischen, natürlichen‹ Selbst durch rituelle Akte der Transgression (Fäkalschmierereien, orgiastischer Sex und so weiter) zu heilen suchen. Nach Ansicht von de

Beer und Parnes gibt es keine Spaltung, da alles vermittelt ist: Die extremsten Handlungen findet man auf Kassette in der Videothek an der Ecke, und die ›echte‹ Erfahrung steht unter Generalverdacht. Die Künstlerinnen lehnen den überlegenen Standpunkt von Künstler/Schamane ab und verwenden ohne Scham Tropen der Popkultur, indem sie die ›ursprünglichsten‹ Ereignisse – Kindergeburt, Orgasmus, inzestuöse Vergewaltigung – mit den Mitteln von Sitcoms, Videospielen und Splatterfilmen ausdrücken.«

Moody hat nicht ganz unrecht. Doch für mich sind die interessantesten Kunstwerke diejenigen, die diese Entweder-Oder-Gleichung und ihre Abhängigkeit von einer ganzen Reihe inzwischen vertrauter Dualismen – verdrängt/authentisch, ursprünglich/synthetisch, real/vermittelt – durcheinanderwirbeln oder sogar gänzlich umgehen. In diesem unbehaglichen, faszinierenden Raum lebte und atmete der deutsche Filmemacher Rainer Werner Fassbinder, und irgendwie gelang es ihm, buchstäblich Dutzende von intellektuellen, melodramatischen Meisterwerken daraus hervorzuzaubern, bevor er mit 37 Jahren starb. In jüngerer Zeit hat sich der Video- und Performancekünstler Kalup Linzy als einer der gewieftesten und fesselndsten Navigatoren auf diesem Gebiet erwiesen, und zwar mit schlüpfrigen, sonderbar zärtlichen Lo-Fi-Darbietungen von Seifenopern, wie der *All My Churen*-Serie (2003, 2005) – die Chronik der Irrungen und Wirrungen einer dysfunktionalen afroamerikanischen Familie, den Braswells, im ländlichen Süden, wobei Linzy alle Rollen mit ekstatischem Charisma selbst spielt.

Tatsächlich hat sich *Camp* seit Jahren ein Eckchen auf diesem Marktplatz ergattert. Um zu sehen, wie dies geschieht, braucht man sich nur die berühmtberüchtigte Szene aus dem Film *Pink Flamingos* anzusehen, an dessen Ende die Drag Queen Divine Hundescheiße verspeist. Während Divine herumstolziert und sich darauf vorbereitet, die noch warme Scheiße eines Pudels zu vertilgen, sagt die Stimme aus dem Off: »Seht zu, wie Divine beweist, dass sie nicht nur der schmutzigste Mensch der Welt ist, sondern auch die schmutzigste Schauspielerin der Welt!« Hier überlagern sich eine Reihe von Ebenen: Nicht nur verschmelzen Person und Schauspielerin beim Essen von Hundescheiße miteinander, sondern Divine selbst ist bereits mindestens drei Personen in einer – ein Mann, der als Harris Glenn Milstead geboren wurde, eine Drag Queen namens Divine und eine Schauspielerin, die eine Figur namens Divine spielt. Zusammen verspeisen ›echte Person‹, Persona, Figur, Schauspielerin und Schauspieler tatsächlich wirkliche Scheiße. Allerdings nicht, um etwas Ursprüngliches zu tun. Divine, mit all ihren Schattierungen, macht sich schmutzig, und das ist ekelhaft, urkomisch und ekstatisch zugleich anzusehen.

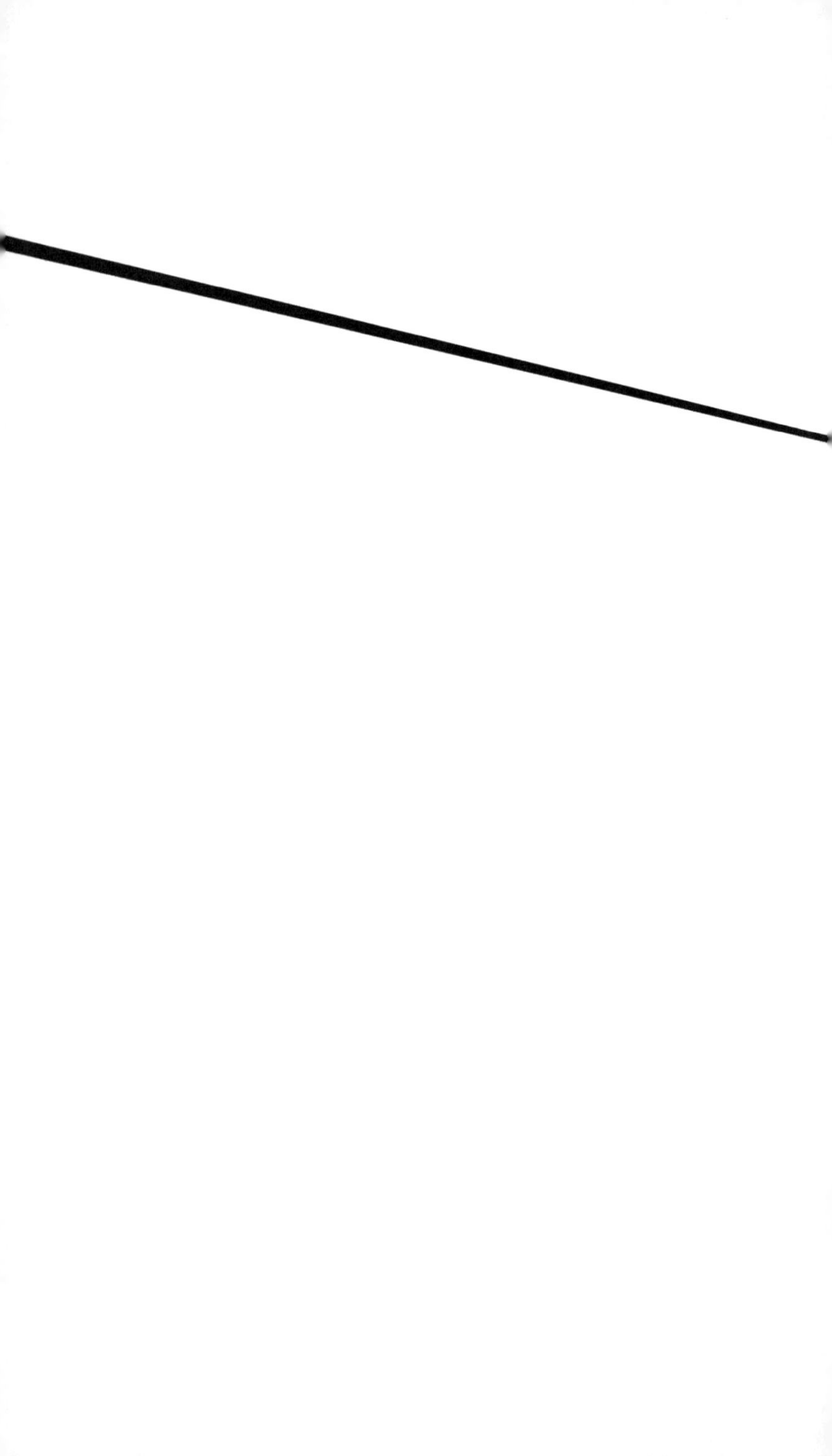

Die goldene Regel

Aristoteles' Katharsis-Theorie ist sehr nützlich für Kunstschaffende, die glauben, der Mensch besitze ein gewisses Maß an Blutlust, die kontrolliert entladen werden müsse, oder für jene, die darauf bestehen, dass ihre Arbeit nichts Fremdes in den Blutkreislauf des Publikums injiziert – dass alles Abscheuliche (gewaltvoller Inzest, wie im Fall von *Family Tyranny*; der Wunsch, Kinder zu quälen und zu ermorden, wie in *Der Kissenmann*) bereits in irgendeiner Form im betrachtenden Individuum angelegt ist, und dass die Darstellung dem Publikum daher die Möglichkeit gibt, sich mit den Ängsten oder Wünschen in Bezug auf das dargestellte Abscheuliche auseinanderzusetzen. (Und wenn sie nicht schon ein Gefühl dafür haben, dann ist ihre Naivität schuld, die zerschlagen werden muss.) Wie Evenson einmal in einem Interview sagte: »Ich störe niemanden – ich gebe ihnen nur einen Anlass, sich selbst zu stören. ... [Meine Lesenden] haben ihre Ängste in mich ausgelagert, aber was sie wirklich fürchten, ist das, was sie in den Geschichten von sich selbst wiedererkennen.«

Angesichts solcher Argumente finde ich es ungeheuer erleichternd, Mike Kelleys platte Behauptung zu hören: »Ich mache Kunst, damit ich anderen Menschen meine Probleme abgeben kann.« Eine solche Aussage steht am extremen Ende des Spektrums zur (ebenso erfrischenden) Haltung eines John Cage, der sein Leben damit verbrachte, ein ergebnisoffenes System von Musik zu konstruieren, das auf der gegenteiligen Überzeugung beruht: »Meine Gefühle gehören sozusagen mir allein, und ich sollte sie niemandem sonst aufzwingen.« Im Dienste dieser Überzeugung verbrachte Cage seine lange Karriere damit, verschiedene Formen zu entdecken, um Menschen aufzuwecken und somit Räume um sie herum zu schaffen, anstatt ihre Grenzen zu überschreiten.

»Ich störe dein Zentrum nicht, und du nicht meines«: so lautete Cages emanzipatorisches Credo. Natürlich ist dies nicht das Credo von *Family Tyranny*, das nicht nur das Weiterleiten von sadistischen Gefühlen und Handlungen durch die Generationen thematisiert, die sukzessive die psychologischen »Zentren« zerstören, sondern auch die unheimliche Fähigkeit der hypersimulierten Darstellung, dem Publikum starke und unangenehme Empfindungen aufzudrücken und es, wenn auch nur für kurze Zeit, in Unruhe zu versetzen.

Und dennoch. Die Hoffnung, *die eigenen Probleme an andere Menschen abzugeben*, verbindet sich in einem wichtigen Punkt mit Cages Ansatz. Sie stimmt nämlich überein mit dem ersten Teil von Cages Aussage – »Meine Gefühle gehören sozusagen mir allein« – und kehrt den zweiten Teil nicht einfach ins Gegenteil um – »ich sollte sie niemandem sonst aufzwingen«. Bei all den Arbeiten von McCarthy und Kelley, die ich gesehen habe, ist mir nie die rechthaberische Überzeugung begegnet, die ich bei so vielen anderen Kunstschaffenden ausmachen kann, nämlich, dass ich zugeben soll, meine Probleme seien in Wirklichkeit ihre Probleme, dass ich zugeben soll, meine Probleme seien in Wahrheit unser aller Probleme. Stattdessen leben sie ihre Obsessionen auf eine sehr grundlegende Weise und mit so wenig Sorge um mein Wohlbehagen aus, während sie ihre Gefühle, Probleme und Obsessionen in die Öffentlichkeit katapultieren, dass sich ein gewisser Raum eröffnet.

Dieser Raum eröffnet sich, wenn eine Künstlerin oder ein Künstler sich erhofft, die eigenen Probleme an andere Menschen abzugeben, sich aber gleichzeitig bewusst ist, dass diese Weitergabe nicht mit Sicherheit erfolgen kann und dass die Folgen wahrscheinlich unvorhersehbar und unordentlich sein werden. Anstatt alles auf eine projektive Identifikation zu setzen, die fürs Publikum im Voraus festgelegt wurde, ist es den Kunstschaffenden egal, und dieses Egalsein schafft Raum. (Denn selbst wenn die Weitergabe gelingt, macht man nur die Erfahrung neuer Gefühle oder Probleme, erfährt allerdings keine Lösungen.) Selbst wenn ich von mehreren Riesenbildschirmen umringt bin, die über eine Stunde lang Bilder von hypersimuliertem, grellem Gemetzel sowie Plünderungen zeigen (wie es bei meinem Besuch von McCarthys Gore-Fest *Caribbean Pirates* der Fall war, das er mit seinem Sohn Damon gedreht hat), bekomme ich in diesem Raum die Möglichkeit, eine Art von Freiheit zu empfinden.

Bei besagter Vorführung stellte sich dieses Gefühl zum Teil aus der Anordnung der Ausstellung ein: Die Bildschirme des Theaters – das REDCAT Theater in Downtown Los Angeles – waren in einem Halbkreis um die Bühne sowie die Ränge aufgehängt und umhüllten das Publikum mit Bild und Ton. Da die Bühne aber leer blieb, gingen viele aus dem Publikum selbst auf die Bühne und sahen sich den Film im Sitzen oder Liegen an. Ich blieb auf dem Rang, doch wenn ich es satthatte, das Blut an den Wänden zu sehen, betrachtete ich mir die Leute, die sich auf dem Bühnenboden herumräkelten. Ich beobachtete ihr Interesse, ihr Unbehagen und ihre Schläfrigkeit; ich schaute ihnen zu beim Kommen wie beim Gehen und beobachtete, wie manche noch einmal zurückkamen, manche aber auch fortblieben. Trotz des erbarmungslosen Angriffs, den das Stück ausübt, war meine eigentliche Erfahrung des Werkes denkwürdig räumlich.

Raum ist etwas anderes als Verfremdung. Es geht im Wesentlichen um Volumen, nicht um Entfernung. Auch widersetzt sich Raum der vertikalen Logik der Offenbarung, die darauf insistiert, dass sich unter der Oberfläche unseres Alltags tatsächlich etwas befindet – sei es die endgültige Bedeutung, das Antlitz Gottes, unsere fundamentale Natur, ein letzter Schrecken, die Ekstase, ein Urteil oder eine Kombination all dieser Dinge –, das enthüllt wird, wenn der Schleier endlich gelüftet ist. Anstelle dieser Logik bietet Raum eine horizontale Ausdehnung, die Möglichkeit, sich in Dimensionen auszudehnen, die noch niemand gänzlich versteht. Auch ist Raum von entscheidender Bedeutung für die Erschaffung von Freiheit. In einem anderen Zusammenhang (in »Ideologie und Terror« von 1953) meinte Arendt, dass allein »der *Raum* des Handelns [...] die Wirklichkeit der Freiheit« sei.

Freiheit, Zustimmung, Entfremdung, Grenze und Eindringen: Die frühen Arbeiten von Chris Burden dramatisieren das Spiel zwischen diesen Phänomenen anhand einiger der einfachsten und zugleich berüchtigtsten Episoden in der Geschichte der Performancekunst. Am berühmtesten ist *Shoot* (1971), in dem Burden ein kleines Publikum in eine Galerie ins kalifornische Santa Ana einlud, um zu beobachten, wie ein Freund, der etwa 15 Meter entfernt stand, ihm mit einem 22er-Gewehr in den linken Oberarm schoss. Im Gegensatz zu Hanekes spöttischem »Warum seht ihr euch das an?« inmitten eines simulierten Blutbads, bei dem es ihm vermutlich lieber wäre, wenn wir weiter zusehen würden, konstruierte Burden eine »reale« Situation für ein sehr kleines, geladenes Publikum. (*Shoot* existiert heute nur noch als mündliche Überlieferung und Kunstgeschichte, als Lo-Fi-Dokumentation und physisches Relikt).

Im Jahr 1971 – mitten im Vietnamkrieg – schien die wichtigste Frage, die *Shoot* aufwirft, folgende: Was für ein Mensch würde inmitten eines ungeheuer grausamen und ungerechten Krieges eine solche selbstverschuldete Tat inszenieren und sich ihr unterziehen, und was für ein Publikum würde sie zulassen? Fast 40 Jahre später hat sich die Empörung gelegt, doch viele Fragen bleiben offen. Hier sind einige meiner Fragen, die ich aufgeschrieben habe, nachdem ich Burdens körnige Super-8-Dokumentation über *Shoot* gesehen habe: Hätte ich damals eine solche Veranstaltung besucht? Warum empfinde ich immer noch ein moralisches Unbehagen, wenn ich mir das heute anschaue? Was sind die Unterschiede – ethisch, sensorisch, ästhetisch – zwischen der Anwesenheit bei einem solchen Ereignis und dem Betrachten einer Aufzeichnung davon? Was ist mit dem Unterschied zwischen Zuschauen und Zuhören? Was sind die Unterschiede zwischen dem Betrachten – oder dem Ausführen – von Selbstverletzungen und anderen Formen von Verletzungen? Was ist der Unterschied zwischen: sich selbst erschießen und jemanden bitten, einen zu erschießen? Wie hat sich der Schütze gefühlt? Wo ist er heute? Wer ging das größere (rechtliche, ethische) Risiko ein – Burden oder der Schütze? Welche Formen oder Kontexte, sich selbst oder anderen Schaden zuzufügen, sollten erlaubt sein (S/M, Selbstmord oder Sterbehilfe,

Performance-Kunst, jedes andere einvernehmliche Szenario und so weiter), und welche sollte man nicht gutheißen oder verbieten? Wer definiert den Schaden? In wessen Auftrag? Wer hat die Macht, die Autorität, das Recht, die Pflicht und/oder die Dreistigkeit, im Namen eines anderen Körpers zu intervenieren, insbesondere eines Körpers, der etwas tut, von dem er sagt, dass er es tun wolle? Wann und wie (wenn überhaupt) hat irgendjemand das Recht, uns vorzuschreiben, was wir zu Lebzeiten mit unserem Körper anstellen? »Hat« irgendjemand die Macht, oder ist es immer nur ein Mittel, sie zu behaupten, sie zu ergreifen, sie zu erfinden? In welchem Sinne, unter welchen Bedingungen, können wir sagen, dass ein Körper weiß, was er will?

Die Spannung ist monochromatisch, aber pulsierend. Burdens Freund fragt ihn, ob er bereit sei; Burden antwortet: *Ja, nur zu.* Das Tempo ist, bis auf den Schuss selbst, gletscherlangsam. Es sind zwei der längsten, nachhallenden Minuten, die ich kenne.

Ein Interviewer fragte Burden einmal, warum er angeschossen werden wollte; Burden antwortete: »Naja, es ist doch etwas, das man mal erleben muss. Wie kann man wissen, wie es sich anfühlt, angeschossen zu werden, wenn man es nicht erlebt?« Schön und gut, würde ich sagen – auch wenn der Durchschnittsmensch ihn vielleicht für einen Vollidioten halten könnte. Mir ist es aber viel lieber, dass der Künstler über seine eigenen Erfahrungen nachdenkt, als zu versuchen, meine Erfahrungen zu micromanagen. Was Burdens etwas eigensinnigen Wunsch, angeschossen zu werden, betrifft, denke ich an Cages weise Aussage: »Ich denke, die Goldene Regel, die oft als das Zentrum des Christentums angesehen wird, ist ein Irrtum: ›Was *du nicht* willst, das man dir tut, das füge keinem andern zu.‹ Ich denke, das ist ein falscher Gedanke. Wir sollten die anderen so behandeln, wie *sie* behandelt werden möchten.« Das klingt für mich nach Emanzipation – was nicht heißen soll, dass damit die obigen Fragen nach dem Wesen von Begehren, Zustimmung oder Einmischung gelöst sind. Mit diesen Fragen müssen wir uns beschäftigen, während wir darum ringen, zu wissen und zu benennen, was wir wollen, zu hören, was andere von uns wollen, uns die Erfüllung vorzustellen und sie zu verwirklichen und mit den unvermeidlichen Fehltritten, Tabus, falschen Signalen und Unmöglichkeiten zu leben.

Es gibt Menschen, die der Meinung sind, dass die Aufforderung an ein Publikum, zuzusehen, wie jemand angeschossen wird, an sich bereits eine Form der Grausamkeit darstellt, da sie die Zuschauenden nötigt, sich als passives Publikum eines Gewaltaktes zu verhalten (auch wenn die Verwendung des Wortes *Gewaltakt* wiederum durch das Schweben des Ereignisses zwischen befriedigter Selbstverwundung, assistierter Selbstverwundung und unvorhersehbarer Verwundung durch einen anderen Menschen erschwert wird). Doch dieses Werk von Burden vorschnell in die Rubrik oder auch nur in die Nähe von »Grausamkeit« zu rücken, scheint mir starrköpfig. Insofern einige von Burdens frühen Performancestücken als masochistisch bezeichnet werden könnten (wie *Trans-Fixed*, in dem ein Freund Burden auf der Motorhaube eines VW-Käfers kreuzigt), kann eine solche Bezeichnung letztlich nur als Denkanstoß dafür dienen, wie weit die Handlungen des Masochismus und des Sadismus tatsächlich voneinander entfernt sind – eine Entfernung, die die oft zirkulierende Dyade »Sadomasochismus« als »eine dieser schlecht gewählten Bezeichnungen, ein semiologisches Monstrum« erscheinen lassen kann, wie es der französische Philosoph Gilles Deleuze einmal formulierte. Hinzu kommt, dass Burden im Gegensatz zu anderen Kunstschaffenden, deren Werk der klinischen Definition eines Masochisten zu entsprechen scheint – »jemand, der sexuelle Befriedigung aus Schmerz zieht« (ich denke da etwa an den »Supermasochisten« Bob Flanagan) –, immer eine gewisse Distanz zur Fleischeslust zu haben schien und sich eher der formalen Gestaltung abstrakter, minimalistischer, intensiv aufgeladener Räume widmete.

Dies ist ganz buchstäblich so in *220*, ebenfalls aus dem Jahr 1971. In *220* kleidete Burden die Galerie F Space im kalifornischen Santa Ana mit schwarzem Plastik aus, stellte vier Holzleitern auf, flutete die Galerie zehn Zentimeter hoch mit Wasser und stieg mit drei weiteren Teilnehmern auf Leitern (jede Person auf ihre eigene). Nachdem alle auf ihren Leitern Platz genommen hatten, ließ Burden ein 220-Volt-Stromkabel ins Wasser fallen. Die vier Teilnehmer blieben dann von etwa Mitternacht bis sechs Uhr morgens auf ihren Leitern hocken. Dann schaltete Burdens Frau, die Bildhauerin Nancy Rubins, den Strom ab, und die Teilnehmer stiegen von den Leitern.

Während *Shoot* eine Art von Schrecken hervorruft, der dem eines Snuff-Films ähnelt, bietet *220* eine ungewöhnlichere, unbenennbare Form des Grauens. Aus diesem Grund fasziniert mich dieses Werk weitaus mehr. Die Dokumentation des Stücks besteht aus einem weiteren körnigen Super-8-Video, das diesmal vier schemenhafte, meist unbewegliche Gestalten zeigt, die auf Leitern über einem trüben Boden hocken. Die Figuren starren irritiert aufs Wasser hinunter, als warteten sie darauf, dass sich die Gefahr manifestiert. Manchmal scheinen sie zu schlafen, ihre Arme sind durch die Sprossen verschränkt. Ihre Stille und Lässigkeit stehen in einem gespenstischen Kontrast zu der Situation, in der es um Leben und Tod geht. Es ist wie eine stumme Version von *Warten auf Godot*, aufgeführt von Faulenzern, die über einem tatsächlichen Abgrund schweben.

Auf den ersten Blick ist *220* ein abgeschlossenes Experiment, das nur für die Teilnehmer ernsthafte Risiken birgt. Doch die Hauptelemente des Stücks – Wasser und Elektrizität – sprechen von Ausbreiten, Zirkulation. Augenblick um Augenblick droht die Situation unbeherrschbar zu werden, sich auszubreiten und das Risiko auf andere zu übertragen. Schaut man sich das Stück heute an, erscheint es wie ein Wunder, dass niemand verletzt wurde. Hätte sich das Stück ausgebreitet und Unbeteiligte verletzt (zum Beispiel Mithelfende oder Menschen in benachbarten Galerien oder Gebäuden; es gab kein Publikum), wären die Folgen tragisch und unverzeihlich gewesen. Wären Burden und Co. verletzt worden, wäre die Tragödie durch den stupiden *Jackass*-Charakter noch verstärkt worden. In der Tat scheinen einige von Burdens Stücken nur ein selbstironischer Vorläufer der Jackass-Industrie zu sein (das heißt der Filme, Videospiele und Nachahmer-Gruppen, die aus der MTV-Hitsendung *Jackass* (2000–2002) hervorgegangen sind und in denen die Stars eine Reihe selbstverletzender Stunts ausführen, etwa, sich die Pobacken zusammenpiercen zu lassen, sich mit einem Airsoft-Gewehr in den Bauch zu schießen, Wasabi bis zum Erbrechen zu schnupfen und so weiter). In *Deadman* (1972) zum Beispiel legte sich Burden auf eine belebte Straße in Los Angeles (den La Cienega Boulevard), drapierte seinen Körper mit zwei Leuchtsignalen, deckte sich mit einer Plane zu und wartete ab, was als Nächstes geschehen würde. (Was geschah: Die Polizei traf ein und fragte ihn, was er da mache. Burden antwortete: »Ich mache eine Skulptur.« Sie verhafteten ihn wegen Herbeiführung eines falschen Notfalls; später legte Burden die Angelegenheit vor Gericht bei, auch wenn er immer noch wütend auf die Polizisten war, weil sie »sein Werk zerstört hatten«).

Werke wie *Deadman,* mit der darin enthaltenen Wette, dass die Skulptur des einen das Verbrechen des anderen ist, zielen darauf ab, Unterscheidungen wie jene von Evenson zwischen »Leben« und »Kunst« auf die Probe zu stellen. Genauer gesagt unterscheidet Evenson zwischen »Leben« und »Literatur«: »Im Leben wird dir Gewalt zugefügt. In der Literatur trifft man die Entscheidung, das Buch in die Hand zu nehmen und zu lesen – und weiterzulesen.« Da die Literatur aus Wörtern besteht, die auf einer Seite gedruckt sind, und nicht aus einer Leiche unter einer Plane, der man auf der Heimfahrt ausweichen muss, um sie nicht zu überrollen, sind solche Unterscheidungen in der Regel einfacher zu treffen. Darüber hinaus hat das geschriebene Wort weder die animalische Präsenz oder die grundsätzliche Unberechenbarkeit einer Performance noch die Herrschsucht eines visuellen Bildes, insbesondere eines bewegten Bildes. Im Gegensatz zu vielen zeitgenössischen Medien, die asymptotisch auf eine totale Übernahme der Sinne abzielen, beansprucht das Lesen nicht mehr als einen Sinn zur gleichen Zeit. Folglich bleiben beim Lesen die eigene Handlungsfähigkeit und körperliche Autonomie im Vordergrund: Das Gefühl, das ein Page-Turner auslöst, ist zum Teil deshalb so spannend, weil *man die Seite noch umblättern muss*. Man kann ein Buch aus der Hand legen und wieder anfangen, ohne in der Zwischenzeit etwas verpasst zu haben – es gibt keinen Zwang, es ganz zu lesen, nur weil man den Eintrittspreis gezahlt hat, sein Date darauf abfährt und man eine Tüte Popcorn für sieben Dollar gekauft hat.

Diese Freiheit ist wichtig. Sie ermöglicht einen Tanz; sie ermöglicht es einem, sich selbst als Reaktion tanzen zu sehen. Es liegt Information darin. Die Entscheidung, weiterzumachen, kann selbst Verwirrung stiften. Entscheidet man sich, das Handtuch zu werfen, hat man Gelegenheit, über die klassische Frage nachzudenken: war ich dem Werk nicht gewachsen, oder war das Werk mir nicht gewachsen? Wann oder was war der Wendepunkt, und warum?

Meiner Erfahrung nach sprechen Menschen, die über verstörende Bilder aus der Kunst sprechen, die sich in ihr Gedächtnis eingebrannt haben – Bilder, von denen sie sich oft wünschen, sie nicht gesehen zu haben – fast immer über Bilder aus Filmen (und manchmal über Fotografien), jedoch nicht über Bilder aus Büchern. Dies scheint mir eine Funktion der Tatsache zu sein, dass man ein Bild augenblicklich und gesamt sieht, was den Organismus anfälliger für Angriffe macht, und eine Funktion der Tatsache, dass ein durch Worte geschaffenes Bild die Hilfe des eigenen Verstandes bei seiner Konstruktion erfordert – es wird nicht in Gänze bereitgestellt. Wie klassische literarische Geistergeschichten, etwa Henry James' *Das Durchdrehen der Schraube* (1898), deutlich gemacht haben, ist es genau dieses Gefühl eines stillschweigenden Pakts zwischen der lesenden Person und dem Text, was die Leseerfahrung so schuldbeladen, so unbehaglich, so zutiefst bösartig machen kann.

So viel Tinte auch über die Vorgänge des Visuellen und des Verbalen vergossen wurde, die Wahrheit ist, dass beide Modi eine Art Mysterium bleiben. Wie David Levi Strauss es formuliert hat (in »Take as Needed«, einem Aufsatz von 1994, der auf erfrischende Weise das

Thema des *therapeutischen* Potenzials von Bildern aufgreift), »ist derzeit sehr wenig über die tatsächlichen physiologischen Wirkungen von Bildern bekannt. Was geschieht mit dem autonomen Nervensystem, mit Neurotransmittern und Hormonen, wenn ein Mensch von einem Bild bewegt wird?« Man denke zum Beispiel an die Tatsache (beschrieben von Alexander Theroux in *The Primary Colors*), dass »beim bloßen Anblick der Farbe Rot die Stoffwechselrate eines Menschen angeblich um 13,4 Prozent ansteigt.« Steht diese Beschleunigung in irgendeinem Verhältnis zu Wörtern, die in unseren Köpfen die Farbe Rot hervorrufen? Welcher Sinn wird genau angesprochen, wenn wir lesen? Normalerweise (wenn auch nicht immer) benutzen wir unsere Augen, um Wörter zu sehen, doch die Bilder, die unser Gehirn daraufhin erzeugt, haben wenig mit Schwarz-Weiß-Schrift oder mit dem schimmernden Erscheinungsbild von Wörtern auf einem Bildschirm zu tun (oder, für Blinde, mit den erhabenen Buchstaben der Braille-Schrift). »Und es ist eine überaus komplizierte Sache, sich klar zu werden, warum manche Farbe direkt auf das Nervensystem stößt und eine andere einem die Geschichte weit ausschweifend durch das Gehirn erzählt«, meinte Francis Bacon einmal. Dasselbe könnte man sicherlich auch von Worten sagen.

Was Burdens Haltung gegenüber seinem Publikum angeht, so reicht sie von der Einladung über die Intervention bis zum Überfall. Die witzigste und schönste Intervention ist vielleicht *TV Ad* (1973), die aus Burdens langjährigem Wunsch entstand, im Fernsehen aufzutreten. Um sich diesen Wunsch zu erfüllen, kaufte Burden sich so viel Sendezeit, wie er sich leisten konnte – zehn Sekunden – und reichte einen Ausschnitt aus 16-Millimeter-Filmmaterial von *Through the Night Softly* ein, einem Performance-Stück von 1973, in dem Burden auf dem Bauch liegend und mit auf dem Rücken gefesselten Händen durch fünfzig Meter zerbrochenes Glas auf der Main Street in Los Angeles kriecht und dabei nichts als Unterwäsche trägt.

(Die Unterwäsche stiftet eine entscheidende Linderung, obwohl sich schwer sagen lässt, warum das der Fall ist – ich will nur zugeben, dass ich jedes Mal dankbar bin, wenn ich sehe, wie die Speedo-ähnliche Bekleidung zum Vorschein kommt, während Burden sich auf die Kamera zuschlängelt.) Zwischen einer psychedelischen Werbung für eine Compilation-Platte namens *Good Vibrations* und einer dämlichen, unfreiwillig homoerotischen Werbung für Deoseife erscheint Burdens gequälter Körper wie ein dünner Wurm aus der Unterwelt. Das Etikett des Masochismus, das *Through the Night Softly* an sich verfolgt haben mag, wird hier ausgelöscht: neben den glänzenden, glücklichen, schaumigen Menschen im Fernsehen erscheint Burdens verschlissener, verbissener Wurm nur als ihr unvermeidliches, schattenhaftes Gegenstück, ihre tragikomische Befreiung.

So brillant *TV Ad* auch ist, so dumm ist Burdens *TV Hijack* aus dem Vorjahr. Burden beschreibt *TV Hijack* wie folgt: »Am 14. Januar wurde ich von Phyllis Lutjeans gebeten, einen Beitrag für einen lokalen Fernsehsender zu entwerfen. Nachdem mehrere Vorschläge vom Sender oder von Phyllis zensiert worden waren, willigte ich in eine Interviewsituation ein. Ich kam mit meinem eigenen Videoteam ins Sendestudio, damit ich meine eigene Aufzeichnung haben konnte. Während die Aufnahmen schon liefen, bat ich darum, die Sendung live zu übertragen. Da der Kanal zu dieser Zeit nicht auf Sendung war, kam man dem Wunsch nach. Im Verlauf des Interviews bat mich Phyllis, über einige der Werke zu sprechen, die ich mir ausgedacht hatte. Ich demonstrierte eine TV-Entführung. Ich hielt ihr ein Messer an die Kehle und drohte ihr mit dem Tod, falls der Sender die Live-Übertragung stoppen würde. Ich sagte ihr, dass ich vorhatte, sie zu obszönen Handlungen zu zwingen.«

Manche haben seitdem verschiedene Vorzüge des Werks hervorgebracht, zum Beispiel: »Bei *TV Hijack* ging es letztlich darum, wer die Kontrolle über das hat, was durch die Medien präsentiert wird« (die Kuratorin Irene Hofmann), oder: »Burdens Simulation von TV-Gewalt verweist auch auf die Vermittlung von realem Blutvergießen, das sich zur damaligen Zeit nicht nur in Vietnam, sondern auch in Kent State (4. Mai 1970) und im Attica-Gefängnis (September 1971) ereignete« (der Wissenschaftler Sami Siegelbaum). Mag sein, doch das genügt nicht. Denn für Lutjeans war es keine simulierte Gewalt – ein Mann hielt ihr ein Messer an den Hals und drohte ihr mit Obszönitäten, sie hatte Angst und fürchtete um ihr Leben. Burdens Wunsch, eine einschneidende Intervention zum Thema Medienkontrolle zu inszenieren, wird von der phantasielosen Grausamkeit überschattet, den Geist und den Körper einer Frau ohne ihre Zustimmung als Wegwerfkulissen zu verwenden. Burdens Hauptleistung bestand darin, das Spektakel solcher Grausamkeiten (die Alltag in Film und Fernsehen sind) mit der Realität dieser Grausamkeiten zu verbinden (die Alltag im Leben so vieler Frauen sind). Das Ergebnis ist eine Redundanz, die einen bedauerlichen Tiefpunkt in Burdens Frühwerk darstellt.

Eine von Burdens jüngeren Gesten bildet einen passenden Kontrapunkt zu *TV Hijack* und korrigiert das Werk vielleicht (oder positioniert sich in einem heuchlerischen Verhältnis dazu, je nach Sichtweise). Ich denke dabei an seinen umstrittenen Rücktritt von der Kunstfakultät der UCLA im Jahr 2004, weil die Universität es versäumt hatte, einen Studenten der Universität zu verweisen, der in einem Seminar von Ron Athey eine furchterregende Schießerei inszeniert hatte. (Nancy Rubins trat ebenfalls zurück.) In einem Interview von 1975 definierte Burden Kunst als »einen freien Platz in der Gesellschaft, an dem man alles tun kann.« In seinem Kündigungsschreiben an die UCLA von 2004 betonte er den »grundlegenden Unterschied zwischen einem Akt, der in einem Kunstraum vor einem gewarnten Publikum aufgeführt wird, und einem, der Studenten in einem Klassenzimmer aufgezwungen wird.« Wahrscheinlich ist es inzwischen offensichtlich, dass ich der Meinung bin, der Burden von 2004 liegt richtig.

Ich meine, dass dies zum Teil aus ethischen und zum Teil aus ästhetischen Gründen der Fall ist. Zustimmung und Warnung sind keine Duldung willkürlicher, repressiver Vorstellungen von Anstand oder Autorität. Vielmehr sind sie raumbildend und eröffnen die Möglichkeit einer freiwilligen Unterwerfung oder Emanzipation. Der Wunsch, ein Publikum zu überrumpeln und in einen Hinterhalt zu locken, ist ein grundlegend terrorisierender, messianischer Ansatz des Kunstschaffens, der die Fähigkeiten und die Intelligenz der meisten Zuschauenden unter- und die der meisten Kunstschaffenden überschätzt. »Sie wollen immer *über* etwas hören; sie wollen eine objektive Konferenz über ›Das Theater und die Pest‹, und ich will ihnen die Erfahrung selbst geben, die Pest selbst, damit sie sich erschrecken und aufwachen«, soll Artaud zu Anaïs Nin gesagt haben, als er 1933 an der Sorbonne seinen berüchtigten Essay »Das Theater und die Pest« aufführte, bei dem er auf seinen geplanten Vortrag verzichtete und das Delirium und den Todeskampf der Pest selbst nachspielte. »Sie wissen nicht, dass *sie tot sind*«, betonte Artaud.

Ich kann nicht für Artauds Publikum am damaligen Abend sprechen, das vielleicht aus leicht beleidigten, bürgerlichen Deppen bestand. Doch aus meinem eigenen Leben weiß ich, dass ich mich im Allgemeinen sehr lebendig und emanzipiert fühle, wenn ich mich entschließe, etwas *nicht* anzusehen. Schließlich steigt man aus, wenn man merkt, dass das, was man sich gerade anschaut, es einfach nicht wert ist, aus welchen Gründen auch immer. Rauszugehen erinnert einen daran, dass Unterwerfung zwar manchmal ein Vergnügen darstellen kann, ein Risiko, das es lohnt, eingegangen zu werden, dass man aber nicht immer und überall Zustimmung leisten muss, wenn sie nominell gefragt ist. (Ich kenne zahllose Menschen – größtenteils Frauen –, die sich weigern, Filme mit unnötigen Vergewaltigungsszenen anzusehen. Und viele dieser Menschen – zu denen ich mich selbst zähle – sind der Meinung, dass es ein hervorragendes Argument dafür gibt, jede Vergewaltigungsszene sei zum heutigen Zeitpunkt der Filmgeschichte unnötig. Hier steht die Weigerung, die Zustimmung zum Zuschauen zu leisten, in einem engen, wenn auch metaphorischen Zusammenhang mit der Weigerung, die Zustimmung zur Duldung unerwünschter sexueller Übergriffe zu leisten.) Die Tatsache, dass die Ausgangstür nicht verriegelt ist, das Gefühl der frischen Luft auf dem Gesicht, wenn man sie öffnet – all dies dient der Erinnerung daran, wie gut es sich anfühlt, die volle Kraft seines Körpers und seiner Aufmerksamkeit auf das zu richten, was einem eine gute Nutzung seiner kurzen Zeit auf dem Planeten zu sein scheint, und Abneigung gegen das zu üben, was dies nicht ist. Dies sind Freiheiten, die das Leben nicht immer gewährt; Gott bewahre, dass wir eine Kunst bevorzugen würden, die die Auswahlmöglichkeiten weiter beschneidet.

»Das Prinzip der Emanzipation ist die Dissoziation von Ursache und Wirkung«, so Rancière in seinem Argument für etwas, das er »ästhetische Wirksamkeit« nennt – das heißt, die paradoxe Art von Wirksamkeit, die die Kunst zu bieten hat, eine Wirksamkeit, die »außerhalb des Dilemmas von darstellender Mediation und ethischer Unmittelbarkeit verortet ist«. Man könnte dieses Argument als eine weitere schwunglose Bekräftigung der Notwendigkeit der Kunst auffassen, sich von der Instrumentalität zu distanzieren, damit sie jene »Zweckmäßigkeit ohne Zweck« beibehält, die Kant ihr bekanntlich zuschrieb (eine Distanz und Zwecklosigkeit, die viele Kunst-Aktivistinnen und -Aktivisten vehement ablehnen). Doch ich bin der Meinung, Rancière will mehr sagen. Er will sagen, dass niemand unser Aufwachen für uns übernehmen kann. Man kann niemanden in die Unabhängigkeit vergewaltigen, genauso wenig, wie man die Demokratie mit einer Pistole erzwingen kann. Andere Menschen des falschen Bewusstseins zu bezichtigen – »Sie wissen nicht, dass *sie tot sind*« – hilft auch nicht weiter. Die Tür muss offenbleiben.

Natürlich weiß man nicht immer – und auch der eigene Körper weiß nicht immer – wann man sich vorwagen und wann man sich abwenden soll. Wann man ausharren und wann man sich verweigern soll; wann man akzeptieren und wann man eingreifen soll. Wie bei den meisten lohnenswerten Formen der Selbsterkenntnis ist wohl oder übel ein gewisses Maß an systematischem Ausprobieren, Versuch und Irrtum erforderlich.

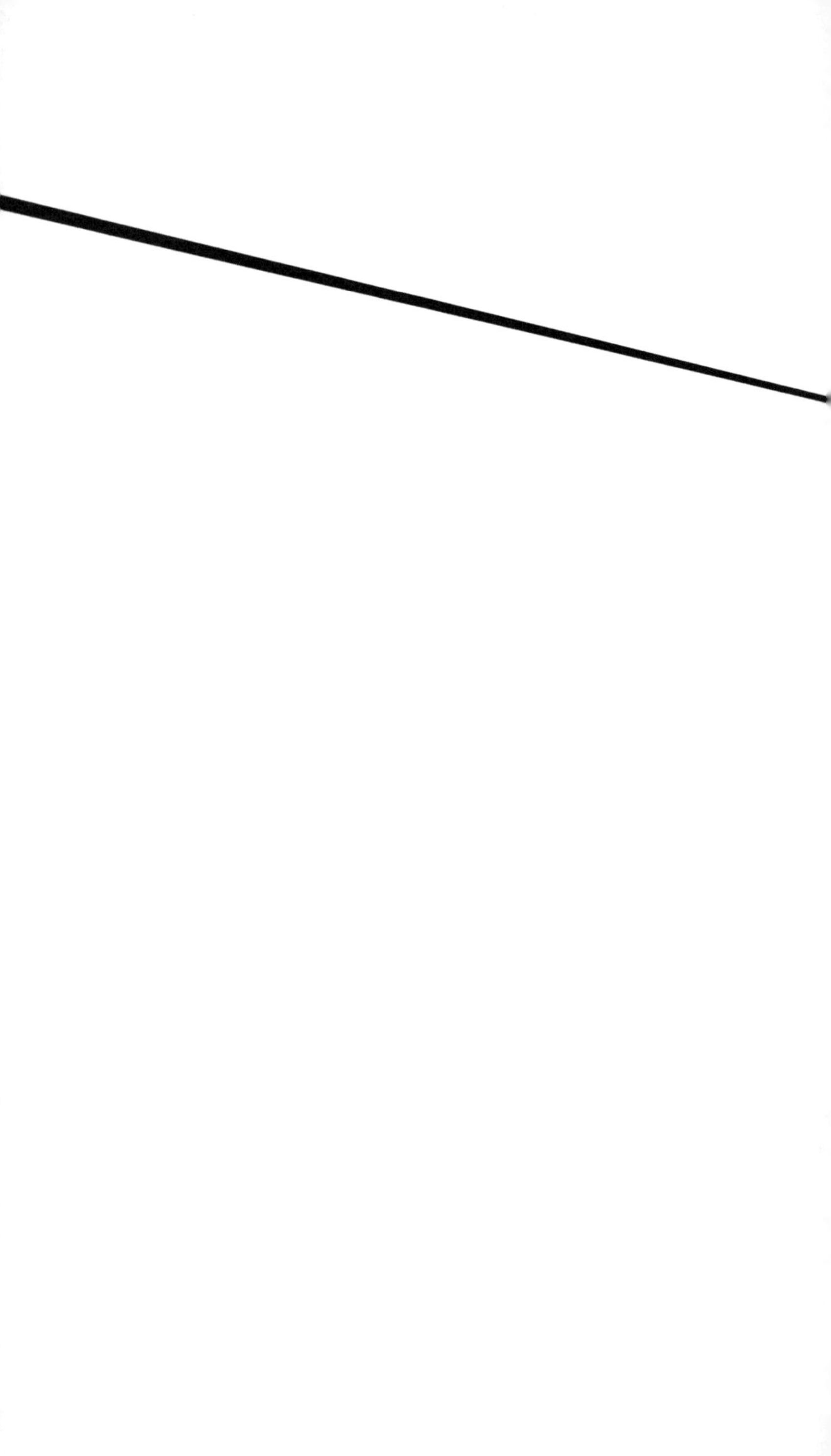

Niemand hat Nein gesagt

Ich spule vor ins Jahr 2007, ins sogenannte postfeministische Zeitalter. Eine Kunststudentin zeigt einer Handvoll Fakultätsmitglieder einen Film, an dem sie gearbeitet hat; er trägt den Titel *Do You Have Time to Kill Me Today*. Der Film besteht aus einer Reihe von Takes, in denen die Studentin – eine umwerfende, punkige Blondine aus Kopenhagen – in ihr Auto steigt und in ihrem sonnigen Stadtteil in Südkalifornien um einen Block fährt. Irgendwann während jeder Einstellung taucht ein hinterwäldlerischer Mann mittleren bis höheren Alters auf ihrem Rücksitz auf und zieht ihr ein Messer über den Hals, zerdrückt mit der Faust einen Beutel mit offensichtlichem Kunstblut und duckt sich wieder. Die Frau tut so, als habe sie den Vorfall gar nicht bemerkt und fährt unbeirrt weiter, während das Kunstblut von der falschen Wunde an ihrem Hals heruntertropft.

Während der ersten paar Takes ist der Mann völlig still. Dann, nach etwa sieben »Tötungen«, beginnt er zu sprechen. Er sagt Dinge wie »Stirb, du Schlampe«, bevor er sich aus dem Sichtfeld duckt.

Die Studentin erzählt uns, dass dieser Mann ihr Nachbar ist und er zunächst sehr zögerlich gewesen war, in ihrem Film mitzuwirken. Er wollte nicht, dass seine Nachbarschaft sieht, wie er sie »tötet« und deshalb einen falschen Eindruck von ihm bekommt. Allerdings, so erklärt sie, habe er sich im Laufe ihrer gemeinsamen Arbeit immer mehr darauf eingelassen. Bald sei er sogar an Tagen, an denen keine Dreharbeiten anstanden, bei ihr zu Hause vorbeigekommen und habe gefragt: »Warum können wir den Mord denn heute nicht machen?« Die Worte, die er während der Szene anfing zu sprechen, seien improvisiert gewesen, sagte sie, und er habe sie immer öfter und lebhafter vorgetragen, je weiter die Morde voranschritten.

Der Film war unbestreitbar interessant – er war auf eine komplexe Weise witzig, schwankte zwischen Empowerment, Horror und *Camp* und hatte das Tempo der langsamen Faszination eines Castings. Doch während sie sprach, wurden die Fakultätsmitglieder zunehmend besorgt. Die Studentin gab zu, dass es ein wenig enervierend war, mitanzusehen, wie sich dieser Mann von einem zurückhaltenden, sanftmütigen Teilnehmer in einen übereifrigen »Killer« verwandelte, der lauthals »Stirb, du Schlampe« schrie, auch wenn sie dies nicht zu sehr zu stören oder zu interessieren schien. Ein Dozent fragte, ob seine Verwandlung Teil des Stücks sei; die Studentin sagte: »Nein, eigentlich nicht.« Eine Dozentin riet ihr, sie solle ihrem Nachbarn zuliebe einfach mit dem Material arbeiten, das sie bereits habe, und ihm sagen, dass die Übung vorbei sei. »Er wird enttäuscht sein«, sagte die Studentin. (Die Studentin, Stine Marie Jacobsen, publizierte das Werk später und beschreibt es heute als »soziales Horrorprojekt mit meinem amerikanischen Nachbarn, einem Kirk-Douglas-Verschnitt, den ich zu einem Killer ausbilde.«)

War die unbeabsichtigte Wette ihres Projekts, dass in jedem widerstrebenden, wortkargen Nachbarn ein »Stirb-du-Schlampe«-Skript lauert? Das mag sein. Aber selbst, wenn es so wäre, würde ich das nicht unbedingt als Beweis dafür ansehen, dass jeder Mann eine tiefsitzende, aufgestaute Frauenfeindlichkeit in sich trägt, die nur auf die Gelegenheit wartet, sich kontrolliert oder unkontrolliert zu äußern. Ich würde es eher darauf zurückführen, dass wir dieses Skript schon so oft gehört oder gesehen haben, dass seine Worte für uns zur Verfügung stehen, sobald wir uns darauf einlassen. Die Worte dieses speziellen Skripts lauten »Stirb, du Schlampe.« Ich könnte ein Buffet beliebiger anderer Skripte bereitstellen, aber ich werde mir die Mühe nicht machen. Die Worte sind längst allen bekannt.

*

Schließlich wurde die Filmstudentin mit einer ethischen Verwarnung belegt; dasselbe widerfuhr einem Tanzstudent, der ein Stück choreografierte, in dem mehrere Tänzerinnen mit verbundenen Augen einen Tanz aufführten, während er ihre Körper von den Flügeln aus mit Gegenständen wie Wassereimern und Telefonbüchern bewarf. Warum nicht einfach zugeben, dass das Stück ein Element von Grausamkeit enthält, fragte ich ihn, und dann weitermachen? »Weil es *nicht* grausam ist«, sagte er. »Die Tänzerinnen haben Einverständniserklärungen unterschrieben, und sie haben sich entschieden, mitzumachen.« Das macht es *legal*, sagte ich ihm, aber es enthebt das Werk nicht der Grausamkeit, oder zumindest der Beschwörung von Grausamkeit.

Hegel schrieb, das Böse liege im Blick des Betrachters. Und was ist mit Grausamkeit? Gibt es so etwas wie eine *Fata Morgana* der Grausamkeit? Oder gehört die Vorstellung von Grausamkeit zu den Dingen, die wir uns oder anderen auf *keinen* Fall ausreden sollten? Als ich zum ersten Mal ein Hochschulseminar mit dem Titel »Die Kunst der Grausamkeit« unterrichtete, stritten sich meine Studierenden oft darüber, ob sie ein bestimmtes Kunstwerk für grausam hielten oder nicht. Diese Gespräche – die manchmal abglitten in Wortgefechte nach dem Motto »ist es wohl! / ist es nicht!« – kamen mir immer unangemessen vor. Ich wusste, dass es meine Aufgabe war, uns aus dieser Sackgasse herauszuführen, zumal ich uns unabsichtlich dort hineingeführt hatte. Bloß wie?

Oft habe ich mich dabei ertappt, wie ich sie daran erinnerte, dass das jeweilige Werk nicht vor Gericht stand – dass die Freisprechung von Grausamkeit kein Gütesiegel ist, und dass umgekehrt die Feststellung, bestimmte Aspekte des Werks machten sich der Grausamkeit schuldig, das Werk nicht dem Untergang weiht. Schließlich ist die implizite Aussage hinter solchen Argumenten, dass Kunst mehr Wert besitzt, wenn ihr Schöpfer oder ihre Schöpferin oder ihre letztendliche »Botschaft« irgendwie ins Wohlwollende neutralisiert oder zumindest als kritisch gegenüber dem Grausamen interpretiert werden kann – oder wenn zufriedenstellend bewiesen werden kann, dass ihre Schöpferin oder ihr Schöpfer nicht von sadistischen oder narzisstischen Trieben verunreinigt ist. Dieser Beurteilungsmaßstab würde nicht nur einen Großteil der interessantesten Kunst der Welt disqualifizieren, sondern er ist letztlich genauso willkürlich wie jeder andere Maßstab (»Kunst sollte der Schönheit dienen«, »Kunst sollte das menschliche Bewusstsein schärfen«, »Kunst sollte die Gesellschaft revolutionieren«, »Kunst sollte das Alltägliche verfremden«, »Kunst sollte Vernunft umverteilen«, Kunst sollte eine »Axt für das gefrorene Meer in uns« sein und so weiter und so fort).

Auch habe ich versucht, meine Studierenden dazu zu bewegen, auf die Vielfalt der Reaktionen zu achten, die sie *während der Erfahrung* eines gesamten Werks an sich beobachten, anstatt sich dem Gefühl hinzugeben, dass sie zu einem festen oder endgültigen Urteil kommen müssen. Schließlich wird ein Urteil in der Regel erst im Nachhinein gefällt, einfach aufgrund der Zeit, da nur die Zeit bloßlegen kann, was an einem Werk funktioniert oder welche Aspekte eines Werks im Gedächtnis bleiben und welche nicht. Ich vermute, dass die meisten Menschen versuchen, während eines Films, Buchs oder Theaterstücks offen zu bleiben und sich mit einem Urteil zurückzuhalten – dem Ganzen eben eine Chance zu geben –, dann aber feststellen, dass sich ihre Gefühle im Nachhinein unweigerlich verfestigen. (Ich habe zum Beispiel neulich die Inszenierung von *North Atlantic* der Wooster Group aus dem Jahr 2010 gesehen, und innerhalb von 24 Stunden hörte ich mich selbst sagen, dass das Stück zwar interessant, aber mangelhaft war, und dann hörte ich mich sagen, dass ich es völlig gehasst habe. Woher rührt dieser Wandel?)

Aus diesem Grund finde ich es faszinierend – wenn auch mitunter anstrengend –, manchmal Jahre später zu Werken zurückzukehren, die mich bei der ersten Begegnung zutiefst verstört haben. Es ist zermürbend festzustellen, wie sehr sich der eigene Kompass oder Geschmack im Laufe eines Lebens verändern kann, wie sehr das Gefühl des »In-Ordnung-Seins« von einer Vielzahl an Faktoren abhängt, einschließlich der einfachen Frage, ob man etwas zum ersten oder zum zweiten Mal erlebt, ganz zu schweigen vom zwanzigsten Mal. Eine erste Begegnung mit einem erschütternden Werk, das sich zeitlich entfaltet (wie Literatur und Film), wird immer erschütternder sein, weil man einfach nicht weiß, was auf einen zukommt. In einem solchen Szenario liest oder schaut der Organismus in einem Zustand, der von Angst und Selbstschutz geprägt ist – ein Zustand, der zwar aufregend ist, aber sich nicht unbedingt am besten für eine kritische Analyse eignet.

Eine Live-Performance birgt einen weiteren komplizierten Faktor, da man sich beim Zuschauen nie sicher sein kann, was genau geschehen wird, selbst wenn das Werk einem exakten Skript folgt. Ein besonders leuchtendes Beispiel ist die Arbeit der Choreografin Elizabeth Streb. In den letzten Jahrzehnten hat Streb eine Bewegungsform entwickelt, die sie »PopAction« nennt und bei der Aufprall, Geschwindigkeit und körperliches Risiko im Vordergrund stehen. Sieht man ihrer Gruppe zu, kann man (wie Streb und wie auch ich) das Gefühl haben, dass es in ihrer Arbeit im Wesentlichen um Schwerkraft, Athletik und die Grenzen und Möglichkeiten des menschlichen Körpers geht, wenn er sich durch Raum und Zeit bewegt, und nicht um Gewalt, Sadomasochismus oder Grausamkeit. »Ich vermute, dass viele der Begriffe, die in den letzten Jahrzehnten auf meine Arbeit angewandt wurden, andere wären, wenn ich ein Mann wäre«, sagte Streb 2003 in einem Artikel der *Village Voice*. »Anstatt sie ›gewalttätig‹ und ›sadomasochistisch‹ zu nennen, hätte man sie als ›sportlich‹ und ›ausgelassen‹ bezeichnet.«

Allerdings ist es auch möglich, dass man während eines von Strebs Stücken etwas anderes empfindet – nicht, dass das Stück grausam an sich ist (schließlich verblassen die körperlichen Qualen der »PopAction« im Vergleich zu denen des Balletts oder des Fußballs), sondern dass die Zurschaustellung der von den Tanzenden erlittenen Entbehrungen eine Spielerei ist. »Es ließe sich als Tanztheater der Grausamkeit bezeichnen, denn sein Hauptziel scheint darin zu bestehen, das Publikum zum Zusammenzucken zu bringen«, schrieb eine mürrische Kritikerin des britischen *Independent* in einer Rezension von 1995. »Nach der anfänglichen Schreck-Reaktion war diese Zuschauerin solch extravaganter Angriffe auf ihre Sinne des Werks überdrüssig.« Ich persönlich habe häufiger den Eindruck, dass Strebs Angriffe – wenn man das Wort überhaupt noch ernsthaft verwenden kann – nicht extravagant genug sind, zumindest nicht in Bezug auf die Stimmung: Die glänzenden Spandex-Gymnastikanzüge, die Zirkusästhetik, die Grundfarbenpalette, der Rückgriff auf Draufgänger- oder Superheldenmotive erschienen mir oft unnötig, gar unerbittlich limitiert – in seltsamem Widerspruch zu Strebs suchender, expansiver und glücklich origineller Herangehensweise an das Dilemma und die Möglichkeiten des menschlichen Körpers.

Dann aber, gerade wenn man den Glauben verliert, kann etwas geschehen, das einen wieder an Bord holt. So erging es mir, als ich mir eine Vorpremiere von Strebs 2003 entstandener Hommage an das Fliegen, *Wild Blue Yonder*, ansah, in der Strebs Tanzende wiederholt Sprünge von einer hoch über einer Matte angebrachten Plattform vollführen, jedes Mal mit dem Gesicht nach unten und mit dem für die Kompanie typischen *Aufprall* landen, bevor sie aufhüpfen und zur Plattform zurückkehren, um erneut zu springen. (Streb stattet die Oberflächen ihrer Aufführungsräume oft mit Mikrofonen aus, um das Geräusch der Tanzenden, die darauf einschlagen, zu maximieren.)

Wie es der Zufall wollte, sah ich dieses Stück im Oktober 2003, nur drei Tage nachdem eine meiner liebsten Freundinnen auf dieser Welt beim Fahrradfahren auf einem Hügel gestürzt war; bei dem Aufprall brach sie sich zwei Halswirbel, wodurch sie querschnittsgelähmt wurde. In Anbetracht des Unfalls meiner Freundin irritierte mich Strebs Stück. Ich war nicht in der Stimmung, mir potenziell halswirbelbrechende Desaster anzuschauen, ganz egal wie kontrolliert sie auch waren, und ich hatte Zweifel, dass ich mich jemals wieder in einer solchen Stimmung befinden würde. Angesichts des unfreiwilligen Schadens, den meine Freundin gerade erlitten hatte, erschienen mir die hier eingegangenen Risiken lächerlich. Das Leben hat schon genug Leid zu bieten, dachte ich. Doch als das Stück weiterging – ein absurder, glorreicher Sprung nach dem anderen –, änderten sich meine Gefühle. Die perverse Schönheit des Ganzen stieg erst langsam und dann triumphierend an die

Oberfläche – nicht, weil ein solcher Sprung keinen Preis hatte, sondern weil er einen haben könnte. Am Ende war es eine der bewegendsten visuellen Erfahrungen, die ich je gemacht habe, weil ich nicht mehr gegen unsere körperliche Verletzlichkeit protestierte, sondern sie hinnahm und sie bejubelte, komme, was wolle. (Ich versuchte, mich einige Jahre später an dieses Gefühl zu erinnern, als ich hörte, dass DeeAnn Nelson, eine von Strebs Tänzerinnen, sich während einer Streb-Performance am 20. Mai 2007 einen Rückenwirbel gebrochen hatte).

In jedem Fall hatte der Tanzstudent in einem Punkt richtig gelegen: Die Zustimmung der Tanzenden war wichtig. (Ich möchte an dieser Stelle anmerken, dass Strebs Tanzende in der Regel mit großer Hingabe bei der Sache sind – nicht trotz, sondern wegen des Risikos und der Schwierigkeit, die damit einhergehen.) Auch die Studentin, die *Do You Have Time to Kill Me Today* gedreht hatte, wusste um die Bedeutung der Zustimmung: Als konzeptionelle Geste – vielleicht als freche Antwort auf die ethischen Bedenken ihrer Fakultät – stellte sie die Einverständniserklärung ihres Nachbarn neben ihrem Video in der Galerie aus. Aber leider kann eine gerahmte Einverständniserklärung ein Werk nicht von seinen widerspenstigen Auswirkungen befreien, und das sollte sie auch nicht. Die Frage, ob es grausam ist, jemandem das anzutun, was er möchte – oder zumindest das, wozu er eingewilligt hat –, bleibt lebendig.

Wenn zum Beispiel die Beteiligten eingewilligt haben und das Werk dem Publikum dennoch grausam erscheint, muss man den Beteiligten folglich falsches Bewusstsein unterstellen? Ist dieser Vorwurf eine eigene Form der Grausamkeit – die Grausamkeit der Herablassung, bei der sich das Publikum anmaßt, mehr über das Subjekt zu wissen, als es über sich selbst weiß? Und warum überhaupt die Herablassung – warum die Annahme, dass es etwas Falsches ist, sich darauf einzulassen, ein bisschen oder ein bisschen mehr misshandelt zu werden? Wer definiert überhaupt Misshandlung?

Manchmal habe ich mir derartige Fragen gestellt, während ich die wahrhaft drogenbenebelten Darstellerinnen und Darsteller durch einige von Andy Warhols härteren Filmen torkeln sah. (Ich denke da an Gerard Malanga, der schließlich ohnmächtig wird, weil ihm der »Arzt« in *Vinyl* von 1965 – Warhols düsterer, faszinierender Adaption von Anthony Burgess' *Uhrwerk Orange* – Amylnitrat-Kapseln verabreicht.) Warhols Filme erzeugen Verunsicherung, denn sie zeigen ungeheuchelte Aktivität (die Leute ficken wirklich, schießen sich Drogen, ohrfeigen sich gegenseitig und so weiter), die auf überkandideltes Melodrama und Künstlichkeit stößt; dieser Zusammenstoß macht die Textur seiner Filme aus, ihre verfremdete Genialität. Wie hochgradig oder hysterisch die Beteiligten auch sein mögen, es scheint, dass sie das, was sie tun, wahrscheinlich ohnehin tun würden, mit oder ohne seine Kamera, mit oder ohne unseren Blick. Wie Wayne Koestenbaum anmerkt, gibt es in allen Warhol-Filmen vielleicht nur einen einzigen Akteur – Ari, den kleinen Sohn der Sängerin Nico –, »den wir zu Recht bemitleiden können, weil er unwissentlich an einem reinigenden Ritual von kosmetischer, erzieherischer Psychose teilnimmt.« Ich stimme zu. Ich habe kein Mitleid mit den anderen, und ich war auch nie versucht – wie andere –, Warhol zu unterstellen, dass er sich den Beteiligten an seinen Filmen gegenüber boshaft verhalten hat. Zu sagen, dass Warhol Voyeurismus, Geilheit, Passivität und Performativität über reparatives Mitgefühl stellte, ist eine Untertreibung. Doch Warhol hat die Menschen vor seiner Kamera nicht in selbstzerstörerische Drogenabhängige oder Selbstmörder verwandelt, und auch hätte er ihr Schicksal nicht zwangsläufig ändern können. Wie er selbst in *POPism – Meine 60er Jahre* (mit merkwürdigem Anklang an die Anonymen Alkoholiker) feststellt: »Wenn [die Menschen] dazu bereit sind, ändern sie sich. Davor tun sie es nicht, und manchmal sterben sie, bevor sie so weit sind. Man kann sie nicht dazu bringen, sich zu ändern, wenn sie es nicht wollen, so wie man sie nicht abhalten kann, wenn sie es wollen.«

Das Problem wird noch vertrackter, wenn es sich um ein dokumentarisches Werk handelt, in dem Bevölkerungsgruppen gezeigt werden, deren Einwilligungsfähigkeit umstritten ist, etwa inhaftierte psychisch Kranke. Siehe beispielsweise Frederick Wisemans Dokumentarfilm *Titicut Follies* von 1967, der die grauenvoll sadistische Behandlung von Geisteskranken im Bridgewater State Hospital in Massachusetts aufdeckte. *Titicut Follies* wurde vom Staat Massachusetts mehrere Jahre lang mit der Begründung verboten, dass der Film die Privatsphäre und die Menschenwürde der Insassen verletze; gleichzeitig wurde dem Film angerechnet, die nationale Aufmerksamkeit auf die Verbesserung der Lebensbedingungen für psychisch Erkrankte gelenkt zu haben.

Irgendwo zwischen *campy* Performativität und quälender Dokumentation stehen Diane Arbus' hypnotisch gruselige Porträts behinderter Erwachsener, die zwischen 1966 und 1971 in verschiedenen Heimen aufgenommen wurden – oder, in jüngerer Zeit, Jonathan Caouettes erschütternder, narzisstischer Memoirfilm *Tarnation* (2003), in dem Caouette seine psychisch kranke Mutter Renee dabei filmt, wie sie die Fragmente ihrer Psyche auf die Wäscheleine der Öffentlichkeit hinaushängt. Am unangenehmsten wird diese Entblößung in der Szene in *Tarnation*, in der Caouette Renee dabei filmt, wie sie über einen unerträglich langen Zeitraum mit einem kleinen Kürbis tanzt. Caouettes Weigerung, mit dem Filmen aufzuhören oder die Szene später herauszuschneiden, wirkt noch beunruhigender als die Geisteskrankheit seiner Mutter. An anderer Stelle des Films bittet Renee ihren Sohn, die Kamera beiseitezulegen, und man ist geneigt, sich auf ihre Seite zu schlagen.

In solchen Momenten steht nicht die psychologische Motivation oder das Handeln der Teilnehmenden im Mittelpunkt, sondern die der schöpfenden Person dahinter. Dies ist eindeutig der Fall bei dem spanischen Künstler Santiago Sierra, zu dessen umstritteneren Werken *160 cm Line Tattooed on 4 People* (2000) gehört, in dem Sierra vier Prostituierten einen Schuss Heroin verabreicht, um ihnen im Gegenzug eine Linie auf den Rücken zu tätowieren;

sowie *10 People Paid to Masturbate* (2000), in dem Sierra zehn armen kubanischen Männern zwanzig Dollar anbietet, damit sie sich beim Masturbieren filmen und ihm dann das Material zur Ausstellung überlassen. »Ein Mensch ohne Geld hat keine Würde«, erklärt Sierra, um das inzwischen sattsam bekannte Argument zu untermauern, dass es ihm in seiner Arbeit einzig darum geht, diese Tatsache aufzudecken. »Nicht das Tattoo ist das Problem«, sagt Sierra über die Prostituierten/Heroin-Arbeit. »Das Problem sind die sozialen Bedingungen, die es mir ermöglichen, eine solche Arbeit zu machen.« In gewissem Sinne hat Sierra recht – doch seine erfundene Gleichung, nach der die radikalen Probleme der Welt die Probleme, die seine Arbeit aufwirft, so einfach auslöschen, ist ganz offensichtlich eine selbstsüchtige Bequemlichkeit.

Selbst, wenn Sierras Diagnosen zutreffen, lässt mich das von ihm auf diese Weise geäußerte Mitleid mit seinen Probanden innehalten und zerstäubt jegliches Interesse an dem Werk, das ich sonst vielleicht hätte aufbringen können. Denn dieses Mitleid steht nicht nur hinter den Kulissen, sondern es strukturiert auch die Formen der jeweiligen Kunstwerke selbst. Gegenüber der BBC sagte er zu *10 People Paid to Masturbate*: »Niemand hat Nein gesagt, und das war für mich sehr schwer. Als ich dieses Stück machte, ging ich abends weinend ins Bett.« Es ist eine Sache, Situationen zu schaffen, die darauf abzielen, der Welt – und sei es nur der Kunstwelt – die schlechte Nachricht der radikalen Ausbeutung unter die Nase zu reiben, selbst wenn man das bedauerliche Bedürfnis hat, andere auszunutzen, um seinen Standpunkt klarzumachen. Es ist jedoch etwas ganz anderes, im Vorfeld über die Bedingungen der Menschenwürde zu entscheiden (nämlich, dass die Bereitschaft, sich für Geld beim Wichsen zu filmen, bedeutet, man habe keine), Situationen zu schaffen, die (einem) beweisen, dass jemand völlig entwürdigt ist und dann über die Erfüllung seiner puritanischen Prognose zu heulen. Kein Wunder, dass man nicht viel über Sierras Subjekte selbst nachdenkt – etwa über die zehn irakischen Eingewanderten, die er auf den Straßen Londons auftat und denen er

»so wenig wie möglich« dafür bezahlte, sich für sein 2004 erschienenes Werk *Polyurethan Sprayed on the Back of 10 Workers* bis zur Unkenntlichkeit mit giftigem Schaum besprühen zu lassen. Ihre Menschenwürde – die der Künstler meiner Meinung nach weder herstellen noch auslöschen kann – bleibt unangetastet.

Was meinen Tanzstudenten betraf, so konnte ich (pädagogisch gesehen) nur hoffen, dass er etwas über eine lange Tradition von Werken herausfand, in denen ein (typischerweise, wenn auch nicht immer, männlicher) Zirkusdirektor einen (typischerweise, wenn auch nicht immer, weiblichen) Körper, aus verschiedensten Gründen und mit unterschiedlichsten Auswirkungen, einem Risiko aussetzt. Ich wollte, dass er über Santiago Sierra Bescheid weiß. Ich wollte, dass er von Yves Kleins *Anthropometries*-Performances aus den frühen 1960er-Jahren erfährt, bei denen ein förmlich gekleideter Klein nackte, mit blauer Farbe beschmierte Frauen dazu anleitete, sich über Papierbögen auf dem Boden zu wälzen, während neben ihnen ein Streichquartett spielte. Ich wollte, dass er von Yoko Onos *Cut Piece* und Abramovićs *Rhythm 0* erfährt, da diese Arbeiten die Tradition des weiblichen Körpers, der von einem männlichen Zirkusdirektor dominiert wird, dekonstruieren, indem sie den Zirkusdirektor verschwinden lassen und die Kunstschaffenden – manchmal mit beängstigendem Risiko – dem überlassen, was wohl als Nächstes passieren könnte.

Ich wollte, dass er von dem Phänomen erfährt, das die Kunsthistorikerin Jane Blocker »Risikotransfer« nennt, bei dem ein Künstler als furchtloser Risikoträger bekannt wird, indem er das Risiko auf sein Umfeld überträgt (Blocker verweist unter anderem auf Richard Serra, dessen gigantische Stahlskulpturen einst den Tod eines ihrer Installateure zur Folge hatten, sowie auf Brock Enright, der sich einen Namen machte, indem er einen Entführungs-/Folterdienst für Menschen eingerichtet hat, die sich über seine Website anmelden können). Wie Blocker in einem wichtigen Aufsatz mit dem Titel »Aestheticizing Risk in Wartime: The SLA to Iraq« (2008) aufzeigt, trifft der Begriff »Risikotransfer« (den sie dem Unternehmenskapitalismus entlehnt) auch auf die derzeitige westliche Methode zu, Kriege zu führen, bei denen das körperliche Risiko auf die Bevölkerung anderer, weit entfernter Länder und die Kosten auf zukünftige Generationen übertragen werden. Beunruhigt über die Art und Weise, wie die Aufwertung des Risikos und die Vorherrschaft des Risikotransfers in der jüngeren und zeitgenössischen Kunstpraxis auf derselben Logik beruhen wie in der politischen Sphäre, fragt sich Blocker schließlich, wie »ein künstlerischer Boykott des Risikos aussehen könnte und ob unsere Weigerung, an diesem Spiel teilzunehmen, auf produktive Weise dazu beitragen würde, seine Regeln zu ändern.«

Auch wollte ich, dass mein Student Mendietas minimalistisches, eindringliches Werk *Body Tracks* (1974) kennenlernt, in dem Mendieta sich mit verschwitzten und mit Tempera und Blut getränkten Armen eine Wand hinunterschleift, um ein schmieriges rotes V zu malen. Und ich wollte, dass er von Carolee Schneemanns ekstatischem »Action Painting« erfährt, wie in *Up To and Including Her Limits* (1976), in dem Schneemann sich selbst an einem Seilgeschirr aufhängt und mit Buntstiften Zeichen auf Papier malt, während sie hinbaumelt und herschwingt. Ich wollte, dass er von Streb erfährt, dessen Interesse am Körper munter die oft ausgeloteten, psychologisierten Pole von Belastbarkeit und Verletzlichkeit ignoriert und sich stattdessen auf das menschliche Tier als widerstandsfähiges Wesen inmitten von Raum und Zeit konzentriert, das Kräften wie Rückstoß, Schwerkraft und Zentrifugaldruck unterworfen ist. Ich wollte, dass er von all diesen und noch weiteren Dingen erfährt, um sein Werk als etwas zu entwerfen, das in einer selbstbewussten Beziehung zu ihnen steht, anstatt ein unbewusstes Echo darzustellen.

Das ist die prototypische Haltung einer Dozentin. Aber natürlich wollen viele junge Kunstschaffende nichts von all diesen Dingen wissen, oder zumindest nicht von ihnen überflutet werden. Und schon gar nicht wollen sie darüber belehrt werden, als ob darin eine Schelte oder eine Warnung läge. Die Menschen müssen ihr eigenes Ding drehen, ihre eigenen Fehler machen, ihre eigenen Psychodramen aufarbeiten, und wenn es sein muss, in ihrer eigenen Zeit und zu ihren eigenen Bedingungen, das Rad neu erfinden. Gut und schön. Vielleicht ist mein Impuls, Kontext zu liefern, zu informieren, zu »helfen«, nur ein Teil dessen, was Rancière »die Logik des verdummenden Pädagogen« nennt, der davon ausgeht, dass das, was der Schüler *lernen* müsse, das sei, was die Schulmeisterin ihm *beibringen* müsse. Allerdings sehe ich das ganz anders. Meistens möchte ich auf dritte Dinge hinweisen – widerspenstige, undurchschaubare, multivalente, nicht besitzbare dritte Dinge –, wenn auch ohne genau zu wissen, was sie zu sagen oder zu lehren haben. Denn wenn es mit dem Kunstschaffen und dem Kunstbetrachten gut läuft, sagt oder lehrt die Kunst eigentlich überhaupt nichts. Die Handlung findet anderswo statt.

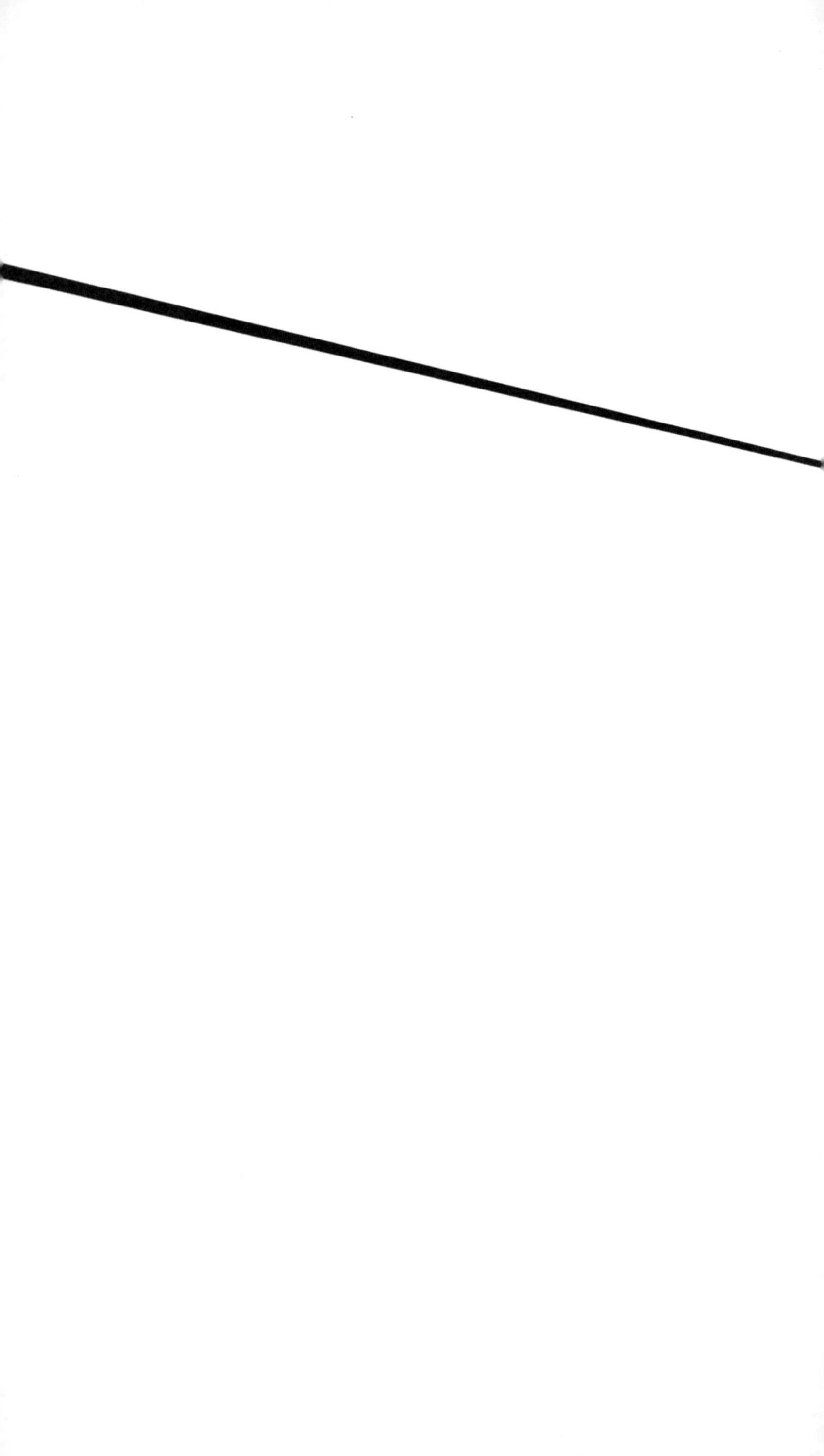

Die Brutalität der Fakten

»Ich wollte immer das, was ich zu sagen habe, so direkt und unverfälscht wie nur möglich herausbringen, und vielleicht fühlen die Leute, wenn etwas sie direkt betrifft, daß das schrecklich ist«, sagte Bacon einmal, um zu erklären, warum manche Leute seine Bilder als »brutal« empfinden und nicht als Manifestation der »Brutalität der Fakten«, denn dies ist es, was er zu erreichen – oder, wenn er erfolgreich war – zu enthüllen versuchte. »Denn wenn man jemandem etwas ganz unverblümt sagt, ist er manchmal beleidigt, auch wenn es tatsächlich so ist. Leute neigen dazu, sich von Tatsachen beleidigt zu fühlen, von dem, was man gewöhnlich die Wahrheit nennt.«

Bacon hat Recht, wenn er behauptet, dass »Tatsachen« heute nicht mehr mit »Wahrheit« gleichzusetzen sind. Im Gegensatz zu Bacon glaube ich jedoch nicht, dass dies zwangsläufig eine schlechte Sache ist. Beunruhigender ist der Zustand der »Tatsachen« in einer Welt, die voll von dem steckt, was der Comedian Stephen Colbert »*truthiness*« nannte, etwa »Wahrheitnis« oder »Wahrheitlichkeit«, womit er meinte: »was ich sage, ist richtig, und nichts, was jemand anderes sagt, kann jemals die Wahrheit sein.« Für Colbert besitzt »*truthiness*« nicht nur einen wahnhaften, sondern auch einen egoistischen Zug: »Es geht nicht nur darum, dass ich *fühle*, es ist wahr, sondern dass *ich* fühle, es ist wahr.« In der Tat ist es ein beinahe schon komödiantisches Phänomen, dass sich die Nachrichtensendungen in den USA immer weiter von den Tatsachen entfernen und in eine parteiische Kloake aus Faktenverdrehung, Beschimpfung und Infotainment abgleiten, während sie sich selbst mit Slogans der Marke »Fakten und nichts als die Fakten« beweihräuchern: Im Jahr 2009 gab es Campbell Browns Slogan »No Bias, No Bull« (etwa »Keine Vorurteile, kein Bullshit«), der bewusst verlogene Slogan »Fair and Balanced« (etwa »fair und ausgewogen«) von Fox News, CNNs jugendlich anmutendes Motto »Just sayin'« (etwa »Ich sag's ja nur«) und so weiter: alle setzen sie, wenn auch auf unaufrichtige Weise, auf das Angebot des »Straight Talk«, das heißt auf den fabrizierten Klang einer Bürgerin (zum Beispiel einer Talk-Radiomoderatorin oder eines Town-Hall-Moderators, und nicht einer informierten Journalistin), die sagt, »wie es ist«.

Ich weiß nicht, wer genau das Gefühl hat, die Wahrheit zu hören, wenn er einer zermürbten Nachrichtensprecherin im Kabelfernsehen dabei zusieht, wie sie aus reinkommenden Tweets vorliest, aber egal – es ist bezeichnend für den vermeintlichen Hunger nach Wahrheit in unserer Zeit, dass er mit einer allgemeinen Ablehnung von oder einem Desinteresse an Fakten einhergeht. Die Ergebnisse können schwindelerregend sein: Man denke etwa an den berüchtigten Ausbruch des Abgeordneten Joe Wilson – »Sie lügen!« – während der Rede von Präsident Obama zum Thema Gesundheitsversorgung vor dem Kongress am 9. September 2009 – eine Rede, in der Obama ausdrücklich darauf abzielte, wie er sagte: »Erfundenes zu widerlegen, das in Umlauf gebracht wurde, um Menschen davon abzuhalten, das zu tun, was ich für eine zentrale ethische und moralische Verpflichtung halte, nämlich dass wir aufeinander aufpassen.«

Das Fact-Checking bewies sehr schnell, dass Wilsons Ausruf »Sie lügen!« technisch gesehen falsch war, doch diejenigen, die auf seiner Seite waren, haben keine Zeit verloren, sofort T-Shirts, Anstecker und Autoaufkleber anfertigen zu lassen, die Wilson als »Wahrheitsverkünder« anpriesen, selbst wenn die Wahrheit, die Wilson möglicherweise gesagt haben soll, im Unklaren blieb. (War es die Wahrheit über seine Wut? Die Wahrheit über seinen Rassismus? Die Wahrheit über die Wut oder den Rassismus anderer, die er in ihrem Namen kanalisierte? Die Wahrheit über Obamas Doppelzüngigkeit, mit der er unseren glorreichen Kapitalismus in einen ruchlosen Sozialismus abgleiten lässt, und das alles unter dem Deckmantel eines rührseligen Gedankens der »gegenseitigen Rücksichtnahme«?) Was auch immer man von einer solchen Logik (oder deren Abwesenheit) halten mag, es ist klar, dass die Distanz zwischen »Fakten« und »Wahrheit« ein akzeptierter, wenn auch verschwommener Gemeinplatz ist.

Diesem Gemeinplatz begegnet man keineswegs nur in den Kabelnachrichten. Philosophen von Platon über Kant bis hin zum zeitgenössischen französischen Philosophen Alain Badiou haben viel Zeit mit dem Versuch verbracht, »Wissen« – eine Kategorie, die vermutlich erkennbare, beweisbare Tatsachen enthält – von »Wahrheit« zu unterscheiden, die das Gegenteil bezeichnen kann (das heißt, spirituelles oder metaphysisches Wissen, das in gewisser Weise ein *Beweis für sich selbst* ist), oder zumindest etwas ganz anderes (siehe Badiou, der sagt, die Wahrheit sei vor allem etwas Neues, und was sich übertrage, was sich wiederhole, würden wir Wissen nennen. Die Unterscheidung zwischen Wahrheit und Wissen sei wesentlich.). Die Theologie ist seit Jahrtausenden davon besessen, und sie argumentiert, dass es eine »Wahrheit« im alltäglichen Sinne gibt und dann eine »Wahrheit-Wahrheit«, und dass es die Pflicht gottesfürchtiger Menschen ist, den Unterschied zu erkennen. Das Streben nach der letzteren kann in der Tat ein willentliches Übersehen oder Verleugnen der ersteren erfordern, wenn lokale Wahrheiten als unbequem oder unvereinbar mit »Wahrheit-Wahrheit« erscheinen.

Die Vorstellung, dass die sichtbare, greifbare oder gegenwärtige Welt nur ein Schatten einer anderen, »wahreren« Welt ist, die anderswo existiert, bildet den Kern des platonischen Universums. Auch liegt sie der biblischen Vorstellung zugrunde, dass wir im Hier und Jetzt alles »wie in einem Spiegel und wie in rätselhaften Bildern« sehen müssen, dass aber am Tag des Jüngsten Gerichts unsere Sicht glasklar werden wird. William Blake drückte es in *Die Hochzeit von Himmel und Hölle* (1793) so aus: »Wenn die Pforten der Wahrnehmung geläutert würden, würde jedes Ding dem Menschen erscheinen, wie es ist, unendlich. Denn der Mensch hat sich selbst eingeschlossen, bis er alle Dinge nur mehr durch schmale Ritzen seiner Höhle sieht.« Blake sagt, der Mensch habe sich »eingeschlossen«; nach einer weniger zugespitzten Diagnose könnte man diese »schmalen Ritzen« auch als unsere zwangsläufig begrenzten Sinne bezeichnen, als die Öffnungen, durch die wir die Welt erfahren und konstruieren müssen, eine Welt, von der wir annehmen, dass sie unabhängig von uns, »da draußen«, existiert.

Im Christentum ist das textuelle Paradigma für diese Form des Sehens die Typologie, die teleologische Praxis, das Alte Testament als eine Reihe von Figuren oder Symbolen zu lesen, die die kommenden Ereignisse des Neuen Testaments vorwegnehmen. Und welch eine Erleichterung: Anstatt herumzustolpern auf einem dahinschwebenden Planeten, der vielleicht (oder vielleicht auch nicht) eine Anomalie im Universum ist und dessen Geschehen von den Launen des Zufalls und des Willens bestimmt wird, haben wir die Fähigkeit, uns unser Leben als Generalprobe für eine vorhergesagte Offenbarung vorzustellen. So gesehen ist die Apokalypse weniger eine Angst als vielmehr ein billiges Ticket aus der Angst heraus. Was würdest du bevorzugen: ein blutiges, klimaktisches Staffelfinale oder die fortlaufende Tragikomödie von undurchschaubaren Leben, unausweichlichen Todesfällen und einem unerklärlichen Universum?

»Wo er auch hinschaut, er sieht nur Extremisten«, sagte der Präsident Venezuelas Hugo Chavez in seiner Rede vor den Vereinten Nationen am 20. September 2006, und bezog sich dabei naturgemäß auf George W. Bush. Chavez sagte weiter: »Und dich – mein Bruder, wenn er dich anschaut und deine Hautfarbe sieht, sagt er: Ach, das ist ein Extremist.« In derselben Rede riet Chavez seinem Publikum, sich nicht täuschen zu lassen – Bush mag im Saal als Mensch erschienen sein, in Wirklichkeit aber sei er der Teufel, dessen schwefeligen Gestank Chavez selbst vom Podium aus riechen konnte. So amüsant Chavez' Rede auch war, konnte ich nicht umhin, auf seine rhetorischen Salti zu achten: Wenn Bush People of Color sieht, die sich seiner Politik widersetzen, so argumentiert Chavez, sieht er sie fälschlicherweise als »extremistisch«; ebenso sind auch wir, wenn wir Bush sehen, getäuscht von einer Art Fata Morgana – die richtige Sichtweise würde nicht einen Menschen, sondern einen Teufel erkennen lassen. Um die Dinge auf diese Weise zu sehen, so wie sie »wirklich sind«, muss man in beiden

Fällen jeweils über das hinausgehen, was man direkt vor Augen hat – man muss über den trügerischen Schein hinaus in eine Realität vordringen, die man sich mit erschreckender Regelmäßigkeit als manichäisch vorstellt.

Lassen wir für den Moment die Frage beiseite, ob diese Art des Sehens – oder auch des *Nicht*-Sehens – einen Zugang zum Reich Gottes bietet, müssen wir doch eingestehen, dass sie historisch gesehen (insbesondere, was die USA betrifft) einige erstaunliche Grausamkeiten hervorgebracht hat. »Dem Puritaner ... war es verwehrt, den Indianer zu SEHEN«, schreibt William Carlos Williams in seinem Text *In the American Grain*. »Sie erkannten den Indianer nicht im Geringsten, außer als ungeformten Puritaner.« Williams war zutiefst empört über dieses Erbe des Puritanismus – seine Tendenz, die sichtbare Welt zu ignorieren, oder schlimmer noch, sie zu *verschlingen*. »Sie sollten Brot für uns sein«, sagte einer der ersten puritanischen Eingewanderten auf amerikanischem Boden, Thomas Hooker, über die Indigene Bevölkerung – das heißt, sie sollten nicht als Menschen, sondern als Sakrament betrachtet werden, das von den Siedlern mit Gottes Segen verzehrt werden dürfe. Dies ist ein erstaunlich effizientes, altbewährtes Rezept, um aus Menschen, deren Anwesenheit auf der Erde von anderen als Unannehmlichkeit empfunden wird, Nutzen zu schöpfen – oder sich ihrer zu entledigen.

Man mag ja urteilen, wie man will. Doch eines ist sicher: Die puritanische Siedlungsbevölkerung war darauf vorbereitet. Noch bevor ihre Schiffe in der Neuen Welt landeten, waren sie darauf geeicht worden, intolerant und uneinsichtig auf alles zu reagieren, was sie vorfinden würden. John Winthrops Predigt »Ein Beispiel christlicher Nächstenliebe« von 1630, in der er den Imperativ formulierte, »ein NEUES ENGLAND« – eine »Stadt auf einem Hügel« – zu gründen, ganz gleich gegen welche Widerstände, dieser Sermon wurde den 700 Siedlerinnen und Siedlern auf dem Schiff (der *Arbella*) mit auf den Weg gegeben, als es über den Atlantik wippte. Als die Gruppe ankam, waren die meisten von ihnen erkrankt, wurden belagert und steckten voller Angst. William Bradford, der puritanische Gouverneur von Massachusetts, beschrieb ihren Zustand bei ihrer Ankunft in Plymouth 1620 wie folgt: »Was bot sich ihren Augen anderes, als eine hässliche und trostlose Wildnis, voller wilder Tiere und wilder Menschen – und wie groß die gemeine Horde war, wussten sie nicht ... Wohin auch immer sie ihre Blicke lenkten (außer zum Himmel), konnte sich kaum Trost oder Zufriedenheit einstellen ob eines der äußeren Dinge.«

Wenn sie ihre Augen dann auf »äußere Dinge« richteten, bestand ihre Aufgabe darin, diese Dinge so schnell und überzeugend als irgend möglich in Gleichnisse zu verwandeln, die ihre erschreckende Mission rechtfertigen könnten. Man schaue sich nur einmal Winthrops Bericht über ein Scharmützel zwischen einer Maus und einer Schlange an, den er am 5. Juli 1632 in seinem Tagebuch festhielt: »In Watertown kam es (vor den Augen mannigfacher Zeugen) zu einem großen Kampf zwischen einer Maus und einer Schlange; und nach langem Ringen siegte die Maus und streckte die Schlange nieder. Dem Pfarrer von Boston, Mr Wilson, einem sehr aufrichtigen, heiligen Mann, wurde von diesem Geschehnis berichtet, und er nannte die folgende Deutung: Die Schlange sei ein Teufel, die Maus ein armes, verachtetes Volk, das Gott hierhergebracht habe, auf dass es hier Satan besiegen und ihn seines Reiches berauben solle.« Das Ganze hätte mehr Komik und weniger Grausamkeit, wenn es dem »armen, verachteten Volk« nicht gelungen wäre, Satan (das heißt, die Indigene Bevölkerung Amerikas) seines Reiches zu berauben, und wenn die heutigen Menschen der USA nicht dessen lebende Erben wären.

»Es gibt einen ›Puritanismus‹, von dem man gewiss reden hört, dessen Gestank ringsum man jedoch noch nicht vernommen hat«, schrieb Williams drei Jahrhunderte später aus Neuengland. »Es ist eine grässliche Sache, eine Art Meerjungfrau mit einer Leiche als Schwanz. Oder es bleibt nichts als ein übler Gestank im Raum. Dieses DING – fremd, unmenschlich, mächtig – ist wie ein Relikt eines ausgestorbenen Stammes, dessen Praktiken abscheulich waren. ... Ich möchte dieses DING an seinem eigenen Schwanz herausziehen, um es zu vernichten.« Manchmal wirkt es, als könne man eine derartige Vernichtung als einen direkten, unbarmherzigen Schlag des Mitgefühls verstehen.

*

In der Welt des Verlagswesens schaffte es die Kluft zwischen »Fakten« und »Wahrheit« erst vor kurzem in die Hauptsendezeit, und zwar durch die Kontroverse um James Freys Memoir *A Million Little Pieces* aus dem Jahr 2003. Die Enthüllung, dass Frey Aspekte seiner Geschichte frei erfunden hatte, veranlasste die Literaturkritikerin der *New York Times*, Michiko Kakutani, zu einem unwirschen, krampfhaften Artikel mit dem Titel »Wie man die Wahrheit auf eine Million kleine Weisen verzerrt« (17. Januar 2006). In ihrem Artikel behandelt Kakutani die Frey-Affäre nicht als einen Fall, in dem ein Individuum aus dramaturgischen, gewinnsüchtigen und/oder psychologischen Gründen Tatsachen seines Lebens frei verzerrte, sondern als ein Referendum darüber, »wie viel Wert die zeitgenössische Kultur der Wahrheit beimisst.« An keiner Stelle ihrer Rezension definiert sie »die Wahrheit« und sieht sie stattdessen als Selbstverständlichkeit an – *Wenn du fragen musst, was Wahrheit ist, ist deine Seele längst verloren* –, und sie wirft allerhand angeblich bösartige kulturelle und politische Phänomene unter der angeblich bösartigsten aller Rubriken in einen einzigen Topf: unsere »relativistische Kultur«, die laut Kakutani alles Mögliche hervorgebracht hat, vom Reality-TV über Wissenschaften, die »argumentieren, dass die Geschichte davon abhängt, wer sie schreibt«, über die gefährlichen Lügen der Bush-Regierung, bis hin zu dem literarischen Genre, das derzeit unter dem Namen »creative nonfiction« firmiert.

Für Platon war es die Praxis der Mimesis oder der Repräsentation selbst, die für diese Wegbewegung von der Wahrheit verantwortlich war – in diesem Fall wäre die »creative nonfiction« (etwa die Werke von Thukydides) ebenso wenig schuldig wie die Fiktion (etwa die Werke von Euripides). Tatsächlich trägt im *Phaidros* die Schriftsprache selbst an dieser Wegbewegung Schuld und muss daher ebenfalls aufgegeben werden. Für den protestantischen Theologen Johannes Calvin war das Problem zweitausend Jahre später sogar noch schwieriger auszutreiben, da Calvin (zu Recht, wie es scheint) den menschlichen Geist selbst als eine »ewige Götzenschmiede« ansah. Wie der Wissenschaftler Thomas Luxon schrieb, bringt diese Diagnose das protestantische Christentum in eine brenzlige Lage, da sein »absoluter Erfolg nur dann garantiert ist, wenn ›diese ewige Götzenschmiede‹, die als ›der menschliche Geist‹ bekannt ist, endlich zerstört ist oder als das Nichts entlarvt wird, das alle Götzen immer schon gewesen sein müssen.« (Dies ist, wie Luxon hinzufügt, »noch nicht eingetreten.«) Für Kakutani ist der Schuldige der inzwischen zu Genüge gebeutelte Buhmann namens Relativismus und sein Gefolge »modisch nihilistischer« postmoderner Pusher, die »ein Klima geschaffen haben, in dem Begriffe wie ›Glaubwürdigkeit‹ und ›Wahrnehmung‹ die früheren Ideen von ›objektiver Wahrheit‹ ersetzen.«

Argumente dieser Art hatten auch ein langes (wenngleich unzeitgemäßes) Gastspiel bei der Anhörung von Sonia Sotomayor zur Ernennung als Richterin am Obersten Gerichtshof im Jahr 2009, bei der eine Reihe (*weißer*, männlicher) republikanischer Senatoren Sotomayor wegen ihrer Selbstbezeichnung als »weise Latina« die Leviten lasen. In den Augen der Senatoren war diese Selbstbezeichnung nichts anderes als die Schwelle zur Tür in eine »schöne neue Welt« (wie Senator Jeff Sessions es ausdrückte), die durch einen »Amoklauf des Relativismus« (Senator John Kyl) gekennzeichnet sei. In dieser »schönen neuen Welt« war, wie Sessions in seiner Eröffnungsrede darlegte, der »feste Glaube an ein geordnetes Universum und an eine objektive Wahrheit« durch Sotomayors anarchische Art umgestürzt worden, da sie die Vorstellung akzeptierte – ja, sogar zelebrierte –, dass Geschlecht und ethnische Zugehörigkeit eine (ganz gleich wie undurchschaubare) Rolle dabei spielen könnten, was für eine Art von Richterin oder Richter sie oder irgendjemand anderes sei. »Ich lehne eine solche Ansicht ab, und die Amerikaner lehnen eine solche Ansicht ab«, erklärte Sessions im Namen von uns allen.

Zum Mitschreiben: Ich glaube, dass James Frey unehrlich war; ich glaube auch, dass Sotomayor eine Relativistin ist (was mir – wie Sotomayor selbst eloquent erklärte – eher eine Bedingung für die Möglichkeit juristischer Urteile als ein Hindernis dafür zu sein scheint). Solange aber Leute wie Kakutani »Fakten« und »Wahrheit« als austauschbare Begriffe verwenden, die keiner Definition oder Klärung bedürfen, und solange sie weiterhin die Unterschiede zwischen Unehrlichkeit und Relativismus oder zwischen politischen Lügen, die uns in einen ungerechten Krieg führen, und, sagen wir, der Kunst des kreativen Sachbuchs verschmieren, wird sich vermutlich keine gedankliche Klarheit einstellen.

Viele Kunstschaffende haben sich auf diese Debatte gestürzt und sich die Arme ausgerissen, um ihren eigenen Wahrheitsfetisch zu untermauern. Ausgestattet mit dem Emily-Dickinson-Mantra »Sag Wahrheit ganz, doch sag sie schräg«, argumentieren sie, dass ihr Beruf einen besseren, tieferen Zugang zur Wahrheit biete, wenn auch durch Hinter- und Seitentüren. »Wir alle wissen, dass Kunst nicht die Wahrheit ist. Kunst ist eine Lüge, die uns die Wahrheit erkennen lässt«, meinte Picasso. Oder, wie es die Dichterin Anne Sexton ausdrückte: »[Die Wahrheit ist] das, was ich suche, wenn ich an einem Gedicht arbeite. ... Vielleicht ist sie eine Art poetische Wahrheit, und nicht nur eine faktische, denn hinter allem, was einem widerfährt, gibt es eine andere Wahrheit, ein geheimes Leben.«

Wenn es um Kunst geht, kann ich persönlich den Nutzen dieser Aussagen nicht erkennen, ebenso wenig wie die damit verbundenen, oberflächlich umgekehrten Behauptungen, dass die Kunstschaffenden einer Kultur aus irgendeinem Grund die »Hohepriester der Wahrheit« sind. Ich will damit nicht sagen, dass man nicht auf *etwas* hinarbeitet, während man an einem Kunstwerk arbeitet, etwas, das man »Wahrheit« nennen könnte (obwohl man es auch »pragmatischer Lösungsversuch«, »kreative Anstrengung«, »ästhetische Lösung« oder etwas dergleichen nennen könnte). Tritt man allerdings an Kunstwerke und Literatur mit der Hoffnung heran, dass sie ein Referendum über die Wahrheit abhalten oder Zugang zur Wahrheit-Wahrheit verschaffen, dann baut man sein Gedankengebäude auf äußerst sandigem Boden. Ein Kunstwerk mag uns wenig über die faktische Wahrheit oder über die Wahrheit-Wahrheit erzählen, doch das ist noch lange kein Grund, es zu verbannen oder herabzuwürdigen. Solange wir Kunstschaffende als schöne Lügnerinnen oder als Wahrheitsverkünder der Welt preisen, bleiben wir in einem moralistischen Paradigma gefangen, das nicht einmal ansatzweise in die aufregendsten Provinzen der Kunst vordringt.

Da die Kunst aus einer Vielzahl von Quellen schöpft, kann sie nicht umhin, mehrere Wahrheiten in sich zu verschmelzen. Für Moralistinnen, die auf der Suche nach einem »geordneten Universum und einer objektiven Wahrheit« sind, mag ein solches Angebot nichts als einen Widerspruch in sich selbst darstellen. Schlimmer noch, aufgrund ihres episodischen Charakters bietet die Kunst den flüchtigen *Eindruck* von Wahrheit, jedoch ohne das Versprechen abzulegen, dass die enthüllte Wahrheit eine dauerhafte Kraft besitzt. Denn wie mächtig eine bestimmte künstlerische Wahrheit auch erscheinen mag, im nächsten Augenblick, in der nächsten Folge, im nächsten Bild, in der nächsten Zeile, im nächsten Kapitel, auf der nächsten Leinwand kann uns schon eine neue, widersprüchliche oder zumindest angedeutete Wahrheit begegnen.

Die Lyrik ist in dieser Hinsicht ein besonders heikler Fall, da sie Aphorismen enthält, die auf den ersten Blick wie Lebensweisheiten daherkommen können. Nehmen wir etwa die schöne Zeile von Williams aus seinem Gedicht »Die Efeukrone«: »Die Sache der Liebe / ist Grausamkeit, *welche* / wir durch unseren Willen / verwandeln, / um miteinander zu leben.« Wie die meisten Gedichte, die von einem genauen Gehör geschaffen werden, überzeugt diese Zeile unmittelbar und ohne eines weiteren Arguments zu bedürfen. Das ist es, was poetische Wahrheiten tun: Sie wehen mit dem heißen Gefühl der Wahrheit herein. Man kann die Zeile anschließend isoliert hervornehmen, um sie bei einem Ereignis (einer Hochzeit, einer Beerdigung, einer Einweihung und so weiter) sinnstiftend und zur Feier des Tages vorzutragen. Alle nicken zustimmend, sind berührt davon, wie passend, wie weise die Worte wirken. Dann macht man weiter, die Veranstaltung geht weiter, das Leben geht weiter. Man blättert die Seite um.

Zum Beispiel hätte ich beinahe Williams' Satz diesem Buch als Motto vorangestellt, einfach seines guten Klanges wegen. Doch da ich nie genau herausfinden konnte, was er bedeutet, und nie endgültig entscheiden konnte, ob eine Wahrheit in seinen Worten liegt, an die ich glaube, konnte ich mich nicht dazu durchringen. Enthielt das Zitat eine große Weisheit, oder zog es seine Kraft einfach aus der Art von ästhetischer Logik, die unter anderem Brecht auf eindringliche und oft überzeugende Art verurteilt hat? »Vermittels der künstlerischen Suggestion, die sie auszuüben weiß, gibt sie den ungereimtesten Behauptungen über menschliche Beziehungen den Anschein der Wahrheit«, schrieb Brecht. »Sie macht ihre Darstellungen um so unkontrollierbarer, je mächtiger sie ist.«

Mit anderen Worten: In der Kunst ist Wahrheit nur ein Gefühl. Ein umhertingelndes Gefühl. »*Feelings are facts*«, sagt ein Sprichwort im Englischen, Gefühle sind Fakten; einige haben mir dies als klugen therapeutischen Ratschlag mitgegeben, andere sehen darin die wesentliche Überzeugung von Psychopathen.

Tatsache ist, dass Williams das Geschäft der Liebe nicht immer (oder auch nur meistens) als Grausamkeit dargestellt hätte. Williams war ein großer Liebeslyriker, dessen berühmtestes Liebesgedicht, »Asphodel, jene grüne Blume«, die Liebe einen »Garten, der sich ausdehnt« nennt und seiner Frau zuschreibt, dass sie ihm »eine dankbare Liebe, / eine Liebe zur Natur, zu den Menschen, / zu den Tieren, / eine Liebe, die / Sanftmut und Güte hervorbringt«, gezeigt hat. Ich muss gestehen, dass ich dieses Gedicht noch nie lesen konnte, ohne dass mir die Tränen kamen. Es ist wirklich wunderschön. Die Lyrikerin Joanna Fuhrman war derselben Meinung, bis eine Freundin ihr sagte: »Ja, Williams hat seiner Frau ein paar schöne Gedichte geschrieben, / aber er hat sie die ganze Zeit betrogen. Alle wussten davon.« Leider: Das Geschäft der Liebe ist vielleicht nicht grausam, doch ganz gewiss ist es komplex.

Wie die meisten Kunstschaffenden, denen Grausamkeit vorgeworfen wird oder die beschuldigt werden, Grausamkeit als Mittel für einen positiven Zweck einzusetzen, hat die Fotografin Diane Arbus immer bezeugt, dass sie der sogenannten Brutalität der Fakten mehr Glauben schenkt als der Grausamkeit oder dem Mitgefühl. »Ich will damit nicht sagen, dass alle Fotos gemein sein müssen«, sagte Arbus einmal. »Gelegentlich zeigen sie etwas auf schönere Art als das, was man empfunden hat, oder auf seltsam andere Art. Aber in gewisser Weise hat dieser scharfe Blick damit zu tun, dass man den Fakten nicht ausweicht, nicht davor zurückweicht, wie etwas wirklich aussieht.«

Es überrascht nicht, dass sich Arbus-Fans um diese Behauptung scharen und die Ausflüge der Fotografin in verschiedenste Subkulturen (FKK-Kolonien, Zirkuslandschaften, die Welt der Sexarbeiterinnen, Heime für behinderte Erwachsene und so weiter) als die einer furchtlosen und mitfühlenden Abtrünnigen darstellen. Ihre Gegnerinnen und Gegner haben Arbus einen »ausbeuterischen Narzissmus« vorgeworfen und sie bezichtigt, sich in Gemeinschaften einzuschleusen, denen sie nicht angehörte, um provokative Porträts zu erhaschen, die den Porträtierten gegenüber grundsätzlich übelgesinnt sind. (Diese Dyade aus furchtloser Abtrünnigkeit und narzisstischer Ausbeutung hat auch Sylvia Plath verfolgt, was ein Grund dafür ist, dass Arbus manchmal als »die Sylvia Plath der Fotografie« bezeichnet wird; ihr Selbstmord ist ein weiterer

Grund. Bloß damit wir nicht vergessen, dass es etwas *Schlimmes* ist, als die Sylvia Plath von irgendetwas bezeichnet zu werden.) In dieser Schwarz-Weiß-Version der Ereignisse sind Arbus' Streifzüge auf die »dunkle Seite« entweder eine Aufzeichnung abenteuerlichen Mitgefühls oder eine ausgedehnte Fingerübung in gefühlloser, zynischer Kälte.

Sontag war bekanntlich der Meinung, dass Letzteres der Fall sei – in ihrem Buch *Über Fotografie* von 1977 geht sie hart ins Gericht mit Arbus und kritisiert die Fotografin für ihren Fokus »auf die Opfer, auf die Unglücklichen – aber ohne die menschenfreundliche Absicht, die man gewöhnlich von einem solchen Unternehmen erwartet.« Im Nachhinein scheint es offensichtlich, dass das Problem eher an Sontags Maßstäben als an Arbus' angeblicher Grausamkeit liegt. Der Wandel der Zeiten hat Sontags Einschätzung nicht gutgetan, denn zu den sogenannten Opfern und Unglücklichen, die Arbus festgehalten hat und mit denen wir laut Sontag Mitleid haben sollten – die, wie Sonntag annimmt, schrecklichen Schmerz erleiden müssen –, gehören auch Drag Queens, Dykes, Sexarbeiterinnen, Schausteller, gemischt-ethnische Paare und Menschen, für die man heute nicht mehr automatisch primär Mitleid empfinden muss. Sontag schimpft auch darüber, dass Arbus nicht an »ethischem Journalismus« interessiert sei. Doch wer hat je behauptet, dies sei ihr Ziel gewesen? Ethischer Journalismus war wahrscheinlich das Letzte, woran Arbus dachte, als sie umherzog und Fotos von ihren Freaks machte. Auch scheute sie es nicht, zuzugeben, dass in ihr sowohl Grausamkeit als auch Mitgefühl herrschten. »Und dann habe ich ihn fotografiert, was wirklich kalt von mir war,« schrieb sie über ihren Besuch bei ihrem Vater auf dem Sterbebett. »Aber ich nehme an, dass etwas Kaltes in mir ist.«

Die Kritik, die Arbus gewogen ist, hat Überstunden gemacht, um sie von dieser Kälte freizusprechen, indem Kälte zu Ehrlichkeit umgemünzt wurde. »Arbus wusste, dass Ehrlichkeit weder eine Gabe ist, die sich durch angeborene Naivität ergibt, noch eine Frage des Stils, der Politik oder der Philosophie«, schrieb einer in einem

Essay des Katalogs zu ihrer Retrospektive *Revelations* (2003). »Sie wusste vielmehr, dass Tapferkeit im Angesicht der Wahrheit mit Ehrlichkeit belohnt wird.« Doch von welcher Wahrheit spricht dieser Kritiker wohl? Von der Wahrheit, dass Freaks freakig aussehen? Dass man jeden Menschen wie einen Freak aussehen lassen kann? Und seit wann ist Ehrlichkeit ein Preis und keine Praxis?

Unabhängig von Arbus' erklärter Absicht liegt die Faszination ihres Werks für mich weniger in ihrer Fähigkeit, festzuhalten, »wie etwas wirklich aussieht«, als vielmehr in der Fähigkeit, aufzuzeigen, wie sich dieses »etwas« mit jeder Ablichtung verändert – wie viele widersprüchliche Wahrheiten in einem einzelnen Bild, einem Moment oder einer Person stecken können. Die Menschen auf Arbus' Bildern blicken in der Regel direkt in die Kamera, doch ich kenne keine andere Fotografin, die so viel Aufmerksamkeit auf die beunruhigende Spaltung lenkt, die zwischen zwei Augen in einem Blick herrschen kann (oder zwischen zwei vermeintlich identischen Motiven, wie Zwillingen, oder zwischen zwei Hälften eines Liebespaares oder sogar zwischen zwei Seiten eines Raumes). Ein Auge eines Arbus-Subjekts überbringt vielleicht die gute Botschaft der Kameradschaft, während das andere die schlechte Botschaft von menschlicher Isolation und Bedauernswürdigkeit verkündet. Darauf zu bestehen, dass das eine das andere aufhebt, oder den Untersuchungen Arbus' vorzuwerfen, sie entsprächen nicht den Anforderungen des »ethischen Journalismus«, heißt, die beunruhigende Spaltung ihrer Vision zu übersehen. »Ich bin wie jemand, die wegen eines leichten Sehfehlers eine hervorragende Brille bekommt und sie dann mit Vaseline beschmiert, damit es so scheint, als könnte ich normal sehen«, erklärte Arbus einmal, als sie eine ihrer späten Techniken beschrieb, die von Unschärfe geprägt war. »Es scheint unvernünftig, aber irgendwie halte ich es für richtig.«

Die Künstlerin, die sich beherzt der (unbequemen, brutalen, hart erkämpften, gefährlichen, anstößigen) Wahrheit stellt, der Künstler, der sich weigert, »den Tatsachen auszuweichen«, oder es erträgt, »wie die Welt wirklich aussieht« – was wäre denn heroischer als das? Die Kritik liebt die Rhetorik von Künstlerinnen wie Arbus und Künstlern wie Bacon, weil sie das Gefühl verstärken, Kunst und Kunstschaffende seien in der Lage, den Schleier herunterzureißen und uns endlich zu zeigen, wie unsere Welt »wirklich aussieht«, wie *wir* wirklich sind. Ich will weder diese Kunstschaffenden (die ich bewundere) noch die Praxis der Wahrheitsfindung (die ich anstrebe) herabwürdigen, wenn ich sage, dass ich nicht glaube, die beiden tun irgendetwas dieser Art. Bacon zeigt uns Bacon-Figuren, Arbus zeigt uns Arbus-Figuren. Was nicht heißen soll, dass Bacons Gemälde uns nicht eine ganze Menge über das menschliche Tier erzählen, vor allem, wenn es in Anfällen von Verzweiflung oder Gemetzel gefangen ist, oder dass Arbus' Fotos nicht einiges über das menschliche Tier in seiner Verrücktheit, Einsamkeit, Absurdität oder abstrusen Ekstase aussagen. All dies vermitteln ihre Werke sehr wohl, doch sind sie gleichzeitig Produkte ihrer notorisch begrenzten Sicht auf die Welt. Es ist absolut nichts Ungewöhnliches an diesem Paradox, es sei denn, man erwartet von der Kunst, dass sie einem sagt, »wie die Dinge wirklich sind«, anstatt einem sonderbare, vergängliche und manchmal unerwünschte Botschaften zu überbringen darüber, was es heißt, ein anderer Mensch zu sein.

In manchen Augenblicken wirkt diese Botschaft vertraut. »In jedem Werk des Genius erkennen wir unsere eigenen zurückgestoßenen Gedanken wieder: sie kommen zurück zu uns mit einer gewissen entfremdeten Majestät«, schrieb Emerson und schaffte so eine denkwürdige Formulierung für das große, überraschende Vergnügen, das wir empfinden, wenn ein Kunstwerk uns unsere eigenen Gedanken und Gefühle widerspiegelt oder wiedergibt, ganz gleich wie schemenhaft. In anderen Augenblicken wiederum ist die Nachricht eher fremd als majestätisch, was zu der ständigen Klage von Studierenden führt: »Ich hab' dazu einfach keine Beziehung.« Ich meine, wir würden uns nicht schaden, eine Offenheit für letzteres wie für ersteres Gefühl zu entwickeln. Wenn wir Glück haben, kann sich diese Offenheit schließlich zu einem Hunger auswachsen.

*

Unsere Worte haben Gewicht: Diese Idee stammt von J. L. Austin, dem britischen Philosophen, dessen berühmte Vorlesungen *Zur Theorie der Sprechakte* (1962) sich auf etwas konzentrieren, das Austin »performative Äußerungen« nannte. Dabei handelt es sich um Momente, in denen Worte selbst als Taten fungieren: *Ich heirate dich*, *Ich taufe dich hiermit*, *Ich fordere dich heraus*, *Ich erkläre den Krieg* und so weiter. Ob eine performative Äußerung erfolgreich (oder mit Austins Worten »gelungen«) ist oder nicht, hängt, wie er erklärt, von dem Kontext ab, in dem sie gemacht wird. Eine Hochzeitszeremonie, die von jemandem durchgeführt wird, der dazu nicht befugt ist, führt zu einer »Fehlzündung«; ein Versprechen, das von jemandem gegeben wird, der nicht die Absicht hat, es zu halten, stellt einen »Missbrauch« dar und so weiter. Die möglichen Unglücksfälle sind vielfältig – einige betreffen politische Fragen über die gesellschaftliche Autorisierung (in welchem Rahmen kann das Eheversprechen von homosexuellen Paaren als erfolgreich bezeichnet werden? Welche Art von Handlung ist eine öffentliche Entschuldigung wirklich – etwa die Entschuldigung der australischen Regierung von 2008 gegenüber ihrer Indigenen Bevölkerung?), während andere eher persönlich gebrochenen Versprechen ähneln (»Aber du hast geschworen, mich zu lieben und mich nie zu verlassen!«).

Am wichtigsten für unsere Zwecke ist allerdings der eine Kontext, den Austin vollständig ausschließen will: der künstlerische. Er schreibt: »In einer *ganz besonderen Weise* sind performative Äußerungen unernst oder nichtig, wenn ein Schauspieler sie auf der Bühne tut oder wenn sie in einem Gedicht vorkommen oder wenn jemand sie zu sich selbst sagt. Jede Äußerung kann diesen Szenenwechsel in gleicher Weise erleben. Unter solchen Umständen wird die Sprache auf ganz bestimmte, dabei verständliche und durchschaubare Weise unernst gebraucht, und zwar wird der gewöhnliche Gebrauch parasitär ausgenutzt. Das gehört zur Lehre von der *Auszehrung [etiolation]* der Sprache.« Viele Lesende Austins – allen voran Jacques Derrida – waren fasziniert und inspiriert von dieser Vorstellung von Sprache als Parasit, dieser Lehre von der sprachlichen Ätiologie. Denn während Austin die künstlerische Äußerung ins Land des unernsten Spiels verbannen wollte (eine Unmöglichkeit, wie Derrida meint), werden die Dinge im Reich des Perversen oder des explizit Performativen ja gerade erst interessant.

Denn hier gerät die Frage »Ist es wahr?« aus dem Blickfeld, und andere Fragen werden deutlich, etwa: »Funktioniert es? Welche neuen Gedanken erreicht man damit? Welche neuen Emotionen fühlt man damit? Welche neuen Empfindungen oder Wahrnehmungen löst es im Körper aus?« (Dies sind nicht zufällig die Fragen, die Brian Massumi, der englische Übersetzer von Gilles Deleuze und Felix Guattaris Werk *Tausend Plateaus*, als die relevantesten für das wilde philosophische Unterfangen seiner Autoren vorbringt).

Mich fesseln diese Fragen. Doch das sehen nicht alle so. Tatsächlich haben manche – etwa der Dichter T. S. Eliot – die Betonung neuer Gedanken, neuer Gefühle, neuer Empfindungen und neuer Wahrnehmungen als völlig fehlgeleitet erachtet. In seinem berühmten Essay »Tradition und individuelle Begabung« (1919) vertritt Eliot die Ansicht, es sei ein »Grundfehler [...], nach unbedingt neuen menschlichen Gefühlen zu fahnden, um ihnen Ausdruck zu verleihen« und dass man bei einer solchen Suche nach Neuheit lediglich auf »das Abwegige« stoße. All jene unter uns, die spüren, dass im Reich des Abwegigen oder Perversen mehr menschliche Hoffnung und Belebung zu finden ist als in Traditionen, die sich als langweilig, restriktiv, phantasielos, unanwendbar oder ungerecht erwiesen haben, sehen in Eliots Warnung jedoch natürlich eher einen Ansporn als eine Entmutigung.

»Wer sich selbst nicht kennen *will*, der schreibt eine Art Betrug«, schrieb Ludwig Wittgenstein. Ich stimme ihm zu. Doch was sind wir?

Schließlich kann eine Autorin sowohl sich selbst als auch ihre Lesenden belügen und trotzdem sich selbst und die ganze Welt von ihrer brutalen Ehrlichkeit überzeugen. Ich habe zum Beispiel viele Schreibende von Memoirs gehört, die mit dem Grundsatz um sich werfen, dass »man in seinem Werk alles über andere Menschen sagen kann, solange man sich selbst genauso schlecht darstellt« – der Fehlschluss »Grausamkeit gegen sich selbst verhindert Grausamkeit gegen andere.« Ich habe diese Gleichung schon bei Vorlesungen, auf Podien, Cocktailpartys, in Interviews und in Seminarräumen gehört. Häufig wird sie als Geheimlösung für das letztlich unlösbare ethische Chaos des autobiografischen Schreibens angepriesen.

Ich persönlich halte die Gleichung für einen Schwindel, eine Schikane, deren Wurzeln fest im Narzissmus verankert sind. Schreiben kann Menschen verletzen; Selbstentblößung oder Selbstgeißelung bieten keine Versicherung gegen den Schmerz. Und auch wenn ich nicht glaube, dass alles autobiografische Schreiben im Grunde eine Form des Verrats darstellt, was ich ebenfalls häufig gehört habe, so fühlt sich meiner Erfahrung nach doch fast immer irgendjemand verraten. Das Werk muss nicht »brutal« sein, damit es dazu kommt – alles, was es beinhalten muss, ist die Aufzeichnung des Bewusstseins einer Person und die subjektive Interpretation von Ereignissen, an denen andere beteiligt waren, und das Schreiben kann nicht anders, als exakt dies darzustellen. Wenn es versucht, für andere zu sprechen, kann das Gefühl des Verrats noch gesteigert sein. Hinzu kommt, dass die Veröffentlichung eines Buches nur selten mit der Zeit zusammenfällt, in der es geschrieben wurde (und damit auch mit dem Ich, das es geschrieben hat) – eine Situation, die eine gewisse zeitliche Dissonanz hervorrufen kann, in der vergangene Gefühle in der Gegenwart einen unangenehmen Auftritt haben, oft unter stark veränderten Umständen. Diese zeitliche Dissonanz –

die allen Schreibenden bekannt ist – kann bei gegenwärtigen Angehörigen verständlicherweise ein quälendes Unbehagen auslösen. Es gibt keine Impfung gegen diesen Schmerz, es gibt lediglich instabile Kompromisse, Verhandlungen. Wenn man Glück hat, liefern solche Dissonanzen einen Einblick in die Art und Weise, in der das Schreiben wie ein Seismograph der Gefühle fungiert, wie eine klare Kartierung des Geschehenen, nicht aber als Zeugnis unveränderlicher emotionaler Wahrheiten oder Wünsche.

Schreiben, besonders autobiografisches Schreiben, ist mitunter ein Treibhaus der Selbsttäuschungen, jedoch besitzt es auch die unheimliche Fähigkeit, Selbsttäuschungen mit der fürchterlichen Genauigkeit einer Operation zu entlarven. Am erschütterndsten ist es vielleicht für Schreibende und Lesende gleichermaßen, wenn beide dieser Funktionen gleichzeitig zu agieren scheinen. Das ist keine Seltenheit. Es könnte eine von vielen Beschreibungen des »Schreibprozesses« sein. Auch ist es eine gute Beschreibung für das besonders ausgeprägte Schwanken zwischen Einsicht und Selbsttäuschung, das Sucht-Denken charakterisiert und das wahrscheinlich der Grund ist, warum es James Freys Suffmonolog wie auch ähnliche Texte strähnt.

Unter den mir bekannten Schreibenden ist niemand, der dieses Schwanken so überzeugend dramatisiert wie der schottische Schriftsteller Alexander Trocchi, insbesondere in seinem 1960 erschienenen Bestseller *Kains Buch*, ein autobiografischer, tagebuchartiger Bericht über einen Junkie, der auf einem Kahn in und um New York City lebt. In seinem Vorwort zur Neuauflage von 1992 schreibt der Kritiker Greil Marcus: »Trocchis Leben war ein billiger Triumph. *Kains Buch*, das im Laufe von sieben Jahren geschrieben wurde, ist nicht billig. Es ist grausam.« Marcus argumentiert, dass trotz der Versuche wohlmeinender Lesender, *Kains Buch* vor sich selbst zu retten, »man keine gesellschaftlich nützlichen Gefühle ableiten kann aus Zeilen wie ›Sie würde dir den Fix aus dem Arsch saugen.‹« Das ist wahr. Wenn die Grausamkeit Trocchis jedoch lediglich eine Wiederholung der Amoralität und des Nihilismus eines Junkie-Universums wäre, wäre es langweilig. Trocchis Grausamkeit ist von einer metaphysischeren Sorte: Es ist die Grausamkeit, sich selbst und den Lesenden durch zahllose Passagen voll fesselnden philosophischen Grübelns sowie fesselnder psychologischer Einsicht zu führen, nur um uns dann sofort wieder auf böse, tierische Bedürfnisse – zu konsumieren, zu ficken, zu fliehen, zu vergessen – zurückzuwerfen, die stets bereit sind, Geist und Herz auszuschalten.

Ebenso wäre Trocchis Toben nicht interessant oder gar grausam, wenn es bloßes Toben wäre. So düster der geistige Strudel von Trocchis drogensüchtigem Erzähler auch sein mag, ist er auch von enormer Klarheit durchzogen. Drogen vermitteln ihm den Eindruck, dass er die Dinge endlich so sieht, »wie sie sind«, ob diese Einsicht aber Erleuchtung oder Wahn ist, lässt sich nicht entscheiden: Sie ist beides, und sie ist beides nicht. Das ist der unerbittliche, grausame Kampf, wenn man einer Droge verfallen ist – vor allem einer, die den Schmerz lindert, während sie ihn gleichzeitig verursacht.

Trocchis Erzähler denkt zum Beispiel nach über den »illusorische[n] Sinn für Adäquates, der in einem Menschen durch die Droge geweckt wird. Illusorisch? Kann ein … ›Datum‹ falsch sein? Inadäquat? Im Verhältnis zu was? Zu Fakten? Welchen Fakten? Marxistischen Fakten? Freudschen Fakten? Mendelschen Fakten? Mehr und mehr sah ich mich gezwungen, solchen Fakten den Abschied zu geben, einfach in Unentschiedenheit zu existieren, aufzugeben (wenn man so will) und mich dem Begreifen nackt auszuliefern.« Das klingt verdienstvoll; wir sind bei ihm. Auch wir sind bereit, wie Adam und Eva zu leben, verwildert und großäugig im Paradies. Doch schon im nächsten Atemzug gibt er zu: »Es ist nicht möglich, sich völlig nackt dem Begreifen auszuliefern. Während des letzten Jahres ist es mir schwergefallen, ohne Schnitt, Hengst, Heroin auch nur annähernd Haltung zu bewahren.« Mit anderen Worten, der süchtige Mensch, ähnlich dem kunstschaffenden Menschen, wendet Künstlichkeit an, um Künstlichkeit von Künstlichkeit zu befreien. Der Strudel packt eine weitere Gliedmaße.

Am Ende zerschneidet der süchtige Erzähler von *Kains Buch* nicht so sehr die Schleier seiner Selbsttäuschung, nein, er gibt eher den Kampf auf. »Nur daß ich am Ende noch immer hier sitze und schreibe, mit dem Gefühl, daß ich noch nicht einmal begonnen habe zu sagen, was ich meine, anscheinend noch nicht geisteskrank, und mit dem Gefühl meiner Freiheit und Verantwortlichkeit, wie bisher mehr oder weniger abgeschnitten, mit der Absicht, sobald ich diesen letzten Absatz beendet habe, ins Nebenzimmer zu gehen und anzutörnen.« Das Schreiben hat nichts verändert; wenn der Schreibende den Stift beiseitelegt; egal wie klar oder brutal ehrlich seine Einsichten auch waren, geht alles weiter wie bisher, was in diesem Fall heißt, dass er sich einen Schuss setzt. Das ist deprimierend, doch Trocchis Ehrlichkeit macht mir Mut. Sie löscht die Illusion aus, dass der Akt des Schreibens uns notwendigerweise mit der Menschheit in Kontakt bringt, dass er uns hilft, von schädlichen Substanzen loszukommen, dass er uns die verlorene Liebe zurückschenkt oder zumindest Trost stiftet. Literatur ist schließlich keine Selbsthilfe. Trocchi schreibt, er lebe sein »persönliches Dada. All dies ist zum größten Teil fürchterliche Gefühlsschmiererei.«

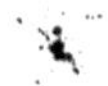

Doch was ist mit Bacons Behauptung, dass eine Art intrinsischer Verbindung besteht zwischen »Fakten« und dem Schrecklichen oder Anstößigen? Von welcher Art von »Fakten« spricht Bacon? Ist es ein »Fakt« an sich oder eine bestimmte *Art* von Fakt, von der Bacon meint, sie seien für uns so schwer zu hören, so schwer zu ertragen? Ist es die Nachricht von unserem unausweichlichen Tod, unserem Tierdasein, der »Unmenschlichkeit des Menschen gegenüber dem Menschen«, dem endlosen Rad des Leidens, unserer »Fleischessituation«? Oder, wie im Fall von Trocchi, die Tatsache, dass die Sucht auf dem Prinzip »jeder für sich allein« beruht? Fühlt sich der »Fakt« nur dann brutal an, wenn wir uns – als Individuen oder als Bevölkerung – daran gewöhnt haben, in einem Reich der Täuschung oder der Lüge zu leben? Besteht, wie Bacon andeutet, eine Beziehung zwischen Ehrlichkeit und Brutalität, oder ist »brutale Ehrlichkeit« bloß ein Trick, um »direkte und rohe« Gefühle hervorzurufen? Ist es ein Trick, den Bacon – wie viele andere sogenannte Kunstschaffende der Grausamkeit – für sich nutzt?

»Alle grausamen Menschen bezeichnen sich selbst als Musterbeispiele der Offenheit«, sagte eine Figur von Tennessee Williams. Meine eigene Erfahrung zeugt von etwas Ähnlichem. Ich gehe in den Buchladen und überfliege die Umschläge eines glänzenden neuen Memoirs nach dem anderen, bis in meinem Geist das Geschwätz der Blurbs überschäumt vor Bezeugungen der brutalen Ehrlichkeit eines jeden Buchs, was für gewöhnlich eng verwandt ist mit »glasklarer« oder »unsentimentaler« Prosa, die, um wirklich lobenswert und schillernd zu sein, auch irgendwie noch »ohne einen Tropfen Selbstmitleid« auf der Seite zum Glänzen kommen muss. Ich verlasse die Buchhandlung und frage mich: Ist Ehrlichkeit gepaart mit Brutalität eine erfolgreichere oder zumindest marktfähigere Kombination? Und warum ist Selbstmitleid zu einem Schreckgespenst geworden, das es um jeden Preis zu vermeiden gilt, um künstlerische Ernsthaftigkeit, moralische Rechtschaffenheit und vielleicht sogar das alles entscheidende Gut, – die Lesenden – zu erreichen? (Zu Beginn ihres Bestsellers über Trauer, *Das Jahr des magischen Denkens*, reflektiert Joan Didion über die Vermeidung von Selbstmitleid; ein Freund von mir bezeichnete das Buch kürzlich ohne Bitterkeit als »Witwenporno«.)

Denn nicht alle Offenheit ist gleich. »Brutale Ehrlichkeit« ist eine Ehrlichkeit, die entweder darauf abzielt, jemanden zu verletzen, oder der es egal ist, ob sie verletzt. (»Niemand will mit dir befreundet sein«, »Du riechst schlecht«, »Du warst schon immer weniger attraktiv als deine Schwester«, »Ich habe dich nie geliebt.«) Auch wenn die beiden Wörter oft aneinandergenäht daherkommen, meine ich, dass es sich lohnt, zwischen ihnen einen gewissen Abstand zum freien Atmen herzustellen, sodass man »brutale Ehrlichkeit« nicht als stärkere Version der Ehrlichkeit selbst, sondern als eine mögliche Anwendung von Ehrlichkeit betrachten kann. Eine Anwendung von Ehrlichkeit, durch die Wahrheit nicht notwendigerweise gewaltsam bloßgelegt wird, sondern eine Anwendung der Ehrlichkeit, durch die Wahrheit mit etwas *überlagert* wird – etwas, das der Wahrheit mitunter im Weg steht. Dieses Etwas ist die Grausamkeit.

Die fiktive Welt der englischen Schriftstellerin Ivy Compton-Burnett zeigt diese Unterscheidung mit größerer Gelassenheit – und, wenn man so will, mit größerer Grausamkeit –, als irgendwer sonst. Wenn man einen ihrer Salonromane wie *Eltern und Kinder* (1941) mit der Erwartung zur Hand nimmt, dass er nur »die tödliche Klaustrophobie in einer spätviktorianischen Familie der oberen Mittelschicht« beschreibt, wie es auf dem Klappentext des englischsprachigen Originals heißt, dann sollte man sich vorsehen. Denn Compton-Burnetts wahres Thema sind die tödlichen Verknotungen von Ehrlichkeit, Brutalität und Verrat, die sowohl unserer Sprache als auch unseren Taten zugrunde liegen können.

Einmal empfahl ich Compton-Burnetts Romane einer Freundin, die mir später erzählte, sie habe versucht, die Bücher zu lesen und sei gescheitert, da die Dinge, die sich die Menschen darin an den Kopf warfen, so erbarmungslos grausam gewesen seien. Bis zu jenem Zeitpunkt hatte ich selbst bei der Lektüre von Compton-Burnett immer nur ein ungetrübtes, reinigendes Vergnügen empfunden. Und so war ich gezwungen, innezuhalten und die Möglichkeit in Betracht zu ziehen, dass ich entweder von Compton-Burnetts spezieller Art von emotionalem Sadismus besonders angezogen wurde, dafür blind war oder beides. Und durchaus liegt hier vielleicht etwas Wahres. Doch ich glaube, was ich letztendlich an Compton-Burnett so vitalisierend finde, ist nicht ihre angebliche Grausamkeit, sondern ihre mangelnde Bereitschaft, irgendjemanden davonkommen zu lassen, wenn es um die Komplexität von

Wahrheitserzählung geht. »Du meinst es bestimmt nicht böse, meine Liebe«, sagt die Mutter Eleanor in *Eltern und Kinder* zu ihrer Tochter, die gerade unabsichtlich den Klassenstand ihrer Mutter beleidigt hat. »Bestimmt nicht«, betont die Tochter. »Ich sage nur die Wahrheit.« – »So groß ist der Unterschied nicht«, erwidert Eleanor. »Man spricht in solchen Fällen von brutaler Offenheit.«

Ob dies nun ein bekannter Begriff ist oder nicht, ein Unterschied besteht durchaus. Und eine der Hauptaufgaben von Compton-Burnetts strengem Dialog besteht darin, diesen Unterschied ans Licht zu bringen. Man schaue sich nur etwas dieses Gespräch zwischen Eleanor und ihren kleinen Kindern an:

»Zeigst du deine angeborene Natur, James?«, erkundigte sich Eleanor in einer ihrer Anwandlungen von Herzenskälte.

»Nein. Ja. Ich weiß es nicht«, antwortete James überrascht und mißtrauisch.

»Gibst du dich anders, als du bist?«

»Oh, nein«, versicherte James, der plötzlich sein ganzes Leben als eine einzige lange Ausflucht sah.

»Und du, Venetia?«

»Nein, ich glaube nicht.«

»Und du, Isabel?«

»Ich weiß es nicht. Ich habe nicht darüber nachgedacht. Und ich habe auch nicht die Absicht, darüber nachzudenken. So verhalten sich wahrscheinlich die meisten Menschen.«

»Das ist keine besonders liebenswürdige Antwort.«

»Auch die Frage war nicht danach. Es war eine von den Fragen, mit denen man die Leute etwas zuzugeben zwingt, was sie besser bei sich behalten sollten.«

Am Ende des Romans ist Eleanors erbarmungsloses Bestreben, Ehrlichkeit und »brutale Offenheit« zu vereinen – die Menschen zu zwingen, das zuzugeben, »was sie besser bei sich behalten sollten«, und ihre eigene Vorstellung auf andere zu projizieren – zu einer der widerwärtigsten Darstellungen des Buches geworden.

Die Handlung von *Eltern und Kinder*, die (wie in den meisten Compton-Burnett-Romanen) fast ausschließlich in Dialogen erzählt wird, stellt sich wie folgt dar: Der Vater von Eleanors neun Kindern befindet sich auf einer Geschäftsreise in Südamerika, wo er schwer erkrankt. Schließlich erhält die Familie ein Schreiben, das besagt, der Vater werde bereits verstorben sein, wenn der Brief die Familie erreicht hat. Die Kinder beginnen zu trauern, und Eleanor heckt rasch einen Plan aus, einen engen Freund ihres Mannes namens Ridley zu heiraten.

Einige Zeit nach dem angeblichen Tod des Vaters glaubt Gavin, einer seiner jungen Söhne, allerdings den Vater in der Stadt zu sehen. Er eilt nach Hause, um seiner Mutter davon zu berichten, doch Eleanor – die zu diesem Zeitpunkt nicht nur geplant hat, mit Ridley durchzubrennen, sondern auch ihre ganze Familie zu verlassen – ist an dieser Neuigkeit nicht interessiert. Nachdem sie Gavin abgewimmelt hat, fragt Gavin in stiller Verzweiflung: »Warum redet man überhaupt, wenn der andere nicht zuhört?« – »Ich habe sehr wohl gehört, was du gesagt hast«, keift Eleanor zurück. »Und du weißt auch noch, daß ich dir geantwortet habe. Aber dir muß auch klar sein, daß du dich nur getäuscht haben kannst.« – »Ich weiß, daß ich ihn gesehen habe«, sagt Gavin. »Bis an mein Lebensende werde ich das wissen.« Später am Abend, während des Abendessens, sagt ein noch immer ungläubiger Gavin mehr zu sich selbst: »Am liebsten würde ich sterben.« Als eine seiner Schwestern ihn fragt, warum, antwortet er: »Solange man lebt, kann alles mögliche geschehen, was man nicht mag. Es geschieht einfach, auch wenn man es nicht aushält.«

Ist man auf der Suche nach der Brutalität der Fakten – hier ist sie. Es war unerträglich, dass Gavins Vater gestorben ist; jetzt ist es unerträglich, dass sein Vater wieder ins Leben zurückgekehrt ist, aber niemand es glaubt. Als die Familie schließlich dazu gezwungen ist, es zu glauben, wird alles nur noch unerträglicher. Gavin denkt gemeinsam mit einer seiner Schwestern (und ihrer Gouvernante Miss Pilbeam) über die Auswirkungen der Enthüllung nach. Er fragt seine Schwester:

> »Wärst du genauso traurig, wenn er jetzt sterben würde?«
>
> »Ich glaube, der Verlust würde mir geringer vorkommen. Aber er würde mich noch mehr treffen. Ich könnte es nicht noch einmal ertragen.«
>
> »Würdest du sterben?«, fragte Gavin im Ernst.
>
> »Wenn es das ist, was Menschen tun, wenn sie etwas nicht ertragen können.«
>
> »Vergeßt bitte nicht, daß ihr noch Kinder seid«, unterbrach Miss Pilbeam das Gespräch, das sich für ihr Gefühl allzu unkindlich entwickelte.

Die Tatsache unseres unvermeidlichen Todes und der damit verbundene Schmerz für die Überlebenden wirken beinahe wünschenswert, wenn man sie mit der hier dargestellten Alternative vergleicht: ein Szenario, in dem die Rückkehr eines geliebten Menschen nur einen zukünftigen Verlust vorausahnt, der durch die Vorwegnahme und Wiederholung nur noch unerträglicher wird.

Und trotzdem. Die Rückkehr des Vaters bringt etwas ganz Entscheidendes, etwas ganz Klärendes mit sich. Seine Rückkehr durchbricht das Täuschungsmanöver, das während seiner Abwesenheit stattgefunden hat. Denn Ridley wusste, dass sein Freund noch am Leben war, verheimlichte dies jedoch, um mit Eleanor durchzubrennen. Als Vergeltung für seine vereitelten Heiratspläne verschwendet Ridley seinerseits keine Zeit mit der Aufdeckung eines Skandals um eine Vaterschaft, der das titelgebende Gebäude – *Eltern und Kinder* – wie ein Kartenhaus zum Einsturz bringt.

Und so sind wir dem grausamen Genie von Compton-Burnetts Romanen ausgeliefert: Sie sind so sehr auf das analytische Zergliedern der gesprochenen Sprache fixiert, dass ihre Figuren und ihre Lesenden gleichermaßen monumentale Taten des Betrugs übersehen, die direkt vor ihren Augen oder um sie herum stattgefunden haben – Taten, die letztendlich keine noch so große »brutale Offenheit« ungeschehen machen oder auflösen kann. »Ich wünsche mir ja nur, daß wir nichts voreinander verheimlichen«, sagt Eleanor an einer Stelle zu ihrem Sohn Graham, woraufhin Graham erwidert: »Da hätte ich schon ausgefallene und bessere Wünsche.« Einer dieser »ausgefallenen und besseren« Wünsche wäre sicherlich, die Fähigkeit zu besitzen, zwischen idiotischer Ehrlichkeit (das heißt »brutaler Offenheit«, Ehrlichkeit, die als Waffe oder als ganz eigene Version der Ausrede eingesetzt wird) und einer Ehrlichkeit zu unterscheiden, deren Maßstab nicht bloß Wahrhaftigkeit ist, sondern auch Nützlichkeit und Absicht.

Diese letztere Praxis ähnelt dem, was die Buddhistinnen und Buddhisten als »rechte Rede« bezeichnen – dem dritten Prinzip des edlen achtfachen Pfades –, sprich einer Rede, die nicht nur wahrheitsgetreu verwendet wird, sondern auch keine Absicht von Spalterei, Missbrauch oder Belanglosigkeit besitzt. Natürlich kann »rechte Rede« genauso fehlinterpretiert oder missbraucht werden wie jedes andere Prinzip – man bedenke nur, wie viel Untreue begangen wird unter Ausreden wie »Ich wollte ihn nicht verletzen«, oder wie viele eigennützige politische Lügen unter dem Deckmantel des Schutzes der Zivilbevölkerung kursieren (»das irakische Regime ist eine Bedrohung für jeden Menschen Amerikas« – George W. Bush, 3. Januar 2003). Nichtsdestoweniger halte ich das Prinzip für ausgezeichnet, da es sanft, jedoch bestimmt von der Vorstellung weglenkt, dass die kompromissloseste, reinste Form von Wahrheit um jeden Preis erreicht werden muss, während es gleichzeitig zu so viel Ehrlichkeit – sich selbst und anderen gegenüber – wie möglich ermutigt.

Alle Prinzipien des achtfachen Pfades (wie rechtes Denken, rechter Lebenswandel und rechte Tat – letzteres schließt den Verzicht auf Diebstahl, sexuelles Fehlverhalten und Rauschmittel ein) sind ganz augenscheinlich und unvermeidlich offen für Interpretationen. Im Laufe eines Lebens bedürfen sie der Reflexion, der Prüfung und der Anleitung zur Navigation. Die Tatsache, dass eine solche

Navigation sehr lohnenswert sein kann, heißt nicht, dass sie immer etwas Schönes ist. Manchmal kann sie sogar vom Sinnvollen wegführen. Man denke zum Beispiel an Wittgenstein, der seine Verfehlungen in Sachen Ehrlichkeit – und seien sie auch noch so gering – als seinen größten Fehler betrachtete und in den 1930er-Jahren sogar eine Art Welttournee unternahm, um erinnerte Fälle von schlechtem oder doppelzüngigem Verhalten zu korrigieren. Wie jemand, der in einer besonders großspurigen Version des neunten Schritts der Anonymen Alkoholiker gefangen ist, verfasste Wittgenstein ein langes Geständnis und tauchte dann an den Haustüren von Freundinnen, Familie, ehemaligen Schülern und Bekannten auf, um es zu verlesen. Den Zuhörenden teilte er mit, dass ihre Aufmerksamkeit in dieser Angelegenheit dringend notwendig sei, und er verlangte ein begeistertes Publikum.

Mehr noch als die ursprünglichen »Beleidigungen« war es aber natürlich ein selbstverliebtes, selbstgefälliges Verhalten dieser Art, das dazu führte, dass er seine Freundinnen, Geliebten, ehemaligen Schüler und Bekannten verärgerte, befremdete und manchmal verletzte. Schließlich ist es selten, dass man einen ununterbrochenen, ungeminderten Fluss von Liebe, Respekt, Bewunderung, Zuneigung und Leidenschaft für einen anderen Menschen erlebt, auch wenn nur wenige von uns das Gefühl haben, dass wir den anderen Menschen »belügen«, wenn wir ihm nicht jede Schwankung oder jedes Gefälle unserer Gefühle mitteilen. Wittgenstein hingegen befürchtete, dass diese Schwankungen ihn unaufrichtiger machten, und entschied sich daher oft für eine Form brutaler Ehrlichkeit, die zuweilen seine persönlichen Beziehungen zerstörte. Die geißelnden Auswirkungen von Wittgensteins Selbstgeißelungen auf seine Lieben sind für mich weitaus schmerzhafter zu lesen als ihre Auswirkungen auf Wittgenstein selbst. »Wenn jemals etwas Aufschub verdient hat«, erinnerte sich eine irritierte Freundin, die ihm an einem Cafétisch gegenübersaß, an dem er seine Sünden rezitierte, »dann ein solches Geständnis, auch noch in dieser Form abgelegt.« Oder ein Brief von seinem Geliebten Francis Skinner, in dem Skinner versucht, Wittgenstein von seinem Sündenkurs abzubringen: »Was Du mir auch über Dich erzählen magst, an meiner Liebe zu Dir wird es nichts ändern. … Ich werde Dir auch nicht verzeihen müssen, weil ich viel schlechter bin als Du. Ich denke oft an Dich und werde Dich immer lieben.«

Selbstgeißelung birgt oft Gelegenheit für mehr Selbstgeißelung – ganz zu schweigen von unserer eigenen Fähigkeit, uns erotisch oder anderweitig an ihre Strafe zu fesseln –, deshalb überrascht es kaum, dass Wittgensteins Tournee wenig dazu beitrug, ihn von seinem Bedürfnis nach Läuterung zu befreien. Wie sein Biograf Ray Monk berichtet, schrieb er kurz nach seiner Heimkehr: »Nun aber ist alles das gleichsam aufgezehrt und ich bin nicht weit von dort, wo ich war. Vor allem bin ich unendlich feige.«

Der Begriff »rechte Rede« deutet das Konzept der Wahrheitsfindung an, indem er Fragen nach Zweck und Wirkung aufruft. Eine Aktivistengruppe von Tricksern wie die Yes Men verkompliziert munter diesen Diskurs, indem sie das Phänomen des »Hoax«, des Streichs, beimischt – insbesondere jenen Hoax, der die Macht besitzt, die Brutalität von Fakten zu unterstreichen, die bestimmte Parteien (sprich die Regierung, Unternehmen, das Militär, die Mainstream-Medien und so weiter) lieber nach Belieben weiterspinnen würden.

Viele der von den Yes Men inszenierten Hoaxes ersetzen die Idee, die Mächtigen mit der Wahrheit zu bekämpfen, durch die einfache Vorgabe von Macht: Indem sie die Rolle bestimmter Beamter spielen, geben sie exakt die menschlichen und gerechten Erklärungen ab, von denen sie sich wünschen, dass die Beamten sie selbst abgeben würden. Wenn sich die echten Beamten dann melden, was sie tun müssen, um die Hochstapler zu verurteilen, sind sie gezwungen, ihre unmenschliche und ungerechte Politik im erneuten Licht der Öffentlichkeit zu bekräftigen.

Ein hervorragender Yes-Men-Schwindel dieser Art betraf die schreckliche Industriekatastrophe, die sich 1984 in einer Pestizidfabrik in Bhopal, Indien, ereignete, die damals zu dem Unternehmen Union Carbide gehörte. Ein Unfall in der Anlage setzte bis zu 500.000 Menschen einem giftigen Gas aus und tötete in den ersten Wochen etwa 8.000 Menschen; in den darauffolgenden Jahren starben mehr als 8.000 weitere Menschen an den Folgen des Unfalls. Während ich diese Zeilen schreibe, benötigen bis zu 120.000 Menschen in Bhopal weiterhin medizinische Hilfe und Entschädigung – beides Dinge, die Dow Chemical, das Unternehmen, das Union Carbide 2001 übernommen hat, den Bürgerinnen und Bürgern von Bhopal hartnäckig verweigert. (Die offizielle Aussage von Dow Chemical ist, dass Bhopal in der Tat »ein tragisches Ereignis« war, für das das Unternehmen jedoch keinerlei Verantwortung trägt – und das trotz der Tatsache, dass der Kauf von Union Carbide auch die Übernahme von dessen Haftbarkeit beinhaltete).

Am 3. Dezember 2004 – dem zwanzigsten Jahrestag der Katastrophe – gelang es einem der Yes Men, der sich als Sprecher von Dow mit dem Namen »Jude Finisterra« ausgab, ein Interview in der Nachrichtensendung BBC World News zu bekommen. (Die Yes Men betreiben eine Reihe von gefälschten Websites, die vorgeben, verschiedene Unternehmen und Organisationen zu vertreten; diese Websites enthalten Kontaktinformationen, falls die Medien, ein Konferenzveranstalter oder sonst irgendwer mit einem Vertreter in Kontakt kommen möchte.) In seinem BBC-Interview verkündete Finisterra, dass Dow Chemical sich freue, am zwanzigsten Jahrestag der Bhopal-Katastrophe endlich seinen Kurs geändert und beschlossen zu haben, das Richtige zu tun: Das Unternehmen werde »endlich die Opfer entschädigen, einschließlich der 120.000 Menschen, die vielleicht ihr ganzes Leben lang medizinische Hilfe in Anspruch nehmen müssen«, und man werde die Verantwortung für die Beseitigung der vielen Tonnen giftiger Chemikalien übernehmen, die weiterhin das Grundwasser in Bhopal verunreinigen und zu einer hohen Zahl von Krankheiten, Behinderungen und Todesfällen unter der Bevölkerung führen. Am Ende des Tages hatten verärgerte Angestellte von Dow Chemical die BBC darüber informiert, dass Finisterra ein Schwindler war und in keinerlei Beziehung zum Unternehmen stand. Dow sah sich zum zwanzigsten Jahrestag der Tragödie somit gezwungen, erneut zu bekräftigen, dass das Unternehmen immer noch nicht die Absicht besitze, den Menschen in Bhopal Hilfe zu leisten oder ihr Land zu entgiften.

Angesichts dieser zutiefst beschämenden Bekräftigung – und angesichts der Tatsache, wie offensichtlich und tiefgreifend das Leid in Bhopal nach wie vor war – stellt sich die Frage, wie die Medien diesen Schwindel verzerren würden, um die Brutalität der Fakten zu mildern. Hier kommt die Karte der Grausamkeit ins Spiel. Die BBC entschuldigte sich für die Ausstrahlung eines Falschberichts unter der Überschrift »Grausamer 12-Milliarden-Dollar-Hoax gegen die Bhopal-Opfer und die BBC.« Der Bericht konzentrierte sich auf die angebliche Grausamkeit der Falschmünzer, die eine halbe Stunde lang die Hoffnungen der Bevölkerung von Bhopal auf skrupellose Weise »weckten und dann wieder zerstörten«, während die Menschen von Bhopal dachten, Dow würde ihnen endlich ein Entschädigungspaket in Höhe von 12 Milliarden Dollar zukommen lassen. Die BBC versuchte nicht nur, Sympathien für sich selbst zu wecken (zum Beispiel »grausamer Hoax gegen die BBC«), sondern auch für Dow und seine Aktionärinnen und Aktionäre, indem der Sender wiederholt darauf hinwies, der Scherz habe dem Unternehmen einen turbulenten Börsentag beschert, die Aktionäre seien über Dows plötzliche Bereitschaft, die Verantwortung für die Katastrophe zu übernehmen, entsetzt und der Aktienkurs stundenlang im Keller gewesen.

Die Yes Men haben zugegeben, dass sie, nachdem die BBC und andere Medien die Grausamkeitskarte ausspielten, ebenfalls besorgt waren, ihre Falschmeldung könnte einen negativen Effekt auf die Menschen in Bhopal gehabt haben. Also reisten sie nach Indien, um die Menschen vor Ort zu befragen. Ihre Schlussfolgerung? »Zum einen waren [die Menschen in Bhopal] sehr viel differenzierter, was ihre Stellung in der Welt angeht, als viele Leute annehmen würden«, sagte einer der Yes Men, der unter dem Pseudonym Mike Bonanno auftritt. »Zweitens haben sie uns im Grunde nur gesagt, dass sie seit Jahren darauf gehofft haben, Dow würde etwas unternehmen, und der Gedanke, dass es für weniger als eine Stunde der Wahrheit entspricht, hat ihnen überhaupt nicht geschadet. ... Sie erkannten, dass wir sie nicht zum Opfer machten – sie wussten, wer sie zum Opfer machte, sie wussten es ganz genau.«

Bei späteren Hoaxes sind die Yes Men noch gewiefter vorgegangen, was den Vorwurf der Grausamkeit angeht, und haben ihn sogar in ihre Streiche eingebaut. Als beispielsweise in den Monaten nach dem Hurrikan Katrina deutlich wurde, dass das US-Ministerium für Wohnungsbau und Stadtentwicklung Tausenden von Menschen, die zuvor in Sozialwohnungen von New Orleans gelebt hatten, nicht erlauben würde, in ihre Häuser zurückzukehren (sondern stattdessen die Häuser beschlagnahmen oder abreißen und die Immobilien dem Privatsektor überlassen würde), gab sich ein Yes Man auf einer Konferenz zum Wiederaufbau der Golfküste am 27. August 2006 als Vertreter des Ministeriums aus. In einer Rede an der Seite des Bürgermeisters von New Orleans, Ray Nagin, und der Gouverneurin von Louisiana, Kathleen Blanco, kündigte der Hochstapler eine völlige Umkehrung dieser Politik an; außerdem ließ er verlauten, dass Ölfirmen Milliarden von Dollar in den Wiederaufbau der Küste Louisianas investieren würden. Beide falschen Ankündigungen wurden mit donnerndem Applaus bedacht, nach dem Motto: »Es ist höchste Zeit, dass hier jemand das Richtige tut.«

Doch noch bevor die Medien die Grausamkeitskarte zücken konnten, gaben die Yes Men ihre eigene Pressemitteilung heraus, die vorgab, vom Ministerium selbst zu stammen, und in der die Yes Men mehrfach als grausam deklariert wurden. »Es ist furchtbar traurig, dass sich jemand einen solch grausamen Scherz erlaubt und mit den Ängsten und Befürchtungen von Familien spielt, die verzweifelt in ihre Häuser zurückkehren wollen«, hieß es in der

Mitteilung, bevor eine Reihe politischer Standpunkte wiederholt wurde, die das Ministerium »ein für alle Mal klarstellen« möchte, zum Beispiel: »Das Ministerium wird die Menschen NICHT nach Hause kommen lassen, nur weil dies ihrem Wunsch entspricht, weil sie Teil der Stadt sind und dringend benötigte Arbeitskräfte darstellen«, oder: »Es gibt KEINE Partnerschaft zwischen dem Ministerium, den Gesundheitsämtern und den Centers for Disease Control and Prevention, um eine angemessene Gesundheitsversorgung für die einkommensschwache Bevölkerung zu gewährleisten.« Anderslautende Behauptungen, so die Pressemitteilung, »sind allesamt Lügen, ungeheuerlich grausam und erzeugen ein Meer aus Traurigkeit und falschen Hoffnungen.« Die letzte Zeile der Pressemitteilung lautet: »Möge Gott die Täter dieses grausamen Schwindels, die aus dem Ministerium stammen, mit endlosen Strafen belegen, die sie so reichlich verdienen.« Durch diese gezielte Übertreibung überzeugt das Statement die Lesenden schließlich davon, dass es sich bei der Pressemitteilung um einen weiteren Schwindel handelt, der direkt auf die Vorstellung abzielt, dass die angebliche Grausamkeit der Yes Men mit der der offiziellen Regierungspolitik gleichzusetzen sei.

Vielleicht ist Kunst keine Lüge, die die Wahrheit sagt. Doch wie die Yes Men zeigen, kann ein gut inszenierter Schwindel unter den richtigen Umständen all jene aus der Reserve locken, die es sich zum Ziel gesetzt haben, bestimmte Tatsachen zu verdrehen und zu vertuschen. Anschließend dringt die Brutalität dieser Fakten erneut an die Öffentlichkeit, wo sie für alle sichtbar ist. Es handelt sich dabei nicht um eine Entlarvung, denn die Fakten waren in der Regel schon immer vorhanden. Es ist aber ein Mittel, um das, was bereits sichtbar ist, neu zu betrachten, um das, was wir vielleicht schon wissen, neu zu bedenken. Es ist, kurz gesagt, eine Neukalibrierung der Funktion des Wissens an sich. Und hier befinden wir uns in einem weiteren, neu eröffneten Raum – einem Raum, von dem aus wir uns, wie Eve Kosofsky Sedgwick in *Touching Feeling* schreibt, endlich wegbewegen können von der »relativ feststehenden Frage: ›Entspricht ein bestimmtes Wissen der Wahrheit, und wie können wir uns dessen sicher sein?«, hin zu weiteren Fragen: ›Was tut Wissen – das Streben nach Wissen, das Besitzen und Aufdecken von Wissen, das Wiedererlangen von Wissen über das, was man bereits weiß?‹«

Wer Wir sind

Wittgenstein wurde nie zu dem, was man einen religiösen Gläubigen nennen könnte, trotz seiner gegenteiligen Selbstbeschwörungen (»Glaube Du!«, schrieb er um 1944 in einer Notiz an sich selbst. »Es schadet nicht.«). Nichtsdestoweniger neigte er wie jeder ernsthafte Christ zu Selbstzweifeln und Selbsterniedrigung. (Es war wohl diese Neigung, die ihn eher zum Christentum als zu seinen jüdischen Wurzeln trieb.) Denn im Christentum bedeutet, »sich selbst zu kennen«, sich der Erbärmlichkeit der eigenen Erbsünde zu stellen. In diesem Fall lässt sich die richtige Einschätzung unserer Situation auf diesem schnell kippenden Planeten vielleicht am besten mit dem Titel von Jonathan Edwards' berühmter Predigt aus dem Jahr 1741 zusammenfassen: »Die Sünder in den Händen eines zornigen Gottes«.

In dieser Predigt beschreibt Edwards die Situation aller »Sünder« (also der Ungläubigen) wie folgt: »Gottes Zorn ist gegen sie entflammt; ihre Verdammnis schläft nicht. Der Abgrund ist zu ihrem Empfang bereit; das Feuer lodert bereits und der Ofen ist glühend heiß; die Flammen wüten. Das gleißende Schwert ist geschliffen und gezückt und der Abgrund unter ihnen sperrt weit sein Maul auf.« Edwards wendet sich direkt an die Sünder und warnt: »Gott, der euch eben gerade noch über dem Abgrund der Hölle hält, wie etwa eine Spinne oder ein niederträchtiges Insekt über dem Feuer gehalten wird, dieser Gott verabscheut euch.« Uns zu kennen, bedeutet, unsere wesentliche Unwürdigkeit anzuerkennen und zu glauben, dass wir nur dank der Gnade Gottes nicht in diesem Augenblick in den für uns vorbereiteten Abgrund hinunterstürzen.

Dieses Porträt der menschlichen Seele steht im krassen Gegensatz zu der Aussage auf einem Werbebanner, an dem ich 2007 eine Zeit lang vorbeifuhr und das über dem Eingang des Los Angeles County Museum of Art hing. Auf dem Banner stand in großen Druckbuchstaben: »IN VIOLENCE WE FORGET WHO WE ARE« – IN DER GEWALT VERGESSEN WIR, WER WIR SIND. Später erfuhr ich, dass das Zitat von der Schriftstellerin

Mary McCarthy stammt und von der Künstlerin Barbara Kruger für das Werbebanner verwendet wurde.

Die Absicht hinter dem Banner war zweifellos tugendhaft. Dennoch war ich jedes Mal, wenn ich daran vorbeikam, nicht damit einverstanden, wenn auch auf eine diffuse Weise. Denn viele behaupteten genau das Gegenteil: dass unsere Seele durch Gewalt erst gewissermaßen ins Zentrum gerückt wird. Die griechische Tragödie weiß diese Idee zu schätzen; sie ist auch eine gute Beschreibung unseres amerikanischen Mythos der regenerativen Gewalt. Sartres Einleitung zu Frantz Fanons antikolonialem Klassiker *Die Verdammten dieser Erde* legt etwas Ähnliches dar – dass der Mensch sich durch »ununterdrückbare Gewalt« wieder zusammensetzt, dass die »Verdammten dieser Erde« sich schließlich »zu Menschen machen«. Ein bekannter Rekrutierungsslogan für die US-Armee unterstreicht und erweitert diesen Punkt noch, indem er vorschlägt, Soldat oder Soldatin zu werden bedeutet, »alles zu sein, was man sein kann« – »Be All That You Can Be.«

Hätte sie sich nicht in den 1940er-Jahren aus Solidarität mit der französischen Résistance zu Tode gehungert und wäre sie irgendwie im Exil in Los Angeles gelandet, hätte eine alte Simone Weil beim Vorbeifahren an Krugers Museumsbanner vielleicht zustimmend genickt. Denn in ihrem berühmten Essay »Ilias: Dichtung der Gewalt« von 1940 vertritt Weil die Ansicht, dass Gewalt etwas ist, das sowohl ihre Träger als auch ihre Opfer verdinglicht. Das heißt, dass Gewalt unter dem Deckmantel der Subjekt-Objekt-Beziehung in Wirklichkeit dazu dient, eine Objekt-Objekt-Beziehung zwischen ansonsten empfindungsfähigen Wesen herzustellen. Diese Sichtweise steht in krassem Gegensatz etwa zum maskulinistischen Modell von Bertrand de Jouvenel. In ihrem 1970 erschienenen Buch *Macht und Gewalt*, das übrigens Mary McCarthy gewidmet ist, beruft sich Hannah Arendt auf de Jouvenel, wenn sie schreibt, »sich durchzusetzen und ›andere zu Instrumenten des eigenen Willens zu machen‹ gehöre zur Männlichkeit des Mannes«.

So sehr ich letzteres auch verabscheue und so sehr ich Weil auch bewundere, muss ich doch zugeben, dass ich die Neuartigkeit beziehungsweise die soziale Wirksamkeit von Weils Umkehrung nie so recht verstanden habe. Für den Missbraucher, die Folterin oder den Soldaten mag es ja überraschend sein, dass die Formel in beide Richtungen funktioniert – dass er oder sie durch die Kraft, die er oder sie zu besitzen glaubt, selbst zu einem Ding gemacht wird –, doch in Wirklichkeit ist es Teil desselben Pakets. Wie mir scheint, rührt das größere, grausamere Problem von der Überzeugung her, dass Gewalt das privilegierte Mittel ist, mit dem wir zu uns selbst finden *oder* uns als menschliche Subjekte verlieren. Es ist auf banale Art menschlich, sowohl Gewalt zu verüben als auch Opfer von Gewalt zu werden. Und wenn, wie Arendt feststellte, »Zorn, Empörung und die Gewalttätigkeit, von der diese Affekte manchmal begleitet sind, zu den spezifisch menschlichen Regungen« zählen, so hieße, das menschliche Wesen von Zorn, Empörung und Gewalt zu heilen, es zu entmenschlichen. Und Entmenschlichung ist ein Mittel, das uns vergessen lässt, wer wir sind. Doch noch einmal: Wer sind wir? Und was könnte es bedeuten, zu vergessen, wer wir sind?

Eine weitere Komplikation der Sentenz »In der Gewalt vergessen wir, wer wir sind« liegt darin, dass in vielen berühmten Darstellungen der Subjektivität – wie der von Freud – eine bestimmte Art des Vergessens, nämlich die Verdrängung, eine entscheidende Rolle für die Strukturierung des Geistes spielt. Nach Freud ist eines der stärksten verdrängten Elemente des Unbewussten der Ödipuskomplex, der einen fantasierten oder symbolischen Vatermord in den Mittelpunkt der (männlichen) Psyche stellt.

Freud war nicht dafür bekannt, dass er sich mit der weiblichen Subjektivität oder Sexualität befasste, die er bekanntlich als »dunklen Kontinent« der Psychologie bezeichnete. Es überrascht daher nicht wirklich, dass er einen Gründungsmythos für die Psychoanalyse wählte, der das männliche Subjekt, das heterosexuelle Begehren und die vatermörderische Fantasie ins Zentrum stellt. Ironischerweise ist die Trope eines psychisch verdrängten Muttermordes (oder, allgemeiner ausgedrückt, eines Gynozids) als konstitutives Element des (männlichen) psychischen Lebens jedoch allgegenwärtig in Kunst und Literatur. Eine trashige, aber leuchtende Schablone dieser Trope findet sich in dem Film *Memento* (2000), in dessen Zentrum ein Mann steht, der kein Gedächtnis besitzt und keine neuen Erinnerungen formen kann, aber trotzdem versucht, kohärent genug zu bleiben, um die brutale Vergewaltigung und Ermordung seiner Frau zu rächen. Wenn sich der Film allerdings in der Zeit zurückbewegt (der Film läuft rückwärts ab), wächst in uns – wie in der Hauptfigur – die Verwirrung darüber, ob er eine abscheuliche Tat rächen will, die von einem anderen begangen wurde, oder ob er auf der Flucht vor einer Tat ist, die er selbst begangen hat. (Der Film stellt auch die Möglichkeit in den Raum, dass seine Frau noch am Leben ist, ihn aber verlassen hat – in diesem Fall steht die Fantasie von ihrer Vergewaltigung und ihrem Mord – als Wunscherfüllung? – für den Schmerz seiner Zurückweisung).

Memento war in meinen Augen im Wesentlichen ein wichtigtuerisches Gimmick, doch es hatte eine denkwürdige Sache zu bieten: dieses destillierte Porträt männlicher Amnesie, verbunden mit seinem allgegenwärtigen Widerpart – einer Frau mit leicht geöffnetem Mund, die Augen vor Schreck eingefroren, ihr geschändeter Körper zum Sterben in einem durchsichtigen Plastikduschvorhang zurückgelassen – kurzum, in einer so positiven Lage, wie es die Situation erlaubt. Wie bei zahlreichen Versionen dieser Erzähltechnik (siehe etwa eine beliebige Anzahl von Clint Eastwood-Filmen, von *Erbarmungslos* bis *Mystic River*) ist die Frau immer längst tot: Damit fängt die Handlung an. Tatsächlich gibt es ohne ihren Tod überhaupt keine Handlung – was gäbe es sonst herauszufinden, zu erklären oder zu rächen? Comic-Fans haben sogar einen eigenen Ausdruck für dieses Szenario: Sie bezeichnen es als »Frau-im-

Kühlschrank-Syndrom«, was auf einen Green-Lantern-Comic zurückgeht, in dem der Held in Aktion tritt, nachdem er die Leiche seiner Freundin in seinem Kühlschrank entdeckt hat.

So abgenutzt diese Erzählstruktur auch sein mag, sie zieht selbst diejenigen in ihren Bann, von denen man gehofft hatte, sie seien zu ungeduldig für Klischees, um in ihre Fänge zu geraten. Brian Evenson ist in dieser Hinsicht ein nicht ganz einfacher Fall, denn er hat sich dieses Klischees bisweilen mit großem Erfolg bedient. Ich denke dabei vor allem an seinen erstklassigen, grauenerregenden und mitreißenden Roman *The Open Curtain* (2006), der sich mit der verdrängten Gewaltgeschichte der Mormonenkirche befasst – insbesondere mit der mörderischen Praxis, die als Blutsühne bekannt ist. Der Roman verzettelt sich manchmal durch die (buchstäbliche!) Verwendung des Motivs der verrottenden Leiche im Kühlschrank und dann, ganz am Ende, durch eine Auflösung, in der eine Frau von einem Mann stranguliert wird und der es an der Erfindungsgabe der vorangegangenen Seiten mangelt. In seiner Gesamtheit ist der Roman jedoch ein überraschend ergreifendes, sprachlich brillantes und zutiefst erschreckendes Porträt der Dialektik von Verheimlichung und Enthüllung, die bestimmte Formen individueller und institutioneller Gewalt unterfüttert.

In anderen Werken aber – etwa in der Kurzgeschichte »Desire with Digressions« (aus dem Band *Fugue State* von 2009) – kippt Evensons Umgang mit derselben Trope ins Abgedroschene. Die Erzählung beginnt damit, dass ein Mann eine Frau nach einer nicht beschriebenen, intensiven Begegnung verlässt. Als er sich von ihr abwendet, hat ihre Menschlichkeit – hier gekennzeichnet durch ihr Gesicht – bereits begonnen davonzugleiten: »Wenn sie ihren Kopf zu mir drehen würde, so spürte ich, wäre da nicht ihr Gesicht, sondern eine Gesichtslosigkeit, unmenschlich und glatt wie ein Teller.« Je weiter er wegfährt, je länger er wegbleibt, desto weniger findet er zurück in die Erinnerung daran, was zwischen ihnen passiert ist: »Was hatte sie zu mir gesagt, an jenem Tag damals, bevor sie mich verlassen hatte, als sie am Bach saß und so fremd wurde?

Und wie hatte ich darauf geantwortet? Warum konnte ich mich nicht erinnern?«

Nach einem mannhaften Marsch durch den Schnee, nach dem Tod eines alten Mannes, nach einer schweren Erfrierung und einem albtraumhaften Krankenhausaufenthalt mit anschließender Flucht kehrt er nach Hause zurück und findet die Frau am Bach vor, und noch immer sitzt sie exakt so da wie an dem Tag, an dem er sie verlassen hatte. Doch zu seinem Entsetzen stellt er bei genauerer Betrachtung fest, dass sie nur noch eine verwesende Leiche ist: »Was ich für ihren Arm gehalten hatte, waren nur noch die Knochen, die dem Arm einst ihre Struktur gegeben hatten, das Fleisch war größtenteils verschwunden. Und ich sah, dass auch auf der anderen Seite ein Teil von ihr dabei war, sich mit Hilfe von Ungeziefer und Zeit grässlich zu zerlegen, und ich erinnerte mich daran, was geschehen war, ob aus Liebe oder aus Hass, und warum ich überhaupt fortgegangen war.«

Ach ja, da ist ja diese eine lästige Sache, die ich – à la O. J. Simpson oder à la *Memento* – immer wieder vergessen habe: ich habe sie umgebracht! Und dann die abschließende, unaufrichtige Verwischung von Handlungsfähigkeit (ganz zu schweigen von der lehrbuchhaften Wiederverwendung der Liebe als konstituierendem Faktor des Gynozids): Er erinnert sich nicht daran, was er getan hat, sondern daran, »was geschehen war, ob aus Liebe oder aus Hass«. Natürlich wird diese Geschichte erzählt von einem Protagonisten, der unter diesen abgegriffenen Symptomen und Selbsttäuschungen leidet, und man könnte argumentieren, dass Evenson absichtlich einen solchen Erzähler geschaffen hat. (Man könnte genauso gut argumentieren, dass die Geschichte auf quälende Weise offenlässt, »was geschehen war, ob aus Liebe oder aus Hass« – doch angesichts der Tatsache, dass der Mann die ursprüngliche Szene unversehrt verlässt, während die Frau am Flussufer verwest, rückt eine gewisse unausweichliche Erzählung in den Blick.) Momente dieser Art rauben Evenson den beunruhigenden Erfindungsreichtum seines Schreibens. Kurz gesagt, während die Frau oder die Leiche am

Bachufer »fremd« wird, scheitert die Geschichte, einen ähnlichen Effekt zu erreichen.

Angesichts der Allgegenwärtigkeit dieser Geschichte kann es leicht erscheinen, als stünden Muttermord oder Gynozid irgendwie hinter oder vor dem Ödipuskomplex – vielleicht als verdrängter Stoff des Freudschen Verdrängten. (Die französische feministische Philosophin Luce Irigaray ist so weit gegangen, den Muttermord als »blinden Fleck der westlichen patriarchalischen Zivilisation« zu bezeichnen; die Wissenschaftlerin Amber Jacobs hat ihn als »Tod, der nicht gebären wird« beschrieben – das heißt, als ein »Non-Konzept«, dem das klassische psychoanalytische Denken die längste Zeit über jegliche strukturelle Generativität absprach.)

Inzwischen hat jedoch ein Wandel stattgefunden: In den Werken der radikalen feministischen Theologin Mary Daly wie auch in jenen der Psychoanalytikerin Melanie Klein oder der französischen Philosophin Julia Kristeva ist das Konzept heute weit verbreitet; der symbolische Muttermord gilt als Kern der patriarchalischen Religion, Kultur und Psychologie – ein Muttermord, der für das menschliche Subjekt als notwendig erachtet wird, um das Chaos der Natur und die körperliche Abhängigkeit hinter sich zu lassen und auf vollwertige Weise an Subjektivität, Sprache und Kultur teilzuhaben (die im phallozentrischen Diskurs alle mit dem Mann identifiziert werden). Wie Kristeva es auf so berühmte Weise formuliert: »Für Mann und Frau ist der Verlust der Mutter eine biologische und psychische Notwendigkeit, der erste Schritt auf dem Weg zur Autonomie. Der Muttermord ist unsere Lebensnotwendigkeit, die *conditio sine qua non* unserer Individuation.« Man beachte hier, dass das Subjekt nicht einfach der Mutter entwächst oder sich von ihr trennt. Es ermordet sie.

Eine der schockierendsten literarischen Umsetzungen eines solchen Muttermordes findet sich in Marquis de Sades *Die Philosophie im Boudoir* (1795), einem Dialogroman, der die Geschichte der Verderbnis eines jungen Mädchens, Eugénie, durch eine Gruppe von Libertinen erzählt. In dem Buch – das wie der Großteil von

Sades Werk zwischen pornografischer Handlung und philosophischer Abhandlung alterniert – ist die Figur der Mutter die Feindin von so ziemlich allem, was Sade am Herzen liegt. Die sich entfaltende Geschichte von Eugénies Verderbnis ist recht heiter und unterhaltsam (je nach Geschmack, versteht sich), doch das Ende des Werks ist entschieden eines der grausamsten in der Literatur, das mir je begegnet ist. Als Eugénies Mutter endlich auf der Bildfläche erscheint, wird sie von einer Gruppe von Männern vergewaltigt (ihre Tochter nimmt an dem Übergriff teil und feuert die Männer an). Anschließend wird sie zum Tode verurteilt: Ein Mann mit Syphilis im Endstadium (eine Krankheit, die damals unheilbar und tödlich war) wird herbeigerufen, um in die Vagina und den Arsch der Mutter zu ejakulieren. Beide Körperöffnungen werden dann mit Nadel und Faden (ohne Betäubung, versteht sich) zugenäht, um die Seuche in ihrem Körper zu fangen sowie vermutlich als symbolische Strafmaßnahme – sowohl für die Geburt als auch für den Versuch, die Tochter vor der freien Ausübung der Fleischeslust zu schützen. Die Szene ist von einer Grausamkeit, die mich immer wieder überrascht – selbst im Vergleich zu den vielen quälenden Vergewaltigungen und Morden in Sades *120 Tage von Sodom*.

Kristevas Begriff für diese gewaltsame psychische Austreibung des Mütterlichen (die in *Die Philosophie im Boudoir* als sadistischer, verlängerter Muttermord inszeniert wird) ist Abjektion. Und während die Ablehnung des Mütterlichen nach Kristeva notwendig sein mag, um ein Subjekt auszubilden, kann ihre Austreibung niemals nahtlos vollzogen werden. Das abjekte Mütterliche kehrt zurück, durch Schrecken, Abstoßung, Unheimlichkeit, Spuk, Melancholie, Depression, Schuld, das unbestimmte, aber erschütternde Gefühl, etwas Entscheidendes verloren, verlassen oder getötet zu haben. (An dieser Stelle sei erwähnt, dass Evensons erstem Erzählband, *Altmann's Tongue* – dem Buch, das ihm an der Brigham Young Universität so viel Ärger einbrachte – ein Motto aus Kristevas *The Powers of Horror: An Essay on Abjection* vorangestellt ist.)

Ich persönlich habe keine Ahnung, warum diese Abjektion oder der Muttermord (oder gar der Ödipuskomplex selbst) die unabdingbare Voraussetzung für unsere Individuation darstellen müssen. Wie bei den meisten psychoanalytischen Konzepten scheint mir die Frage, ob sie deskriptiv, präskriptiv, temporär nützlich oder einfach verrückt sind, immer völlig offen. Nichtsdestoweniger scheint es klar genug, dass viele oder die meisten Modelle des westlichen Selbst ein verdrängtes Verbrechen (oder den verdrängten Wunsch, eines zu begehen) ins Zentrum stellen. Tatsächlich könnte die Moderne selbst in gewissem Sinne als das definiert werden, was die Distanzierung – oder gar die gewaltsame Zerstörung – des Vorangegangenen privilegiert, anstatt dessen ehrfürchtige Fortsetzung zu sichern (in diesem Fall ist Mord, insbesondere an einem Elternteil, eine passende Trope).

Mit anderen Worten: Indem er Ödipus in den Mittelpunkt seines psychischen Modells stellte, tat Freud viel mehr, als den Vatermord (und die anschließende sexuelle Inbesitznahme der Mutter) als den bestimmenden Wünschen des (männlichen) Subjekts Vorrang zu gewähren. Er stellte auch die Fragen »Was habe ich getan?«, »Habe ich ein Verbrechen begangen?« und »Machen mich meine tiefsten und dunkelsten Sehnsüchte zu einem Verbrecher?« in den Mittelpunkt der Selbsterforschung (siehe die Handlung von *Memento*). Wie Adam Phillips es in *Terrors and Experts* ausdrückt: »Ödipus hat eine solch große Bedeutung in der Psychoanalyse, weil er etwas tut, das herausgefunden werden kann, etwas, das er wissen kann. ... Der fiktive Ödipus wird zum paradigmatischen Wahrheitssucher und Wahrheitsvermeider und damit zum Verfechter der Idee, dass Wahrheiten existieren.« Kein Wunder, dass dieser paradigmatische Wahrheitssucher und Wahrheitsvermeider so oft in Kunst und Literatur als unser Held oder Antiheld auftaucht. Sein Umweg über die unerträgliche Selbsterkenntnis ist ein fesselndes Drama, das unser Leben in eine Detektivgeschichte und unser Innerstes in ein schuldiges Wesen verwandelt.

Diese Version des Selbst und der Selbsterkenntnis, die wie geschaffen wäre fürs »Drehbuchschreiben für Dummies«, kann sich auf die unzähligen Geheimnisse des menschlichen Daseins völlig verflachend und reduzierend auswirken. »Denn«, so schreibt Phillips, »was können wir mit Verbrechen – und mit Menschen – anderes tun, als ihnen auf die Schliche zu kommen?« Und hier, so erklärt Phillips, trennen sich die Wege des aufklärerischen Freud und des post-freudianischen Freud: Ersterer interessiert sich mehr für das, was der Patient oder die Patientin sich nicht zu wissen erlauben kann, (dessen Verdrängung das Unbewusste ausmacht); letzterer erkennt an, dass der Erwerb von Wissen nur ein Mittel zu weiterem Wissen darstellt, und dass das Wissen darüber hinaus selbst nur eine Art der Erfahrung darstellt. In diesem Fall wird die Psychoanalyse, wie Phillips schreibt, interessant, wenn sie den Schwerpunkt davon weglenkt, wie wir uns selbst zu verständlicheren Wesen machen können, und wenn sie uns hilft, neugieriger darauf zu werden, wie fremd wir in Wirklichkeit sind. Und, so würde ich sagen, dasselbe gilt auch für die Kunst.

Schließlich ist die Behauptung, dass wir selbst oder auch das Geschäft der Liebe oder das Universum als Ganzes oder eine Religion (wie der Islam oder das Christentum) im Wesentlichen grausam oder mitfühlend, im Wesentlichen »nett« oder »nicht nett«, im Wesentlichen friedlich oder gewalttätig, im Wesentlichen optimistisch oder pessimistisch oder im Wesentlichen überhaupt irgendetwas sind, eben allein das, eine Behauptung – eine Behauptung, deren Anspruch auf Gewissheit in der Regel eine Debatte eher befeuert als beendet. Vielleicht könnte man eine solche Behauptung sogar als eine Entscheidung bezeichnen, wenn auch als eine, die durch ein Gemisch aus Erfahrung, Erziehung, genetischer Veranlagung, Ideologie, Stimmung, Zufall und Willen gedämpft wird. Doch was auch immer sie ist, sie kann keine empirische Messung darstellen, kein Urteil, das gefällt wird, nachdem alle Beweise vorliegen.

Freud wusste dies genau; was seine ständig wechselnden Mutmaßungen über die komplexen Triebe erklärt, die das menschliche Tier vorwärtstreiben und verwirren. Das hielt ihn allerdings nicht davon ab, im Laufe seiner Karriere radikale Äußerungen über den Zustand des Menschen an sich zu machen – Äußerungen, die im Laufe der Zeit aus ihren Kontexten herausgelöst und für viele zu »Fakten« geronnen sind, gerade so, als hätte ihre Herkunft von einem Wesen namens Freud sie auf wundersame Weise mit einem dauerhaften, objektiven Autoritätsstempel versehen. In *Das Unbehagen in der Kultur* (1930) schrieb er, »daß der Mensch nicht ein sanftes, liebebedürftiges Wesen ist, [...] sondern daß er zu seinen Triebbegabungen auch einen mächtigen Anteil von Aggressionsneigung rechnen darf. Infolgedessen ist ihm der Nächste nicht nur möglicher Helfer und Sexualobjekt, sondern auch eine Versuchung, seine Aggression an ihm zu befriedigen, seine Arbeitskraft ohne Entschädigung auszunützen, ihn ohne seine Einwilligung sexuell zu gebrauchen, sich in den Besitz seiner Habe zu setzen, ihn zu demütigen, ihm Schmerz zu bereiten, zu martern und zu töten.«

Menschen tun beispielsweise diese Dinge, das ist wahr. Doch Menschen sind auch sanfte Geschöpfe, die geliebt werden wollen (siehe Hitler, der seinen Hund streichelt). Aufgrund von Freuds eigener lehrreicher, schonungsloser Betonung der Ambivalenz liefert sein Lebenswerk in seiner Gesamtheit ein Porträt des menschlichen Tieres, das mehr dazu beiträgt, zu erklären, »warum wir Grausamkeit in manchen Fällen beklagen und in anderen genießen« (siehe Richard Rorty) als das Werk beinahe jedes anderen Menschen. Die dringlichere Frage ist nicht, »was« wir im Wesentlichen sind, sondern warum, wie und wann wir uns entscheiden zu glauben, dass ein Aspekt des menschlichen Seins einen anderen verdrängt, entwertet oder auslöscht.

Diese Frage gilt nicht nur für die *conditio humana*, sondern auch für das Göttliche. »Ich kann nicht an einen Gott glauben, der Schmerz mit Schmerz, Verletzung mit Verletzung und Folter mit Folter vergilt«, schreibt Schwester Prejean als Versuch, ihren Aktivismus gegen die Todesstrafe im Lichte der christlichen Theologie zu erklären. »Auch glaube ich nicht, daß Gott menschlichen Stellvertretern die Macht zu quälen und zu töten an die Hand gibt.« Schön und gut. Doch es verwundert nicht, dass Prejean sich immer öfter »von solchen Diskussionen fernh[ält]« und stattdessen versucht, »auszudrücken, was [sie] persönlich von Jesus und dem ethischen Vertrauen, das er den Menschen entgegenbrachte, glaub[t]: ein Antrieb zum Mitleid, das Entwaffnen von Feinden und die Solidarität mit armen und leidenden Menschen.«

Dieser Glaube ist eine Entscheidung oder eine Fokussierung, und zwar mit einem Ziel. Er ist im Wesentlichen pragmatisch, und ich respektiere Prejeans Bereitschaft, diesen Pragmatismus in den Mittelpunkt zu stellen. Wenn wir uns für eine Überzeugung entscheiden und danach handeln, verändern wir die Art und Weise, wie die Dinge sind – davon war der Pragmatiker William James überzeugt. Prejean hat sich diese Art des Glaubens und Handelns auf geniale Weise zunutze gemacht und der Welt damit gute Dienste erwiesen. Doch als Theologie wird sie vermutlich niemanden überzeugen. Das ist auch völlig unproblematisch, solange man bereit ist, sich von der Theologie abzuwenden und sich dem verwirrenden, aber bedeutenden Labyrinth von Gewohnheiten, Entscheidungen, Verweigerungen, Bestrebungen und Handlungen zuzuwenden, das eine lebendige Ethik ausmacht.

In ihrem Buch *Geborgen im Sein* erzählt die buddhistische Lehrerin Sharon Salzberg eine Geschichte, die eine erfrischende Alternative zur Sage von der Suche nach der Wahrheit über uns selbst bietet, insbesondere der Wahrheit über unsere angeborene Güte oder Schlechtigkeit. »Als ich 1984 zum ersten Mal bei Sayadaw U Pandita meditierte, kamen mir eine Zeitlang sehr bedrückende

Erinnerungen an all die schrecklichen Dinge, die ich in meinem Leben getan hatte. [...] Ich sagte: ›Wissen Sie, mir fällt eine Begebenheit nach der anderen ein – all die schlimmen Sachen, die ich gemacht habe. Ich fühle mich gräßlich. Ich fühle mich furchtbar. Ich fühle mich entsetzlich.‹ U Pandita sah mich an und sagte: ›Siehst du nun endlich die Wahrheit über dich?‹ Ich war über seine Reaktion schockiert. Ich war zwar völlig damit beschäftigt, mich zu kritisieren und zu verurteilen, aber an dieser Bemerkung war etwas, das meinen Widerspruchsgeist weckte. Ich dachte: ›Nein, ich sehe nicht die Wahrheit über mich.‹ Und dann sagte er einfach: ›Denke nicht mehr daran.‹ Erst später begriff ich, wie weise dieser Rat war.«

Kurzum: Versuche, herauszufinden, »wer wir wirklich sind«, dienen meist als rhetorische Spielfiguren aussichtsloser Diskussionen, die von konkurrierenden Weltanschauungen angeheizt werden (etwa, Menschen sind »wirklich« in erster Linie eigennützig, daher ist ein eigennütziger Kapitalismus das für uns am besten geeignete System; Menschen sind »naturgemäß« anfällig für Aggression und Konflikte, daher wird es immer irgendeine Form von Krieg geben; oder, umgekehrt, wir tendieren zu einem »freundlichen Leben – einem Leben, das davon geprägt ist, uns instinktiv, mitfühlend mit den Verletzlichkeiten und Vorlieben unserer Mitmenschen zu identifizieren«, wie Adam Phillips und Barbara Taylor in *Freundlichkeit: Diskrete Anmerkungen zu einer unzeitgemäßen Tugend* argumentieren). Im Lichte dessen kann Sayadaw U Panditas Ratschlag, nicht mehr darüber nachzudenken – oder vielleicht, nicht mehr darüber zu sprechen – als der beste Ratschlag überhaupt erscheinen. Zumindest schafft die Befolgung derartiger Ratschläge Raum für andere Gespräche, andere Fragen.

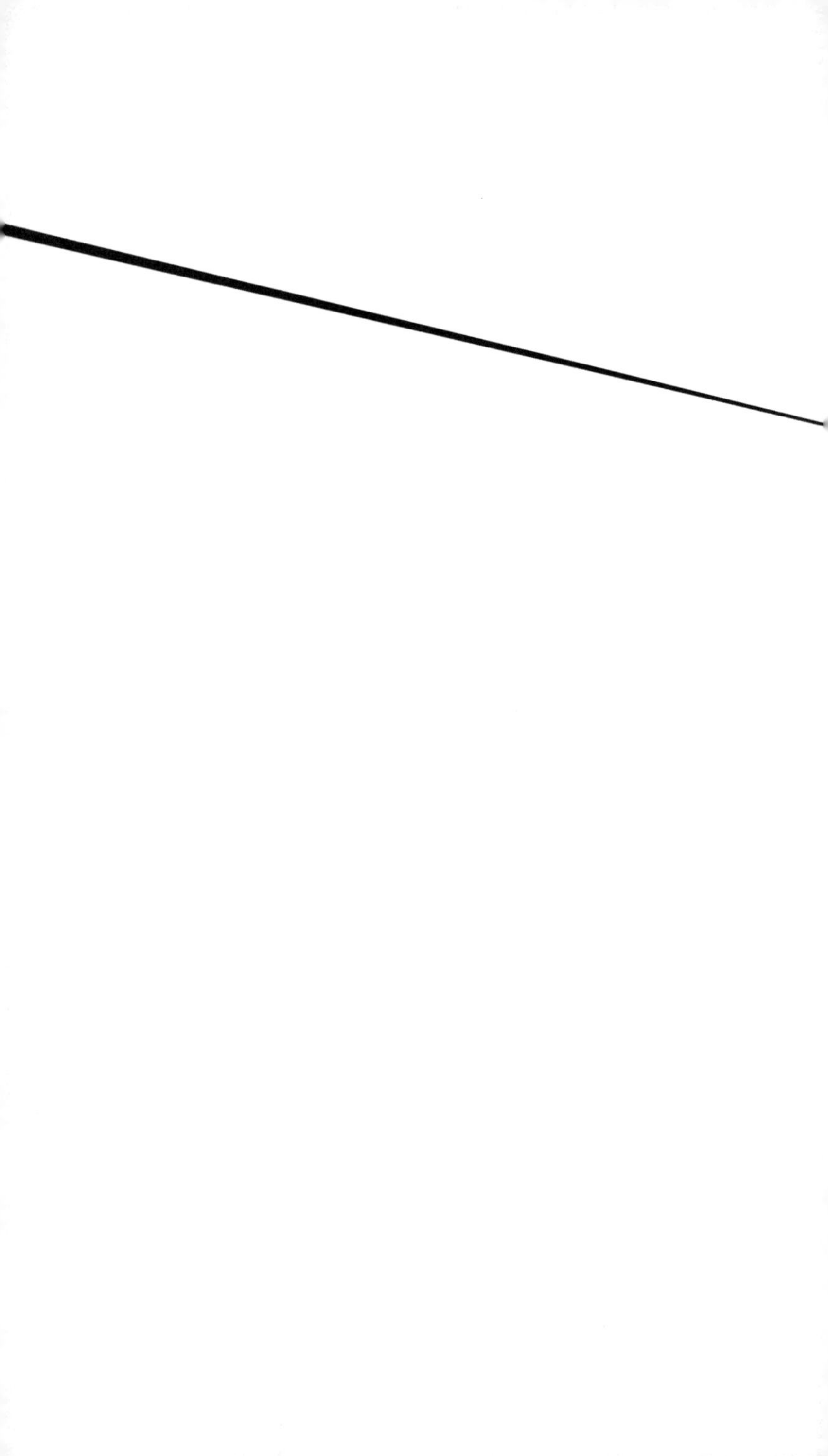

Eine Fleischessituation

Wenn wir wenigstens Menschen sind, müssen wir zugeben, dass Menschen ein ständiges Interesse daran haben, zu bestimmten Zeiten und in bestimmten Kontexten zu Dingen zu werden, ebenso wie wir zugeben müssen, dass Menschen daran interessiert sind, andere Menschen zu Dingen zu machen. Das Schreckgespenst unserer möglichen »Objektwerdung« – dass sich unser (lebendiges) Fleisch eines Tages in (totes) Fleisch verwandelt – ist ein Schatten, der uns das ganze Leben lang begleitet.

Natürlich ist dieser Schatten für manche dunkler als für andere. Sicherlich war er für Francis Bacon dunkel: »Jedesmal, wenn ich einen Fleischerladen betrete, bin ich in Gedanken überrascht, daß nicht ich dort anstelle des Tieres hänge«, sagte er einmal. Auch für Simone Weil war er dunkel, was ihre Kritik in »Die Ilias oder das Poem der Gewalt« schwierig macht. Weils Protest beruht auf ihrem Entsetzen über die Fähigkeit der Gewalt, Menschen in Sachen zu verwandeln – entweder in eine tote Sache (das heißt eine Leiche, die durch »Gewalt, die tötet« geschaffen wird) oder in eine Sache, die eine Seele hat (das heißt, die Hülle eines Menschen, die geschaffen wird durch »Gewalt, die nicht tötet, oder besser gesagt: noch nicht« – »eine Mischung von Mensch und Leichnam«, wie Weil letztere nennt). Und doch sind Weils theologische Überlegungen von dem Wunsch durchdrungen, gänzlich auf Subjektivität zu verzichten und sich völlig zu entleeren, auszulöschen, »dinghaft« zu werden, um sich Gott anzunähern. »Hat man einmal begriffen, dass man nichts ist, so ist das Ziel aller Anstrengungen, nichts zu werden«, schrieb sie. »Meine Speise ist die, dass ich tue den Willen dessen, der mich gesandt hat.«

Durch die Brille der christlichen Theologie betrachtet, besitzt diese Komplexität nichts Paradoxes. Denn im Christentum verwandeln Kreuzigung und Auferstehung Jesu eine ansonsten brutale »Fleischessituation« in eine Szene der göttlichen Erlösung – nicht nur für Christus, sondern auch für uns, wenn wir seine Apostel werden. Wie Weil in *Schwerkraft und Gnade* zusammenfasst: »Der falsche Gott verwandelt das Leiden in Gewaltsamkeit. Der wahre

Gott verwandelt die Gewaltsamkeit in Leiden.« Dies ist eine der packendsten Verheißungen des Christentums: dass Gewalt nicht bloß Gewalt bleiben muss, sondern durch den Glauben in Leiden verwandelt werden kann, das aufgrund des Opfers Christi am Kreuz niemals vergeblich ist.

Die Kreuzigungen Bacons stehen in direktem Gegensatz zu dem obigen Narrativ. Wie John Russell bemerkt hat, unterscheiden sich Bacons Kreuzigungen wesentlich von denen auf religiösen Gemälden, denn es ist nicht Bacons Ziel, *die* Kreuzigung zu malen; vielmehr malt er *eine* Kreuzigung – dabei handelt es sich für Bacon bloß »um eine Gattungsbezeichnung für eine Situation, in der Personen körperlicher Schmerz im Beisein von Zuschauern zugefügt wird.« »Ich weiß, daß für religiöse Menschen, für Christen, die Kreuzigung eine völlig andere Bedeutung hat«, sagt Bacon. »Aber für mich als einen Nichtgläubigen war sie eben ein Akt des menschlichen Verhaltens, des Verhaltens eines Wesens einem anderen gegenüber.« Mit einem Wort, wenn man die Passionsgeschichte ausklammert, wenn man das leuchtende, leidende Gesicht und den Körper Jesu ausklammert, wenn man das Gespenst einer wundersamen Auferstehung ausklammert, bleibt ein Akt kahler Grausamkeit zurück – eine Fleischessituation – sowie eine Ansammlung von Opfern, Täterinnen, Zeugen und Komplizinnen dieses Aktes.

Kurzum, was für manche als sinnvolles, göttliches Leiden erscheint, sieht für andere oft wie brutale, vermeidbare Gewalt aus. Religiöse Überzeugungen schützen nicht vor dieser Kluft; viele würden sogar sagen, dass sie von ihnen erst verursacht wird. Ein besonders krasses Beispiel dafür ist Mel Gibsons lächerlicher Blutbad-Film *Die Passion Christi* (2004), der sich in etwa 100 seiner 126 Minuten auf die Folterung, die Verstümmelung und den Tod des Körpers Christi konzentriert. »Ich wollte, dass die Gewalt schockierend ist; und ich wollte, dass sie extrem ist«, erklärte Gibson in einem Interview mit Diane Sawyer am 16. Februar 2004, »damit das Publikum die Ungeheuerlichkeit – die Ungeheuerlichkeit seines Opfers – sieht.« Die Kritik war von dieser Logik, die den

Schock und die Ehrfurcht vor der Ultragewalt im Surround-Sound als lohnendes Mittel zur Heranführung junger Menschen – einschließlich kleiner Kinder – an den christlichen Glauben propagiert, größtenteils nicht zu überzeugen, und mitunter war sie sogar entsetzt. Viele Kirchen hingegen rissen sich für den Film die Beine aus, boten Freikarten an, veranstalteten Diskussionsgruppen und mieteten private Kinosäle, um eine weite Verbreitung des Films zu gewährleisten, da sie der Meinung waren, dass »der Film eine einzigartige Gelegenheit bietet, das Christentum auf eine Weise zu vermitteln, mit der sich das heutige Publikum identifizieren kann« (wie ein gewisser Reverend John Tanner aus Alabama verlauten ließ).

Eine der bösartigsten Satiren der obigen Logik findet sich in Franz Kafkas ungeheuerlich finsteren Erzählung aus dem Jahr 1914, »In der Strafkolonie«. Darin schwärmt Kafkas Offizier, der einen Folter- und Hinrichtungsapparat bedient, von den glorreichen Zeiten in der Kolonie, als öffentliche Folterungen und Hinrichtungen ein beliebtes Spektakel waren: »Es war unmöglich, allen die Bitte, aus der Nähe zuschauen zu dürfen, zu gewähren. Der Kommandant in seiner Einsicht ordnete an, daß vor allem die Kinder berücksichtigt werden sollten; ich allerdings durfte kraft meines Berufes immer dabeistehen; oft hockte ich dort, zwei kleine Kinder rechts und links in meinen Armen. Wie nahmen wir alle den Ausdruck der Verklärung von dem gemarterten Gesicht, wie hielten wir unsere Wangen in den Schein dieser endlich erreichten und schon vergehenden Gerechtigkeit! Was für Zeiten, mein Kamerad!«

Wie später deutlich wird, entkräftet der Offizier die Interpretation der Hinrichtung in der Geschichte vor allem durch die Gegenüberstellung solcher Monologe mit der offenkundig abstoßenden vorliegenden Fleischessituation (einer Situation, die vielleicht durch das wiederholte Auftauchen des Filzstumpfs verkörpert wird, den der Gefangene im Apparat wie einen Knebel tragen muss – ein Knebel, der mit dem Erbrochenen all derer durchtränkt ist, die zuvor in der Maschine hingerichtet wurden).

Bacons Gemälde *Drei Studien zu einer Kreuzigung* (1962) und *Kreuzigung* (1965) bieten Szenen von ähnlich abstoßender (wenn auch vielleicht unbeabsichtigter) Satire. In beiden Gemälden ähnelt der Gekreuzigte eher einem gespaltenen Tier als einem Menschen und steht auf dem Kopf – »ein Bild eines Wurms, der das Kreuz hinunterkriecht«, wie Bacon es einmal formulierte – und nicht einem Kind Gottes, das sich auf seinen Aufstieg vorbereitet. (Ein auf dem Kopf stehendes Kreuz ist auch ein derbes Symbol für Blasphemie.) Die Zuschauenden auf den Gemälden sind dezidiert modern: kein Weinen oder Wiegen des Fleisches – nur eine Frau, die aussieht, als würde sie an einem schlimmen Verkehrsunfall vorbeifahren, zwei Männer, die sich beiläufig nach einem brutalisierten Häftling in ihrem Gewahrsam erkundigen könnten, und zwei Männer mit Filzhüten, die an einer Imbisstheke zu essen und von dem blutigen Geschehen neben ihnen völlig unberührt scheinen. Und dann, natürlich, an der Spitze des Dreiecks, stehen wir und blicken auf das Fleisch und auf die Leute, die zuschauen oder nicht zuschauen (was mittlerweile, wie bei Mendieta, eine vertraute Anordnung ist).

»Für Bacon ist das Schlimmste schon geschehen«, schreibt John Berger in »Francis Bacon und Walt Disney«, einem Essay, der eine absichtlich schockierende Verbindung zwischen Bacons Gemälden und Disney-Zeichentrickfilmen herstellt. Berger vertritt hier das Argument, dass Bacons Beharren auf dieser Spätheit – auf dem Gefühl, dass man beim Betrachten des Bildes nur noch verspätet zu dem Gemetzel hinzukommen kann (anstatt eingreifen, es verstehen, daran teilnehmen oder es verhindern zu können) – dass dieses Beharren darauf hindeutet, dass sowohl »Ablehnung wie Hoffnung zwecklos sind«. Laut Berger verfolgen Disney-Zeichentrickfilme dasselbe Ziel, auch wenn dort gilt: »Die äußerste Katastrophe ist stets zu erwarten«: beide stellen Welten dar, sagt Berger, die man überschreiben könnte mit den Worten: *Etwas anderes gibt es nicht.* Bedenkt man, wie viel Wert Berger Verweigerung, Hoffnung und unausgesprochener Möglichkeit zumisst, so erscheint dies als eine heftige Kritik.

Das Problem liegt meines Erachtens in Bergers Bereitschaft, Bacons Unternehmung eine so übergreifende Kraft beizumessen. Denn auch wenn die Gemälde in der Tat die Idee nahelegen, dass es etwas anderes als das Dargestellte nicht gibt, so bleibt diese Idee schließlich nur ein Vorschlag, ein vorübergehendes Angebot. Wenn man die Bilder betrachtet (etwa in der Retrospektive zu Bacons 100. Geburtstag im Jahr 2009 im Metropolitan Museum of Art), bleibt zwischen den einzelnen Leinwänden Platz, man kann durch den Raum spazieren. Man kann kommen und gehen, genau hinschauen und auch wieder wegschauen, lange verweilen oder einfach vorübergehen, ob auf dem Weg zur Toilette oder zum Museumsshop. Die Darstellung von Spätheit oder Gedankenlosigkeit auf den Gemälden – ganz gleich, wie klaustrophobisch sie auch sein mag – erfordert nicht, dass wir uns mit ihr abfinden. Es sind Bilder; unsere Aufgabe ist es, sie zu betrachten. Es besteht keine Notwendigkeit oder gar Aufforderung, sich ihren Bedingungen zu unterwerfen.

Es stimmt, wie Berger andeutet, dass Bacons Gegenstand nicht das Bewusstsein ist. Auch nicht die Empathie – oder zumindest die Art von Empathie, die vom Bewusstsein bestimmt wird. Bacons Kreuzigungen fordern uns nicht auf, mit Empathie auf sie zu reagieren. Die Opfer bieten keine von gequälter Glückseligkeit strahlenden Gesichter für unsere spirituelle Kontemplation. Stattdessen sehen wir in *Kreuzigung* eine zentrale Bildtafel mit einem gesichtslosen, aufgebrochenen rosa Kadaver, dessen vordere beiden Gliedmaßen mit unversöhnlichen Bandagen an die Kreuzigungsfläche geklebt sind. Und doch ist es möglich, dass sich beim Betrachten dieses Gemäldes eine heftige Art von Empathie einstellt. Es ist nicht die Art von Empathie, die uns innehalten lässt, bis wir das Gefühl haben, dass wir das Wesen, dem dieses Fleisch gehört oder einst gehörte, verstanden haben. Wir warten nicht darauf, dass sich dieselben Gefühle, die wir empfunden haben, in einem überaus menschlichen Gesicht widerspiegeln. (Tatsächlich besitzen die zuschauenden Figuren bei Bacons Kreuzigungen in der

Regel die erkennbar menschlicheren Gesichter, und doch wirken sie schrecklicher als die Katastrophen aus Fleisch und Blut, die sich mit ihnen in einem Raum befinden.) Es wird nicht versucht, uns zu schockieren und somit »die Ungeheuerlichkeit des Opfers« zu vermitteln. Es gibt kein Opfer. Wir müssen Bacons Figuren nicht verstehen oder kennenlernen, um ihren Schmerz nachzuvollziehen, und auch müssen sie nicht die erbärmlich massakrierten Kinder Gottes darstellen. Sie sind Tiere, die sich im Abstieg befinden, so wie wir selbst, und das reicht aus.

Die Figuren, die Sylvia Plaths späte Lyrik dominieren, befinden sich dagegen beinahe immer im Aufstieg. Doch wie bei dem Geist von »Madame Lazarus«, der sich in den letzten Zeilen des Gedichts aus der Asche erhebt und verkündet »ich esse Männer wie Luft«, ist ihr Aufstieg meist nicht sehr hübsch. Plaths auferstandene Figuren haben eine unheimliche Wirkung, die der von Bacons Würmern ähnelt, die an ihren Kreuzen hinunterkriechen: Sie verbieten die Zusicherungen von Martyrium, Wiedergeburt und Auferstehung auf ähnlich brutale Weise. Dabei enthüllen sie aber auch noch etwas Weiteres: die Grausamkeiten und die Komplexität der Auferstehung und ihre Verbindungen zu potenziell tödlichen Formen der psychologischen oder historischen Amnesie. In »Anreise« zum Beispiel kämpft Plaths Sprecherin – die irgendwo zwischen einem ungeborenen Fötus und einem Kriegsgefangenen in einem Zug auf dem Weg zur Schlachtung gestrandet zu sein scheint – zu einem Ziel zu gelangen, sich von Adams Seite zu erheben, »zu einem Namen, zwei Augen« zu fliehen, um das Ziel zu erreichen, das sie als »Blutfleck« bezeichnet, »als Gesicht am Ziel der Blendgranate«. Schließlich kommt sie dort – oder irgendwo – auch an; die letzten Zeilen des Gedichts lauten: »Und ich entsteige dieser Haut / Aus alten Bandagen, Stumpfsinn, alten Gesichtern, // Steige zu dir aus Lethes schwarzem Gefährt, / Rein wie ein Kind.« Das ist sehr schrecklich, und doch hat man den Eindruck, dass für dieses Wiedergeborene – und vielleicht auch für uns, wenn wir ihm begegnen – das Schlimmste noch bevorsteht.

An anderer Stelle sind Plaths Aufstiege von eher metaphysischer Art, wie in »39,4° Fieber«: »Ich denke, ich hebe ab / Ich denke, ich steige auf – / Bleitropfen flattern, und ich, Liebster, eine // Reine Acetylen- / Jungfrau / Begleitet von Rosen, // Küssen und Cherubim, / Und was immer die rosa Dinger bedeuten.« In Bezug auf diesen Aufstieg schrieb ein Kritiker einmal: »Das ist schwindlerische Spiritualität, und sie findet viel Bewunderung – manche scheinen gar erfreut darüber, dass Plath sie nicht überlebt hat.« Ich denke allerdings, dass sich aus Plaths sarkastischem Tonfall (»was immer die rosa Dinger bedeuten«) ziemlich deutlich herauslesen lässt, dass sie solche Aufstiege selbst mit dem Schwindel zu färben versucht, gerade um jede oberflächliche Wiedergeburt oder Reinheit zu untergraben, die man typischerweise damit assoziiert. Ich für meinen Teil bin nicht besonders erfreut darüber, dass Plath so früh starb, doch ich bin erfreut darüber, dass es ihr in ihrem kurzen Leben gelungen ist, eine Dichtung zu erschaffen, die schonungslos jene Gefahren aufzeigt, die entstehen, wenn man wider Erwarten hofft, von der Amnesie (»aus Lethes schwarzem Gefährt«) zu einer kindlichen Reinheit (»Rein wie ein Kind«) zu gelangen.

Viele betrachten die Konfrontation mit dem fleischgewordenen Körper, wie sie in Splatterfilmen inszeniert wird, als grundlegend für die psychologische Anziehungskraft derartiger Filme, da sie eine unterhaltsame, übertriebene Gelegenheit bieten, unseren Urängsten vor den schlimmstmöglichen Schicksalen unserer sterblichen Hülle begegnen. Sicher ist es kein Zufall, dass ein Schlachthaus einen zentralen Platz in den Filmen der *Texas Chainsaw Massacre*-Reihe einnimmt, und auch nicht, dass in vielen Horrorfilmtiteln das englische Wort für Fleisch, *meat*, auftaucht, etwa in *Dead Meat*, *The Midnight Meat Train*, *Meat Grinder* und so weiter. (Man denke auch an das grandiose Sci-Fi-Horror-Spektakel *District 9* von 2009, das einen futuristischen Stoff mit einer unerbittlichen, düsteren

Besessenheit von Fleisch verbindet, einschließlich kannibalistischer Fressorgien, katzenfuttersüchtigen Aliens, der spektakulären Verwandlung von Menschenfleisch in Alien-Fleisch, ungeheuerlicher Organentnahme und vielem mehr).

Im Englischen bezeichnet man Pornofilme häufig als *meat movies,* als »Fleischfilmchen« – nicht wegen toten Fleisches, sondern wegen ihres beharrlichen, intensiven Fokus auf bestimmte Körperteile (das heißt die Teile, die beim Ficken eine Rolle spielen), ein Fokus, der den Effekt haben kann, den Körper in isolierte Fleischstücke zu zerlegen, die keinerlei menschliche Individualität besitzen. (Gelegentlich überkreuzt sich die Rhetorik der beiden Genres, etwa in dem Begriff *fresh meat vixen*, der manchmal zur Beschreibung weiblicher Stars in Horrorfilmen gebraucht wird.) Wie das berüchtigte Titelbild von *Hustler* im Juni 1978 deutlich machte, hat die Heteropornografie eine lange und belastete Geschichte, aus Frauen Fleisch zu machen (auf dem Titelbild ist eine Frau zu sehen, die in einen Fleischwolf gesteckt wird, wobei nur ihre Beine noch herausragen; daneben ein Zitat von Larry Flynt: »Wir werden Frauen nicht mehr wie Fleischstücke aufhängen« – was wohl bedeutet, dass *Hustler* sie von nun an zerkleinern wird).

Dieser Fleisches-Aspekt der Pornografie wird von bestimmten Feministinnen und Moralisten regelmäßig als frauenfeindlich, seelenaussaugend und familienzerstörend angeprangert (zumindest für Heteros; die Seelen und Familien queerer Menschen sind vermutlich ohnehin zu verdammt, als dass man sich groß um sie zu scheren braucht). Bücher wie Carol J. Adams' *The Sexual Politics of Meat* und *The Pornography of Meat* gehen in ihrem Bemühen, Bereiche sexueller, ökonomischer und ökologischer Ungerechtigkeit miteinander zu verbinden, noch weiter. Das Aufkommen von Internetpornografie hat die Anschuldigungen nur noch verschärft, da das Internet Pornografie nicht nur allgegenwärtig, sondern auch raubtierhaft gemacht hat: Sie spürt dich genauso auf, wie du sie aufspürst, und selbst die unbedarftesten User sind nur drei Klicks davon entfernt, einen zehnjährigen Jungen zu sehen, der jemandem einen bläst, oder eine Frau, die von einem Pferd penetriert wird. (Und vergiss nicht, dich vor den Lockvögeln von »Perverted Justice« in Acht zu nehmen!)

Das mag alles sein, wie es will. Doch wir übersehen etwas Entscheidendes über die »Verfleischlichung« von Pornografie, wenn wir uns nur auf seine süchtig machenden, entfremdenden und frauenfeindlichen Aspekte konzentrieren. Denn Ekstase – daran werden wir ständig erinnert – heißt buchstäblich, außer sich zu sein, sich also ganz leicht von seinem Körper und Geist zu entfernen. Von diesem Standpunkt aus könnte man den eigenen Körper – und vielleicht sogar das eigene Bewusstsein – als etwas erleben, das sich anfühlt wie ein Ding. Die transzendenten Teile dieses Zusammenstoßes werden in der Regel nicht im Film festgehalten; wahrscheinlich sind sie auch nicht festhaltbar. Die Pornografie überlässt uns stattdessen das Spektakel des Fleisches.

Mit einer Kameraführung, die mehr mit laparoskopischer Chirurgie als mit Kino zu tun hat, versucht die Hardcore-Pornografie, den körperlichen Fähigkeiten zu Berührung und Penetration übernatürlich nahe zu kommen. Je näher man kommt, das heißt, je mehr *hardcore* die Pornografie ist, desto abstrakter wird es. Und je abstrakter es wird, desto größer wird das Geheimnis, warum es funktioniert – warum das Betrachten von Nahaufnahmen pulsierender rosa Körperteile, die sich in und umeinander bewegen, die meisten von uns sofort erregt. Virginie Despentes stellt hierzu über den Porno fest: »Das ist seine größte Kraft, seine geradezu mystische Dimension«.

Natürlich ist nicht alle »Dinghaftigkeit« gleich, und man muss genug Zeit seines Lebens *nicht* als Ding gelebt haben, um den Unterschied zu erkennen. (Das mag teilweise erklären, warum die Verfleischlichung in Schwulenpornos nicht dieselbe Art von Angst auslöst wie in Heteropornos: Da Männer – oder jedenfalls weiße Männer – nicht dieselbe historische Beziehung zur Objektivierung haben wie Frauen, droht ihre Verfleischlichung nicht sofort wie eine grausame Redundanz zu wirken.) Selbst ein literarisches

Meisterwerk des Masochismus wie Pauline Réages *Geschichte der O* ist auf die Subjektivität seiner Protagonistin angewiesen, um lebendig zu bleiben: Bis zu Os selbstbewusster Verwandlung in ein Ding ist der Roman fesselnd, doch sobald sie Sir Stephen um Erlaubnis bittet, sich umbringen zu dürfen und ausgelöscht wird, lässt die Spannung nach; der Traum ist sozusagen gestorben. Der Marquis de Sade löste dieses Problem, indem er sich einen endlosen Vorrat an Opfern gönnte, die er korrumpieren, wichsen, foltern und töten konnte. Allerdings kippte er sein Werk so ins Komische.

Auch kippte er es ins Eintönige. Tatsächlich ist einer der faszinierendsten Aspekte an Sades Werk seine immense Fähigkeit, zu schockieren und seine gleichzeitige immense Fähigkeit, zu langweilen. Eine solche Koexistenz ist typisch für die Pornografie, doch der schiere Umfang von Sades Werk – in Verbindung mit seiner Angewohnheit, eine Orgie durch eine fünfzigseitige Abhandlung über die französische Politik zu unterbrechen – verleiht dieser Koexistenz eine völlig neue Bedeutung. Doch vielleicht liegt die größte Eintönigkeit bei Sade nicht in seiner Vorliebe für umfangreiche oder abschweifende Reden, sondern in seiner Vorliebe für totes statt lebendiges Fleisch. Wie Angela Carter in *Sexualität ist Macht: Die Frau bei de Sade* schreibt: »Es ist ein Irrtum zu meinen, die Substanz, aus der [Sades] Akteure bestehen, wären ihre Leiber. Sie haben überhaupt nichts Lebendiges und Sinnliches an sich. Sade ist ein großer Puritaner, der allem, was er in die Hände bekommt, jede Sinnlichkeit nimmt; deswegen schreibt er über sexuelle Beziehungen, als ginge es um Metzgerhandwerk und Schlachtfleisch.«

Sades Vorliebe für totes Fleisch ist wie jene von Bacon zum Teil auf seinen ausgeprägten Atheismus zurückzuführen. Er ist gänzlich gegen die Transsubstantiation. Stattdessen findet man mechanisch ausgeführte Penetration, Kannibalismus, Nekrophagie, Koprophagie und dergleichen mehr. Dieser verfleischlichende Aspekt Sades unterscheidet ihn von vielen anderen transgressiven Pornographen, darunter Georges Bataille, dessen Blasphemie stets von einem mystischen Interesse am heilig gewordenen Fleisch durchdrungen ist (wie in den rituellen Sexualmorden an Klerikern in Batailles pornografischem Klassiker, *Geschichte des Auges,* deutlich wird). Wie Sontag in *Das Leiden anderer betrachten* schreibt, verbindet Bataille »den Schmerz mit dem Opfer und das Opfer mit Erhebung [...] – eine Ansicht, wie sie dem modernen Empfinden fremder nicht sein könnte, das im Leiden stets einen Fehler, einen Unfall oder ein Verbrechen sieht.« (Bacons Kreuzigungen sind eine gute Veranschaulichung des Letzteren, auch wenn sie keinen konsequenten Impuls zur Korrektur, zur Gerechtigkeit auslösen.) Batailles Interesse am Opfer unterscheidet sich jedoch grundlegend von dem des Christentums (und von dem Gibsons), da Bataille der Meinung war, dass die Einführung von Gott, Erlösung und Läuterung in ein Ereignis die heiligsten Attribute des Aktes verleugne: Übertretung, Sadismus, Profanität, Unreinheit sowie den Tod von Gott.

Dieser verfleischlichende Aspekt von Sade unterscheidet ihn auch von den Kunstschaffenden des Wiener Aktionismus, die regelmäßig bekräftigten, dass bestimmte Formen des Tötens – wie Nitschs Abschlachten von drei Stieren während des *6-Tage-Spiels* oder Muehls Vorliebe für das Enthaupten von Gänsen (wie in *Oh Sensibility* [1970], in dem Muehl den Halsstumpf der Gans für sexuelle Zwecke gebraucht) – durch ihre Anwendung im Ritual transformiert und geheiligt werden. Über *Oh Sensibility* sagte Muehl: »Ich wurde zu Jupiter, und die Gans wurde zum Symbol der Frau. Ich wurde zum Priester, der sie nicht töten konnte, um sie zu verschlingen, sondern um mit ihr eine Art magisches Ritual durchzuführen. ... Ich billige keine Tiermorde. Ich zeige die Sentimentalität und die Heuchelei. Mit Tränen in den Augen verschlingen sie ihre Gänse! Aktionismus ist Provokation und Performance, die Darstellung der Doppelmoral.«

Obwohl meine Abneigung gegen die Tötung von Tieren für die Kunst wahrscheinlich nicht so schnell nachlassen wird, findet sich meiner Ansicht nach in John Waters' Film *Pink Flamingos* ein interessanteres Beispiel für Verfleischlichung. Während einer beunruhigenden sexuellen Begegnung zwischen Crackers (Danny Mills) und Cookie Mueller in der berüchtigten »Hühnerfick«-Szene quetscht Crackers ein lebendes Huhn zwischen seinem Körper und dem von Cookie zu Tode. (»Selbst ohne Kopf waren sie noch ein lebendiger, gemeiner Haufen Geflügel, der mit aller Kraft um sich flatterte und trat«, erinnert sich Mueller in ihrem großartigen Memoir *Walking through Water in a Pool Painted Black.* »Sie haben mich wirklich verletzt. Ich hatte diese Hühner unterschätzt, auch wenn sie mir leidtaten.«) In den Jahren seit den Dreharbeiten zu *Pink Flamingos* hat Waters die Kritik nicht gerade besänftigt durch seine häufig wiederholte an Warhol erinnernde Argumentation: »Wir haben das Leben des Huhns verbessert. Es ist in einem Film gezeigt worden, es ist gefickt worden und es ist berühmt geworden.« Aber immerhin macht sich diese Verteidigung über die stattfindende Projektion lustig (das heißt, dass wir alle wissen, dem Huhn war es wahrscheinlich egal, dass es gefickt und berühmt wurde, und wir alle wissen, dass Waters das auch weiß), anstatt sich wie Muehl von der anthropozentrischen Projektion verführen zu lassen, es habe ein »magisches Ritual« stattgefunden, bei dem das Männchen »zu Jupiter« wurde und die Gans »zum Symbol der Frau.«

Als Waters 2001 gefragt wurde, ob er jemals das Bedürfnis verspürt habe, sich von seinen Provokationen zu distanzieren, antwortete er: »Würde ich heute ein Tier in einem Film töten? Wahrscheinlich nicht. Ich meine, wir haben sie ja gegessen. Es gab kein Catering beim Dreh von *Pink Flamingos*, da musste man irgendwas im Wald finden, es umbringen und essen. Es gab da nicht so etwas wie ein ›Lunch‹.« Mueller schreibt dasselbe: »Später, als der Drehtag beendet war und die Sonne hinter dem Horizont der blattlosen Winterbäume versank, haben wir all diese Hühner gebraten und ein großes Festmahl für das gesamte Ensemble und die Crew veranstaltet. Die Hühner, die mir vorher so leidgetan hatten, waren wirklich ausgezeichnet.«

Totes Fleisch taucht in *Pink Flamingos* immer wieder auf, und zwar häufig auf urkomische Weise. Wer könnte die Nahaufnahme von Raymond Marbles Genitalien vergessen, als er eine Frau in einem öffentlichen Park anstrahlt und dabei nicht nur seinen Penis, sondern auch ein knorziges Stückchen Wurst offenbart, das daran festgebunden ist? Diese Dopplung der beiden Arten von Fleisch, zusammen mit dem Pathos der schmerzhaft aussehenden Schnur, die sie verbindet, macht den Penis zu einem gefesselten, entleerten Stück Fleisch, einem Rest unter den Überresten. (*Soll niemand meinen Schwanz steif machen* – ja, bloß nicht!) Waters ist genauso pervers wie Sade oder der Aktionismus, aber seine Perversität erstreckt sich fröhlich auf Bereiche der Sexualität, in denen der Phallus regelmäßig zum Penis degradiert wird, eine Fleischessituation, die eher durch Bathos, Komik und Möglichkeit als durch Machtkämpfe oder schwülstige Mythenbildung gekennzeichnet ist.

Wie *Pink Flamingos* verdeutlicht, kann das Ergebnis, wenn der verfleischlichte Körper zum Äußersten getrieben wird, ziemlich lustig sein, wenn auch auf düsterste Art und Weise. (Als ich Bacons blutigste Kreuzigung zum ersten Mal *in natura* sah – ein Triptychon, über das Bacon sagte, er habe es in einem Zustand äußerster Trunkenheit gemalt – musste ich laut lachen. Der Kritiker Jerry Saltz schlug in seiner Besprechung der Retrospektive zu Bacons 100. Geburtstag 2009 im Metropolitan Museum ebenfalls einen humorvollen Ton an und stellte fest, dass Bacon »vielleicht der einzige Maler ist, der in seinem Namen einen Anklang eines seiner Hauptthemen trägt, dem Fleisch.«) Ein Großteil von physischem Humor beruht auf der Verletzlichkeit des menschlichen Körpers: der Slapstick schlägt in diese Kerbe – auch wenn Slapstick per Definition darauf bedacht ist, dem Publikum zu versichern, dass kein wirklicher Schaden entsteht. (Das Wort »Slapstick« kommt von *battacchio*, einem Gegenstand, der im italienischen Theater verwendet wurde, um beim Aufprall ein lautes Geräusch zu erzeugen, ohne das zu verletzen, was von ihm geschlagen wird.) Die Komödie verfinstert sich, wenn wir diese Gewissheit verlieren oder wenn – wie in *Family Tyranny* – die Gewissheit selbst auf unerklärliche Weise aufhört, Beruhigung zu stiften.

Noch unangenehmer wird es, wenn die Komik ungewollt ist. Man denke zum Beispiel an die Szene aus Steven Spielbergs Holocaust-Epos *Schindlers Liste*, in der ein Nazi-Offizier einer jüdischen Frau unerwartet und plötzlich aus nächster Nähe in den Kopf schießt, sodass ihr Körper unbeholfen zu Boden fällt. Bei einem bedauerlichen Vorfall im Jahr 1994 machten 69 Schulkinder der Castlemont High School in Oakland, Kalifornien, am Martin Luther King Day einen Ausflug ins örtliche Kino, um *Schindlers Liste* anzusehen. Während der erwähnten Szene begann eine Gruppe von Castlemont-Schulkindern – die meisten von ihnen waren Schwarze und *Hispanics* – sie begannen zu lachen, was andere Leute im Publikum (von denen einige offenbar Holocaust-Überlebende waren) als tiefste Beleidigung empfanden. Die Kinoleitung beendete die Vorführung vorzeitig und verwies die Schulkinder des Kinos.

Wie man sich vorstellen kann, sahen sich die Castlemont-Schulkinder in den folgenden Wochen einem Sturm von Anschuldigungen wegen Antisemitismus, kultureller Unsensibilität, Herzenskälte und Desensibilisierung gegenüber Gewalt ausgesetzt. Die Episode gipfelte in einer öffentlichen Entschuldigung auf einer im Fernsehen übertragenen Pressekonferenz, der Entwicklung eines »Holocaust-Lehrplans« an der High School, der Gastvorträge von KZ-Überlebenden vorsah, und so weiter.

Ich kann nicht behaupten, dass ich weiß, was das Lachen der Schulkinder ausgelöst hat, und ich kann auch nicht sagen, dass die anschließende Diskussion sowie die ergriffenen Maßnahmen keinen Wert besessen haben. Was ich jedoch weiß, ist, dass ich, während ich diese traurige Episode in den Medien verfolgte, erinnert war, dass ich eine ähnliche Reaktion auf diese Szene im Film gehabt hatte. Die Gewalttätigkeit des Films war grauenerregend, doch sie war mit einer unangenehmen Slapstick-Komik verbunden, die sich ergibt, wenn ein Körper innerhalb eines Augenblicks von lebendigem Fleisch zu totem Fleisch wird. (Ich kann mir vorstellen, dass dieser Effekt von Spielberg nicht geplant war, während er bei jemandem wie Quentin Tarantino wiederholt ganz bewusst eingesetzt wird.) Ich bezweifle, dass ich laut aufgelacht habe, und doch kann ich ein gewisses nervöses, entsetztes Lachen nicht ganz ausschließen.

Denn die allgegenwärtige Möglichkeit, dass unser Körper von einem auf den andern Augenblick zu totem Fleisch werden könnte – dass dieses kostbare, große Leben, das wir mit so viel Geist und Bedeutung ausstaffieren, einfach so ausgelöscht werden könnte, zum Beispiel durch ein rasendes Auto oder eine Pistolenkugel –, das ist so beängstigend, dass es manchmal verständlich erscheint, dem Ganzen ins Gesicht zu lachen. Wenn diese Angst alltäglich wird, wird unsere Reaktion mitunter noch unberechenbarer. Wie eine 16-jährige Castlemont-Schülerin am 6. Februar 1994 der *New York Times* erklärte: »In unserer Gesellschaft sehen wir ständig Tod und Gewalt. Die Leute können nicht verstehen, wie gefühllos wir gegenüber Gewalt sind.«

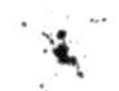

Das brillante, bissige Werk des deutschen Künstlers Otto Dix hat den schwarzen Humor des menschlichen Fleisches vielleicht schonungsloser und pointierter eingefangen als die Arbeit aller anderen europäischen Kunstschaffenden des 20. Jahrhunderts. Im Gegensatz zu Bacon, dessen Gemälde bewusst auf einen sozialen oder politischen Kontext verzichten, zeigen Dix' Kriegsradierungen – der Zyklus *Der Krieg* von 1924 – Bilder mit Motiven wie schwerstverwundete Gesichter, schrecklichste Hauttransplantationen, verrottende Leichen, die ausdrücklich auf Dix' Fronterfahrungen als Soldat während des Ersten Weltkriegs zurückgehen. Trotz ihres jenseitigen, oft karikaturhaften Charakters bleiben die Radierungen durch dokumentarische Titel wie »Fliehender Verwundeter –

Sommeschlacht 1916«, »Verwundeter – Herbst 1916, Bapaume« und »Verschüttete – Januar 1916, Champagne« fest mit diesem Kontext verknüpft.

Dix' Darstellung der Schrecken des Krieges ist unauslöschlich und brutal. Und doch muss man bei der Betrachtung seines Werks über die nächsten Jahrzehnte hinweg feststellen, wie sich die groteske, ätzende Vision von *Der Krieg* auf alles und alle erstreckt, die Dix je gemalt hat. Seine Sensibilität transportiert definitiv alle Figuren und Gesichter – seien es die seiner Kameraden, seiner Familie, seiner Freunde, seiner selbst oder verschiedener Tänzerinnen, Prostituierter, Freier, Krimineller und Kinder – in die Welt von Dix, die durch wulstige, dämonische Augen, verkürzte Gliedmaßen, eine hündische Sexualität und – im Falle der Frauen – überlebensgroße Titten und Ärsche gekennzeichnet ist, die auch in einem Cartoon von Robert Crumb gut aufgehoben wären.

Ganz gleich, ob es sich nun um einen Grabenkrieg, ein Weimarer Bordell, einen Tatort oder eine höchst ironisch dargestellte Madonna mit Kind handelt, eines der bemerkenswertesten Dinge an Dix ist sein fanatischer Einsatz von Karikatur ohne den Geist des Spottes. Bei Dix bekommt man den Eindruck, dass wir alle gemeinsam im selben Boot sitzen – dass unsere Wünsche, Verletzungen, Genitalien, Gesichter, Krankheiten, Angebereien und Schwächen erbärmlich, hässlich, unrühmlich und oft äußerst erschreckend sein können. Aber, wie Dix' lange Karriere zeigt, ist das kein Grund, sie nicht zu feiern.

Das Gefährdete

In *On Beauty and Being Just* argumentiert Elaine Scarry, dass unsere erste Reaktion auf Schönheit und damit auch auf Verletzlichkeit (die Verbindung ergibt sich aus der Vergänglichkeit von Schönheit) darin besteht, sie zu schützen, sie zu schätzen. Die Reaktion meines Tanzstudenten war, sie mit schweren Gegenständen zu bewerfen. Manchmal, so ist klargeworden, neigt man angesichts der vollkommenen Verletzlichkeit des Körpers oder der Seele eines anderen dazu, darüber zu lachen (das Rezept für viel grausamen Humor, in der Kunst wie im Leben). Der schizoide Charakter dieser Reaktionen erinnert mich an ein Kind, das einen Käfer aus dem Dreck pflückt, ihn in einer Schale beherbergt, ihm einen Namen gibt, ihn anschließend zerquetscht und dann weint, weil er tot ist.

Eine Möglichkeit, dieses unbeständige Hin und Her zu verstehen, findet sich in der Philosophie von Emmanuel Levinas, der vorschlägt, dass das wahrgenommene Gefährdete eines anderen Menschen in uns den Drang hervorruft, ihn zu schützen und gleichzeitig die Versuchung, ihn zu töten. Für Levinas bildet die Verhandlung dieser beiden gegensätzlichen Impulse – und nicht die Aufhebung des letzteren – die Grundlage für ethisches Verhalten.

Das leuchtet mir ein. Aber, wie Judith Butler erarbeitet hat, wird dabei auch eine wichtige Frage übergangen – nämlich die, warum mich die Wahrnehmung des Gefährdeten eines anderen Menschen dazu verleiten sollte, ihn zu töten.

Es gibt mehrere Möglichkeiten, diese Frage zu beantworten. Die populäre Psychologie würde wahrscheinlich sagen, dass uns das Gefährdete des anderen Menschen an unsere eigene Unsicherheit erinnert – eine Unsicherheit, die wir aus Angst, aus dem (zum Scheitern verurteilten) Wunsch, unbesiegbar und unsterblich zu sein, leugnen oder verleugnen wollen. Der Feminismus könnte hinzufügen, dass eine frauenfeindliche Ideologie, aufgrund ihrer Darstellung des Weiblichen als etwas grundlegend Unsicheres (Verwundbares, Schwaches), natürlich seine Unterdrückung, Ablehnung oder Niederlage fordern würde. Diese letztgenannte Sichtweise kann dabei helfen, die Wut zu erklären, die manchmal entsteht, wenn sich herausstellt, dass eine Frau *nicht* zu dem gehört, was man als das »schwache Geschlecht« bezeichnen könnte. Denn wenn Frauen nicht länger die Trägerinnen menschlicher Verletzlichkeit sind, rückt die fundamentale Unsicherheit, die wir alle teilen, in den Mittelpunkt und wird zur Last, die jeder Mensch zu tragen hat.

Viele haben diese Last nicht als erträglich empfunden und tun dies auch weiterhin nicht. Das ist bedauerlich, vor allem wenn (wie Adam Phillips und Barbara Taylor es formuliert haben) die eigentliche Definition von Mitmenschlichkeit als das Vermögen verstanden wird, »die Verletzlichkeit anderer Menschen und damit im Grunde auch die eigene auszuhalten.« Ein Hauch von Grausamkeit liegt in der Luft.

Seit den Anfängen der Romangattung waren Schreibende in die Heldin vernarrt – insbesondere mit der Erschaffung einer sympathischen, starken Figur, die dann durch den Wickelschwanz ihrer eigenen Verletzlichkeit niedergestreckt wird. In der viktorianischen Ära gab es eine Vielzahl großartiger (oftmals von Frauen verfasster) Romane mit kämpferischen Heldinnen, die von den grausamen Mächten von Finanz und Fatum gebeutelt werden (George Eliots Maggie Tulliver, Charles Dickens' klein Dorrit, Charlotte Brontës Jane Eyre und so weiter). Dann, 1880, erschien Henry James' *Porträt einer jungen Dame*.

Der Keim des Romans, so James, war seine unwillkürliche Vorstellung von einer Figur – einer besonders intelligenten und einnehmenden jungen Frau, die wie die »zerbrechlichen Wesen« von George Eliot zu einem jener Exemplare der kleinen »Backfische« in der Literatur werden sollte, die irgendwie »darauf bestehen, von Bedeutung zu sein«. *Das Bildnis einer Dame* stellt uns diese Frau in Form von Isabel Archer vor, wohl eine der sympathischsten Heldinnen der angloamerikanischen Literatur. Nachdem er ihren Charakter erfasst hatte, meinte James, dass seine nächste Aufgabe darin bestand, die Leitfrage des Romans zu bestimmen: »Was wird sie ›tun‹?« James verstand die Aufgabe des restlichen Romans darin, eine Reihe »richtiger Beziehungen« zu konstruieren, in denen er sowohl seiner Figur als auch dieser Frage freien Lauf lassen konnte.

Es überrascht nicht, dass die Frage »Was wird sie ›tun‹?« bald auf die Frage »Wen wird sie heiraten?« hinausläuft. Wie in den meisten viktorianischen Romanen dreht sich das Drama der ersten Hälfte von *Porträt einer jungen Dame* um Isabels Heiratsoptionen. Der Roman unterscheidet sich von anderen viktorianischen Werken jedoch dadurch, dass Isabel eine unabhängige, wohlhabende Amerikanerin ist, die Ende des 19. Jahrhunderts sowohl in den USA als auch in Europa lebt. Sie besitzt daher eine noch nie dagewesene Handlungsfreiheit – ganz zu schweigen von einer Reihe potenzieller Ehepartner, die vielversprechender sind als jene, die anderen kleinen »Backfischen« üblicherweise zugestanden werden. Nichtsdestotrotz wählt Isabel bekanntermaßen den falschen – ihre Wahl ist sogar noch schlechter als die von Dorothea Brookes in George Eliots *Middlemarch* mit ihrer fürchterlichen Bindung an den gebrechlichen, verbitterten Casaubon. Denn Isabel wählt einen Ehemann (Gilbert Osmond), der sie verachtet und der Isabels Unglück als sein oberstes Lebensziel betrachtet.

In der zweiten Hälfte des Romans steht Isabel vor der schwierigen Aufgabe, ein Labyrinth aus Gefühlen und Gedanken zu durchstreifen, die sie einst für Tatsachen oder zumindest für ein stichhaltiges Abbild von Tatsachen hielt, die sich nun jedoch als Wahnvorstellungen erweisen, mit denen sie sich irgendwie in ihre miserable Situation hineinmanövriert hat. »Es war unmöglich, so zu tun, als habe sie nicht sehenden Auges gehandelt; wenn je ein Mädchen hatte frei schalten und walten können, dann war sie es gewesen«, schreibt James. »Weder hatte es eine Verschwörung gegeben, noch wurde sie in einer Schlinge gefangen; sie hatte sich umgesehen, sich die Sache überlegt und sich entschieden.« Im zu Recht berühmt gewordenen 42. Kapitel des Romans – in dem vermutlich die literarische Technik des »Bewusstseinsstroms« erfunden wurde –

nutzt Isabel jedes Quäntchen an Klarheit, das sie besitzt, um ihre Selbsttäuschungen über Osmond und sich selbst zu durchbrechen. Am Ende stellt sie fest, dass ihr Fehler in gewisser Weise eine Fehlinterpretation war: »Sie hatte ihn einfach nicht richtig gelesen« und hatte »einen Teil für das Ganze gehalten.« Das gute Lesen zu erlernen ist für James keine akademische Angelegenheit. Das Lebensglück kann davon abhängen.

In einem keifenden (wenn auch altmodischen) Essay von 1972 prangert Joan Didion die »Frauenbewegung« an und macht sich über feministische Lesende lustig, die Isabels Status als junge Frau, die »schalten und walten konnte« überlesen und ihren Untergang als Opfer des Patriarchats interpretieren würden. Didion schreibt, Feministinnen läsen den Roman wie folgt: »Isabel Archer in [dem Roman] mußte nicht länger Opfer ihres eigenen Idealismus sein. Sie wurde stattdessen zum Opfer einer sexistischen Gesellschaft, eine Frau, die ›die konventionelle Definition einer Hausfrau internalisiert‹ hatte.« So sehr sich Didion auch darüber lustig machen mag, so sehr schießt James' Roman auch übers Ziel hinaus, um uns zu zeigen, wie Isabel »die konventionelle Definition einer Hausfrau internalisiert« hat – nicht nur für sich selbst, sondern auch für die Tochter ihres Mannes, die sie zu verheiraten gedenkt, »wie man einen Brief im Postamt aufgibt«, um ihrem schrecklichen Ehemann zu gefallen. Schließlich findet Isabel heraus, dass es in der Tat eine Verschwörung oder eine Schlinge gab: Ihre Ehe wurde hinter ihrem Rücken arrangiert, um der unehelichen Tochter ihres Mannes Schutz – und Geld – zu verschaffen. Am Ende des Romans bedauert Isabel nicht mehr die Folgen ihres Handelns als »schaltende und waltende« junge Frau, sondern begreift die »nüchterne, nackte Tatsache, daß sie nichts weiter gewesen war als ein praktisches, zuerst benutztes, dann an die Wand gehängtes Werkzeug«.

Die Genialität von *Porträt einer jungen Dame* ist, dass es beide Lesarten – Isabel als »schaltende und waltende« Frau und Isabel als »an die Wand gehängtes Werkzeug« – zulässt. Schließlich ist es nicht nur grausam, sondern auch unzutreffend, darauf zu bestehen, dass Menschen die alleinigen Urheberinnen und Urheber ihres Lebens sind; ihnen dies mitzuteilen, ist, wie Phillips sagte, eine Möglichkeit, sie zu bestrafen. Eine weitere heftige Art der Bestrafung besteht darin, darauf zu beharren, dass Menschen überhaupt nicht in der Lage sind, ihr Leben selbst zu gestalten. Mit Isabel leben wir in der Schwebe.

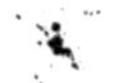

Dieser Schwebezustand ist ein interessanter Ort. Doch man nehme sich vor den vielen männlichen Autoren und Autorenfilmern in Acht, die ihre starken Heldinnen aus reiner Freude an diesem Ort festnageln. Einer der bekanntesten Fachmänner dieser Formel ist der Dogma-Filmemacher Lars von Trier, dessen sogenannte »Golden-Heart«-Trilogie reichlich Gelegenheit bietet, über die Maschinerie dieser Formel nachzudenken – sofern man in der Stimmung dazu ist.

Der erste Film der Trilogie – und meiner Meinung nach der heimtückischste (obwohl *Dancer in the Dark* von 2000 auch dazugehört) – ist *Breaking the Waves* (1996). *Breaking the Waves* zeigt die unzerstörbare »Güte« der weiblichen Hauptfigur Bess (Emily Watson), die sich von der frisch verheirateten Naiven zur verzweifelten Ehefrau, zur sexuellen Abenteurerin, zur Prostituierten und zum Opfer einer tödlichen sexuellen Folter entwickelt. All das tut sie aus Gefälligkeit für ihren Mann Jan (Stellan Skarsgård), der kurz nach der Hochzeit bei einem Unfall auf einer Bohrinsel gelähmt und impotent wird. Vom Krankenhausbett aus ermutigt Jan sie daraufhin, sexuelle Grenzüberschreitungen zu begehen und ihm davon zu berichten. Diese Transgressionen gipfeln in einer brutalen sexuellen Begegnung mit zwei Matrosen, bei der Bess aufgeschlitzt und ihr Gesicht entstellt wird, bis sie vor Schmerzen schreiend auf dem Behandlungstisch in der Notaufnahme endet, wo sie schließlich stirbt. Um das Grauen noch zu verstärken, sehen wir nie, was genau auf dem Schiff mit ihren Vergewaltigern/Mördern vor sich geht; wir sehen lediglich, wie sie an Bord des Schiffs geht und dann blutüberströmt in die Notaufnahme kommt. So bleibt es dem Publikum überlassen, sich selbst auszumalen, welche Formen der sexuellen Folter zu diesem unerträglichen, tödlichen Leiden geführt haben könnten.

Während des gesamten Films wird Bess durch ihre »Opfer« für ihren Ehemann als christusähnlich dargestellt, und als sie in der Notaufnahme verstirbt, erhebt sich Jan auf wundersame Weise aus seinem Krankenhausbett und beginnt wieder zu gehen. Als die Kirchenglocken in der Abschiedsszene des Films übers Meer läuten und die Herrlichkeit von Bess' letztem Opfer und dessen erlösende Wirkung auf Jan verkünden, saß ich im dunklen Kinosaal und fühlte mich, wie wahrscheinlich viele andere neben mir, verstört bis hin zur Zerstörung. Dann, als die erste Welle der Emotionen abebbte, wurde ich wütend. Dann fühlte ich mich angewidert. Und schließlich fühlte ich mich gelangweilt. Die brutale emotionale Wirkung von Bess' Leiden zielt darauf ab, das Publikum so heftig zu erschüttern, dass die abschließende Botschaft des Films – dass ihre sexuelle Folter als notwendiges, erlösendes Opfer für den Mann dient und darüber hinaus, dass ein solches Szenario Erhabenheit beinhalten kann – einem beinahe ganz den Schlund hinunterrutscht. Aber wer kann das wirklich schlucken? Von Triers Grausamkeit liegt nicht in der Fähigkeit, Scheinheiligkeiten oder Wahnvorstellungen zu entlarven, sondern vielmehr in der Fähigkeit, bösartige, letztlich konventionelle Fiktionen zu konstruieren, die sich als Parabeln mit Tiefgang oder als Proteste gegen die Grausamkeiten der Männerwelt ausgeben, in der wir unweigerlich leben und leiden müssen.

Oder, schlimmer – (und wahrscheinlicher) – von Trier will diese Fiktionen mit einem so deutlichen Augenzwinkern präsentieren, dass, wenn wir sie als Parabeln mit Tiefgang verstehen, wir ihm auf den Leim gehen. Von Trier verleiht René Girards Idee von opferbereiter Gewalt eine ironische, vielleicht sogar *campy* Sensibilität. Doch im Gegensatz zum *Camp* eines Paul McCarthy oder

John Waters hält von Trier sich bedeckt, gerade so, als wolle er sein Recht – und das Recht der Kultur – auf eine fest verankerte, unvermeidliche chauvinistische Boshaftigkeit wahren. Natürlich ist diese Herangehensweise für ihn nicht schlecht gelaufen, wie auch für einige Kollegen: David Mamet, Neil LaBute, Philip Roth, John Updike, Woody Allen und so weiter. Gemessen an der Popularität und dem Beifall, den diese Männer genießen, »halten sie nicht an den gedämpften Signalen einer vergangenen Ära fest«, wie Sam Tanenhaus in seinem Artikel in der *New York Times* 2010 über Abramović und Finley sagt. Wenn sie von Männern ausgedrückt oder erforscht wird, bleibt Misogynie ein zeitloser Klassiker.

Letztendlich bin ich *Breaking the Waves* aber für eines dankbar: Es berührt eine Frage, die ich mir schon seit einiger Zeit stelle, nämlich: Welchen Zweck könnte ein weiblicher Christus in der (männlichen) Imagination erfüllen? Wie Eileen Myles es formulierte: »Welchen Sinn hätte es, eine Frau halb nackt und ans Kreuz genagelt zu sehen? Wo ist da der Widerspruch? Hätte das die Kultur 2.000 Jahre lang antreiben können? Völlig ausgeschlossen.« Die Grausamkeit von *Breaking the Waves* besteht in der Offenbarung – ob nun beabsichtigt oder nicht –, dass es keinen nachhaltigen Widerspruch geben kann, dass sich die Redundanz der weiblichen Opferrolle zu einem widerlichen, fundamental unglaublichen Martyrium aufbläht.

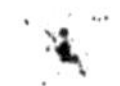

In *Breaking the Waves* geht es um männliche Verletzlichkeit und Unsicherheit, denn es ist Jan, nicht Bess, der gelähmt und impotent geworden ist. Und doch verausgabt sich der Film, um die Last der Verletzlichkeit auf Bess' Körper zu verlagern, als wolle er beweisen, wie wirkungsvoll die Unsicherheit des weiblichen Körpers von der des männlichen Körpers ablenken kann, ganz zu schweigen von der Unsicherheit der (heterosexuellen) Männlichkeit selbst. Denn bis zu ihrem Ableben ist Bess ungewöhnlich rastlos und geil – zwei

Zustände, die auf der Leinwand vielleicht noch mehr als im Leben für das weibliche Subjekt selten unbestraft enden. (Siehe etwa Michael Hanekes Film *Die Klavierspielerin* nach dem gleichnamigen Roman von Elfriede Jelinek für eine besonders bösartige Wiedergabe dieses Narrativs.) In diese Erzählung waren viele Jahre lang auch schwule und transgender Charaktere eingeschlossen, deren Menschlichkeit bis vor Kurzem typischerweise in den Mittelpunkt des Films gerückt wurde, solange sichergestellt war, dass die Charaktere einen schrecklichen Tod starben (wie in dem sonst gut gemeinten Film *Boys Don't Cry* von Kimberly Peirce aus dem Jahr 1999, der auf der Ermordung des trans Mannes Brandon Teena basiert, oder in den zahlreichen Filmen, die auf der Ermordung von Matthew Shepard im Jahr 1998 basieren, oder in frühen AIDS-Filmen wie *Philadelphia* von 1993 und so weiter).

Was für eine Erleichterung, sich angesichts solch grauseliger Erzählungen einem Bild wie *Self-Portrait/Pervert* zuwenden zu können, dem ikonischen Selbstporträt der Fotografin Catherine Opie von 1994. In *Pervert* sitzt Opie ganz förmlich vor der Kamera, die Hände verschlungen in den Schoß gelegt, hinter ihr hängt ein kunstvoller Wandteppich. Eine glänzende schwarze S/M-Maske aus Leder umhüllt ihr Gesicht; ihre tätowierten Arme wurden auf rituelle Weise mit sechsundvierzig Nadeln durchstochen; und das Wort »Pervert«, wurde in verzierten Buchstaben frisch in die Haut ihrer Brust geritzt. Ihr Körper präsentiert sich uns als blutend, unverwüstlich, kaiserlich und begehrlich.

Im Gegensatz zu Onos *Cut Piece*, Mendietas *Rape Piece* oder Abramovićs *Rhythm 0* interessiert sich *Pervert* ganz und gar nicht dafür, was andere mit einem passiven weiblichen Körper anstellen könnten. Opies Selbstporträt spricht das Gegenteil an: Es zeigt, was Opies Körper selbst gefällt, was er will – ja, was er ist – pervers –, und dass er in Fleisch und Blut aufgeht. Seine Solidität, seine Gelassenheit, seine reklamatorische Ankündigung der Perversion, all das drückt aus: die Verantwortung liegt bei mir. Die Akribie der Ziernarbe und der Nadelstiche deutet auf Absicht, Unverwüstlichkeit und Training hin; ebenso deutet die Maske eher auf einen befriedigten Wunsch nach Auslöschung als auf ein Schweigen hin. Opie blutet, wenn ihre Haut durchstochen wird, wie wir alle. Doch ihr Blutvergießen deutet hier auf Solidarität hin, auf eine gemeinsame Verwandtschaft mit der Lederszene, aus der ein Großteil von Opies früher Arbeit stammt, sowie mit den Kunstwerkern schwuler Männer (beispielsweise Ron Athey, mit dem Opie befreundet ist und der für sie arbeitete und Modell stand), für die das öffentliche Vergießen von Blut auf dem Höhepunkt der AIDS-Epidemie als Akt der Katharsis und des Trotzes erlebt wurde. Eine solche Haltung lehnt die Bürde der abjekten Unsicherheit ab; somit ist der Hauch von Grausamkeit nirgends zu vernehmen.

Die Arbeit eines Künstlers wie William Pope.L – der sich den Beinamen »The Friendliest Black Artist in America©« gegeben hat – greift ähnliche Probleme auf, allerdings mit einer ganz eigenen Sensibilität. Anstelle von Reklamation oder Robustheit sucht Pope.L immer wieder nach Wegen, das Gefährdete zu bewohnen und zu beschwören, und zwar mit Hilfe einer jahrzehntelangen Performance-Praxis, die sich der Analyse, dem Abjekten sowie der Absurdität widmet. Barbara Pollack schrieb 2002 in einem Artikel in der *Village Voice* über Pope.Ls Arbeit: »Eine Idee, von der Pope.L immer wieder angezogen wird, ist die Nutzung körperlicher Verletzlichkeit, um das öffentliche Gesicht Schwarzer Männer zu demaskieren – vom Machismo eines Puff Daddy bis zur Ehrbarkeit eines Martin Luther King. ›Die Prediger in meiner Kirche waren die ersten Männer, denen ich begegnet bin, die sich dies zunutze machten‹, sagt Pope.L. ›Für gewöhnlich waren sie adrett gekleidet, hatten ein Einstecktuch in der Tasche und trugen glänzende Schuhe. Aber wenn es auf den Sonntag zugeht, fallen sie auf die Knie, schluchzen und machen sich lächerlich. Und jeder weiß, dass man die Predigt danach bewertet, wie lächerlich sie sich gemacht haben.‹«

Für Pope.L beinhaltet dieses Lächerlichmachen auch die gelebte Realität oder die allgegenwärtige Möglichkeit vieler Schwarzer

US-amerikanischer Männer (oder, wie Pope.L sie nennt, BAM für »Black American Males«), bedroht, arm, machtlos, obdachlos, gedemütigt, verzweifelt, süchtig oder inhaftiert zu sein oder gar gelyncht zu werden. Dies, so Pope.L, ist die Kehrseite der BAM als hypermaskulin, selbstgerecht, bedrohlich, überpotent. Keine der beiden Seiten dieser Medaille zeigt einen ungetrübten Anspruch auf Macht oder Präsenz. Mit Worten, die dem französischen Psychoanalytiker Jacques Lacan gefallen (oder ihn gar verblüffen) würden, sagte Pope.L: »Der Schwarze amerikanische Mann ist ein Phallus auf der Suche nach seinem Körper.«

Pope.L interessiert sich dafür, wie diese unbeständige Dyade den Schwarzen Männern von außen aufgezwungen wird und wie sie sich in Gemeinschaften, Familien und Körpern von innen auswirkt. Über sein eigenes patrilineares Erbe sagt er: »Es wäre nachlässig und selbstgerecht, die beschämenden Aspekte zu vernachlässigen und nur die sogenannten guten Aspekte zu feiern. Es waren immer zwei Seiten, die diese Männer ausmachten. Wenn ich Poesie und Tischlerei zelebriere, muss ich auch Vergewaltigung und Alkohol zelebrieren. Wenn ich häusliche Gewalt verunglimpfe, muss ich das Ethos der harten Arbeit und des christlichen Charakters verunglimpfen.« Dieses Beharren auf gleichzeitig existierenden Widersprüchen, egal wie beunruhigend oder verwirrend sie auch sein mögen, kennzeichnet Pope.Ls Denken, seine Rede und seine Praxis. Oder lassen wir gleichzeitig existierende Widersprüche sein und hören auf ihn: »Es gibt keine Widersprüche, nur das Feuer, das inmitten der Netzwerke brennt, die aus ihnen gemacht sind.«

Einige der bekanntesten Arbeiten von Pope.L stellen seinen Körper als Ort dieser flüchtigen Netzwerke, dieses Feuers, zur Disposition. In *How Much Is That Nigger in the Window*, das im Sommer 1991 (im Franklin Furnace in New York City) aufgeführt wurde, stand Pope.L wie zum Verkauf hinter der Fensterscheibe der Galerie, nackt bis auf eine Schicht Mayonnaise, mit der sein ganzer Körper beschmiert war. Im Laufe der Performance verwandelte sich die Mayonnaise von einem undurchsichtigen Weiß in ein durchscheinendes, ranziges Öl, das an Verfall und Verwandlung erinnerte. (»Für mich ist Mayonnaise ein gefälschtes Weiß«, sagt er. »Sie offenbart das, was ihr fehlt, auf eine sehr materielle Weise. Und je mehr man aufträgt, desto falscher wird die Sache. Der Zauber liegt in der Vergeblichkeit.«) In *Roach Motel Black* (1993) irrte Pope.L mit einer großen Kakerlaken-Falle (umgangssprachlich ein Kakerlaken-Motel) auf dem Kopf durch New York City, bis er sich irgendwann auf die Straße legte und mit Kakerlakenködern bedeckte – ein wortwörtliches Spiel mit dem Schwarzen Körper als Pestilenz, die ausgemerzt werden muss. Die Motivation für das Stück war eine Frage, die sich Pope.L stellte: »Was wäre, wenn ich das, was *Weiße* über Schwarze denken, als eine Art Wahrheit untersuchen würde?«

In einer seiner fesselndsten und faszinierendsten Performances, *My Niagra* (1998), verwandelte Pope.L einen Raum in einer Kunstgalerie (The Project in New York City) in eine Art Kellerverlies, beleuchtet von bloßen Glühbirnen, untermalt von leeren Bierdosen und anderem Unrat, und band sich selbst an einem Bettgestell fest, das vertikal von der Decke in den Raum herabhing. Er war nackt, abgesehen von einer knallroten Skimaske (durch die seine Brille auf unheimliche Weise hindurchlugte), schweren Stiefeln, einer Schicht aus weißem Mehl auf seiner Haut und hellblauen Plastikplanen, die um ihn herumgewickelt waren. Sein nackter Bauch war gegen die Metalldrähte des Bettrahmens gepresst, sein Kopf in einem beängstigenden Winkel fixiert, als ob sein Genick gebrochen sein könnte. Der Galerist des Project, Christian Haye, erinnert sich: »Er hatte seinen Schwanz an einen Krug geklemmt. Er ließ immer zwei Leute auf einmal in den Raum. Da war dieses total unheimliche Licht. Es war fantastisch. Buchstäblich niemand, der es gesehen hat, hat es je vergessen.«

Nach den meisten Berichten war vor allem die unheimliche, leichenhafte Präsenz von Pope.L. so unvergesslich, und die widerspenstige, widersprüchliche Wirkung der Materialien, die zum Einsatz kamen. Denn während das Stück die radikale, grausame

Gewalt, die das rassistische Amerika dem Schwarzen männlichen Körper angetan hat – eine Gewalt, die Zerstückelung, Entstellung, Verbrennung und Verstümmelung einschließt – aufs Markanteste evozierte, hatten seine Tableaus eine absurde, clowneske Qualität, die greifbar wurde in der Verwendung von Primärfarben (gelbes Licht, blaue Plane, rote Skimaske) und im Verquirlen der Opfersymboliken (die Skimaske erinnert eher an einen Verbrecher oder eine Bedrohung als an einen gekreuzigten Unschuldigen; sein Penis ist an einem Milchkrug befestigt, als ob er mit Weiß gemästet würde, aber was genau könnte das denn bedeuten?). Wie in vielen Werken von Pope.L ist der Humor sowohl bissig als auch undurchschaubar. »Was Humor angeht«, erklärt er, »interessiert mich nicht nur die Konfrontation, sondern auch die Verführung und Befeuchtung sowie (absichtliche) Verwirrung. Ich bin auf der Suche nach dem ambivalenten Zeichen.«

Eine der einfachsten und wirkungsvollsten Anwendungen dieses ambivalenten Zeichens findet sich in Pope.Ls Crawl-Arbeiten, die er seit über 30 Jahren in verschiedenen Kostümen und an verschiedenen Orten inszeniert. In einer der bekanntesten Darbietungen zieht sich Pope.L einen schönen Anzug an und versucht, mit einer Topfpflanze in der Hand, auf dem Bauch durch einen Teil von New York City zu kriechen. Er erklärt, er trage den Anzug, um sich von anderen Schwarzen Männern zu unterscheiden, die normalerweise keine Aufmerksamkeit erregen würden, da die New Yorker daran gewöhnt seien, Schwarze Männer in der Gosse zu sehen.

Für Pope.L sind die Crawl-Arbeiten ein Mittel, die Unterschicht, aus der er stammt und deren radikale Prekarität er als allgegenwärtige Möglichkeit erlebt (er wuchs in Armut im ländlichen Florida auf; viele Menschen aus seiner Familie sind oder waren obdachlos), erneut einzunehmen. »Menschen, die gezwungen sind, ihre Vertikalität aufzugeben, sind allen möglichen Gefahren ausgesetzt«, sagt er. »Aber stellen wir uns mal eine Person vor, die einen Job hat und die die Mittel besitzt, um in der Vertikalen zu bleiben, sich aber dafür entscheidet, diese Vertikale vorübergehend aufzugeben?

Durch die Erfahrung der Bedrohung seiner/ihrer körperlichen/geistigen Kategorien würde diese Person etwas lernen. So ging es mir.« Um anderen die Möglichkeit zu geben, dasselbe zu tun, hat Pope.L von Zeit zu Zeit »Gruppen-Crawls« organisiert, bei denen andere eingeladen wurden, »ihre Vertikalität aufzugeben«, und wenn auch nur für kurze Zeit.

Wie das exzentrische Pathos der Topfpflanze andeuten mag, sind die Crawl-Arbeiten nicht dafür gemacht, einen Denkzettel zu erteilen, sondern eher ein seltsames öffentliches Spektakel darzubieten, um das Vorurteile, Sympathien, Unsicherheiten und andere unvorhersehbare Emotionen kreisen können. Im Fall von *Tompkins Square Crawl* (1991) war die hervorstechendste Emotion, die aufgerufen wurde, Wut. Die Performance, für die Pope.L einen (*weißen*) Videofilmer engagiert hatte, erzürnte einen afroamerikanischen Fußgänger, der stehen blieb, um seine Ungläubigkeit und Empörung auszudrücken, und schließlich den Videofilmer aufforderte, seine Aufnahme zu stoppen, da er sonst seine Kamera zerstören würde. Der Fußgänger war erzürnt über den Anblick eines *weißen* Mannes, der einen Schwarzen in einer derart erniedrigenden Haltung filmte – ein Bild, das er als persönliche Beleidigung empfand. »Ich trage so einen Anzug zur Arbeit«, rief er aus.

Das Gefährdete mag in der Tat eine Bedingung – ja, *die* Bedingung – sein, die uns alle vereint; unsere primäre Verletzbarkeit ist, wie Butler sagt, zweifellos ein Problem, »deren Abschaffung wir nicht wollen können, ohne die Menschlichkeit einzubüßen.« Aber wie *Tompkins Square Crawl* deutlich macht (sowie Butlers eigene Erforschung dessen, was ein lebenswertes Leben und einen beklagenswerten Tod darstellt), wird diese Bedingung nicht auf gleiche Weise wahrgenommen, weder von innen noch von außen. Und sie wird nicht auf gleiche Weise wahrgenommen, weil sie nicht gleich verteilt oder konstruiert ist.

Teil der Genialität von Pope.L ist es, diese Unterschiede sowohl in der Kunstwelt als auch auf der Straße herauszustellen. Wie die Kritikerin C. Carr hervorgehoben hat, erinnern Pope.Ls Crawl-

Arbeiten augenscheinlich an Chris Burdens *Through the Night Softly*, doch niemand sieht Burdens Kriechen als repräsentativ für den verinnerlichten Masochismus, die existenzielle Unsicherheit oder die ökonomische Demütigung *weißer* Menschen an, noch wurden Burdens Performances wahrscheinlich je von einer *weißen* Person unterbrochen, die ihn als Verräter oder Schande für seine Ethnie anprangerte. Um diese Unterschiede hervorzuheben – und um seinen Anspruch auf das künstlerische Erbe, das er für richtig hält, geltend zu machen – setzt sich Pope.L oft explizit mit dem Werk *weißer* Kunstschaffender auseinander (wie Robert Ryman, der vor allem für seine monochromatischen weißen Gemälde bekannt ist), indem er Performances konstruiert, die verdeutlichen, was sich ändert, wenn ein Schwarzer ähnliche künstlerische Interessen verfolgt. Ein Beispiel für ein solches Détournement ist die Arbeit *The Hole Inside the Space Inside Yves Klein's Asshole* von Pope.L aus dem Jahr 2000, die sich direkt auf Kleins *Anthropometries*-Serie bezieht. In *The Hole Inside the Space*, das an der Concordia University in Montreal aufgeführt wurde, trug Pope.L eine afrikanische Maske, schmierte seinen Hintern mit Gleitgel und Acrylfarbe ein und machte dann »Arschabdrücke« auf einem Stück Kwanzaa-Papier, das an der Wand hing.

Eine Sache, die ich an Pope.Ls Untersuchung von Prekarität und »Habenichtsen« am faszinierendsten finde, ist seine Bereitschaft, sie zumindest rhetorisch mit dem Diskurs über Mangel zu verknüpfen, der (bedauerlicherweise und auf bizarre Weise) die Diskussion über weibliche Subjektivität und Sexualität beherrscht, seit Freud die These aufstellte, dass Frauen unter »Penisneid« leiden und Lacan die Formulierung erweiterte, um zu dem Schluss zu kommen, dass Frauen – die weder den Penis noch den Kastrationskomplex haben, der ihn angeblich begleitet – doppelt gestrandet sind, da es ihnen am »Mangel mangelt«.

Pope.L bezeichnet Schwarzsein immer wieder als Mangel, allerdings als »*lack worth having*«, als »Mangel, dessen Besitz wertvoll ist« – eine Vorstellung, die er in rätselhaften, manchmal hermetischen Schriften unter dem Namen »Hole Theory« verarbeitet hat. Im Jahr 2001 begann er ein damit verbundenes Plakatierungsprojekt, bei dem er in Manhattan Flugblätter mit der Aufschrift »Dies ist ein Gemälde von Martin Luther Kings Penis in der Vagina meines Vaters« aufhängte. Als Erklärung für diese leicht kryptische Provokation sagt Pope.L, er versuche, Kings Körper und die Körper von Männern im Allgemeinen »zurückzubilden«. »Ich glaube, man muss ganz ehrlich sagen: ›Mensch, dieser Martin Luther King Jr. hatte echt eine riesige Vagina.‹ Das sagt, glaube ich, etwas aus. Es gibt das Vermächtnis von Kings Körper als *(w)hole*, als ein Loch und als ein Ganzes, das es wert ist zu besitzen. Es gräbt ihn aus den Katakomben des feierlichen Gedenkens und der Gegenwart aus und stellt ihn in den gelebten Moment der Gegensätzlichkeiten, mit dem wir alle umzugehen haben.«

Ich stimme ihm zu: Das sagt etwas aus. Was in aller Welt es aussagt, weiß ich absolut nicht. Ich mag es aber, weil es mich stört, und ich bin mir nicht sicher, weshalb. Auch bringt es mich zum Lachen, obwohl ich mir nicht sicher bin, ob ich über die Vagina oder mit ihr lache, ob es eine frauenfeindliche Beleidigung für Martin Luther King ist, wenn angedeutet wird, dass er eine riesige Vagina hat, eine Verspottung dieser Beleidigung oder ein respektloser, verschlungener Akt des Aufbegehrens, der (Des-)Identifikation und Rückforderung, den ich wirklich unterstützen kann. Was auch immer es ist, ich stimme zu, dass es uns in »den gelebten Moment der Gegensätzlichkeiten, mit dem wir alle umzugehen haben« bringt. Ich bin mir nicht sicher, wo das ist, aber ich bin froh, dort zu sein.

Zugefügt

»Wahrheit kann nicht vermittelt werden«, sagt eine Figur in Brian Evensons Roman *Dark Property*. »Sie muss zugefügt werden.« Zufügen, »*inflict*« im Englischen, von *fligere*, schlagen. Die Aussage erinnert an ein berühmtes Zitat des rumänischen Dramatikers des absurden Theaters, Eugène Ionesco: »Um uns vom Alltäglichen, von der Gewohnheit, von der geistigen Trägheit, die uns die Fremdartigkeit der Wirklichkeit verbirgt, loszueisen, müssen wir so etwas wie einen Schlag mit einem Knüppel erhalten.«

Francis Bacon seinerseits sagte wiederholt, er habe das Bedürfnis, seine Bilder »abzuklären«, indem er die Figuren, die auf seinen Leinwänden kleben und lauern, zerreißt oder festnagelt. Fast aus Verzweiflung – und vielleicht, um nicht noch mehr Kreuzigungen zu malen – ging Bacon manchmal dazu über, seine Figuren mit Injektionsnadeln festzunageln. »Für mich sind die Figuren auf dem Bett mit einer Injektionsspritze ein Weg, das Bild stärker an die Wirklichkeit oder das Äußere anzunageln«, erklärte er. Bei anderer Gelegenheit verzichtete Bacon auf Nadeln oder Nägel und schleuderte mit seiner Faust einfach einen Farbklecks auf die Figur, um sie zu vollenden. »Erbarmen mit dem Fleisch«, rief Gilles Deleuze angesichts einer solchen Malerei aus.

Wenn eine solche Zuflucht im Zufügen nur alle Jubeljahre auftauchte, würde sie vielleicht nicht so seltsam wirken. Doch angesichts der Häufigkeit, mit der sie vor allem in der künstlerischen Rhetorik des 20. und 21. Jahrhunderts auftaucht, drängt sich mir die Frage auf: Was ist das für ein Wissen, das angeblich durch einen Schlag erreicht wird?

Einerseits könnte man sagen, dass dieser »Schlag mit einem Knüppel«, diese Verletzung, bloß eine Metapher ist, die auf den »Heureka!«-Moment der Frische, der blitzartigen Entdeckung hinweisen soll – jenen Moment, in dem, wie der Autor von *Die Struktur wissenschaftlicher Revolutionen* (1962), Thomas Kuhn, es ausdrücken würde, ein Paradigmenwechsel stattfindet: ein Wechsel, der so revolutionär ist, dass er das alte Paradigma auslöscht und eine ganze Art, die Welt zu sehen und zu verstehen, überflüssig macht. Kuhns Theorie über die Rolle, die solche Paradigmenwechsel in der Geschichte der Wissenschaft gespielt haben, hat sich weit über die Grenzen seines Fachgebiets hinaus als enorm einflussreich erwiesen, vor allem weil seine Geschichte der Wissenschaft auch die Geschichte der Moderne ist. Anstatt die Anhäufung von überliefertem Wissen wertzuschätzen, legt die Moderne Wert auf radikalen Wandel, auf die Abspaltung von Vergangenem. Und der Name dieses Prozesses lautet »Fortschritt«, ganz egal, wie teleologisch oder nicht teleologisch dieser Fortschritt auch sein mag.

Der christliche Traditionalismus führt häufig die Bibel als Quelle und Garant für die ehrfürchtige Bewahrung der Tradition an. Doch wie viele Theologen und Historikerinnen festgestellt haben, ist das Christentum auch insofern eine grundsätzlich moderne Religion, als es zur radikalen Abspaltung von Familie und Tradition ermutigt, sofern dies nötig ist, um zum wahren Anhänger, zur wahren Anhängerin zu werden. Das Neue Testament ist eine wahre Brutstätte solcher Aufforderungen. Siehe zum Beispiel Matthäus 10,35–37, wo Christus sagt: »Ich bin gekommen, um den Sohn mit seinem Vater zu entzweien, die Tochter mit ihrer Mutter und die Schwiegertochter mit ihrer Schwiegermutter; die eigenen Angehörigen werden zu Feinden.« Ein solcher Ratschlag ist kein Einzelfall, sondern ein immer wiederkehrendes Motiv in den Evangelien, etwa in Lukas 14,26: »Wenn jemand zu mir kommt und hasst nicht seinen Vater, Mutter, Frau, Kinder, Brüder, Schwestern, dazu auch sein eigenes Leben, so kann er nicht mein Jünger sein.« Angesichts solcher Passagen kann man Annie Dillard zustimmen, wenn sie in dem Essay »The Book of Luke« fragt: »Warum haben Erwachsene dieses skandalöse Dokument vor unseren Augen verbreitet? Hätten sie es gelesen, dachte ich, hätten sie es versteckt. Sie erkannten nicht die lebendige Gefahr, dass wir uns durch wiederholten Kontakt eine Dosis seines virulenten Widerstands zu ihrer Welt einfangen würden.«

In diesem skandalösen Dokument, das als Neues Testament bekannt ist, ist eines der wichtigsten Symbole für die von Christus herbeigeführte Spaltung das Schwert. Wie Jesus in einer berüchtigten und sehr umstrittenen Zeile sagt (Matthäus 10,34): »Denkt nicht, ich sei gekommen, um Frieden auf die Erde zu bringen. Ich bin nicht gekommen, um Frieden zu bringen, sondern das Schwert.« Christus löst diese Verheißung im letzten Buch der Bibel, der *Offenbarung*, ein, in dem er als Krieger auf einem weißen Pferd dahinreitet, ein Schwert kommt aus seinem Mund, bereit, die Gerechten von den Bösen abzuspalten und die Bösen in die Hölle zu verdammen. Diese Spaltung wird auch bei Matthäus im sogenannten Gleichnis vom Unkraut vorausgesagt, in dem Christus von dem Tag erzählt, wenn die Engel das Unkraut (sprich, das Böse und die Bösen) vom Weizen (sprich den Gerechten) trennen und alle Unkräuter »in den Feuerofen werfen, dorthin, wo es nichts gibt als lautes Jammern und angstvolles Zittern und Beben.«

Die Frage, ob das Schwert Christi am besten metaphorisch zu verstehen oder ob es als buchstäbliches Instrument der Gewalt anzusehen ist, das in einem heiligen Krieg eingesetzt werden soll, ist Gegenstand vieler Predigten und Debatten gewesen. Die Geschichte bietet eine klare Fülle des Letzteren; wie Dillard mit tiefem Understatement schreibt: »Wie schade, dass die Christen so unmittelbar auf Christus folgen.«

Doch bevor wir die Bibel für dieses gefährlich anmutende Abgleiten zwischen dem Metaphorischen und dem Buchstäblichen tadeln, sollten wir darauf hinweisen, dass die Figur des Schwertes einen ähnlichen zentralen Platz im Zen-Buddhismus einnimmt, wo ähnliche Bedenken und Fragen mit ihr in Verbindung stehen. Daisetsu T. Suzuki erörtert dieses Thema ausführlich in einem Essay mit dem Titel »Zen and Swordmanship«, der die Verwandtschaft zwischen der Kunst des Schwertkampfes (wie sie von den Samurai praktiziert wird) und der Figur des Schwertes im Zen-Buddhismus erhellen soll. »Das Schwert wird im Allgemeinen mit dem Töten assoziiert, und die meisten von uns fragen sich, wie es mit Zen in Verbindung gebracht werden kann, einer buddhistischen Strömung, die das Evangelium der Liebe und Barmherzigkeit lehrt«, schreibt Suzuki. Er erläutert die vielen Unterschiede zwischen »dem Schwert, das den Tod bringt«, und »dem Schwert, das Leben schenkt«, und argumentiert, dass letzteres am ehesten mit Zen in Verbindung gebracht werden kann. In einem synchronen Zug deutet Suzuki an, dass letzteres »die Art von Schwert ist, die Christus unter uns gebracht haben soll.« Doch Suzuki stellt klar, dass das Schwert, das Leben schenkt, »nicht nur dazu gedacht ist, den Frieden zu bringen, den sentimentale Menschen rührselig hochhalten.« Das Schwert des Lebens schreckt mit anderen Worten nicht davor zurück, seine Feindinnen und Feinde zu töten, wenn die Zeit reif ist, und dann »erfüllt das Schwert automatisch seine Funktion der Gerechtigkeit, die die Funktion der Barmherzigkeit ist.« Hier ist kein Platz für idiotisches Mitleid.

Doch wie sieht es mit dem Schwert aus, das nicht Gerechtigkeit, sondern Erkenntnis bringt? Auch dieses Schwert findet man im Neuen Testament, meist als Bild für das Wort Gottes, das die Seele durchdringt. Siehe z. B. Epheser 6,17: »Setzt den Helm der Rettung auf und greift zu dem Schwert, das der Heilige Geist euch gibt; dieses Schwert ist das Wort Gottes«, oder Hebräer 4,12: »Das schärfste beidseitig geschliffene Schwert ist nicht so scharf wie dieses Wort, das Seele und Geist und Mark und Bein durchdringt und sich als Richter unserer geheimsten Wünsche und Gedanken erweist.« Im Mahayana-Buddhismus symbolisiert die Figur des Schwertes weder die Gerechtigkeit noch das Wissen an sich, sondern vielmehr die Weisheit (im Sanskrit: *Prajñā*). Das Schwert des Prajñā ist zweischneidig, um alle Dualitäten zu durchschneiden, ebenso wie das Ego, das vorgibt, sie zu beherbergen. In der buddhistischen Ikonographie ist die Figur des Prajñā der Bodhisattva Manjushri, der meist mit einem flammenden Schwert in der einen und einem Sutra in der anderen Hand dargestellt wird.

Manjushris flammendes Schwert trennt weder Unkraut vom Weizen, noch vermittelt es die Gebote irgendeines Gottes. Vielmehr ist sein Medium seine Botschaft. Seine Aufgabe besteht darin, all die Wege zu durchkreuzen, auf denen wir versuchen, uns an ein

Gefühl von festem Boden zu klammern, all die Wege, auf denen wir uns der grundlegenden Vergänglichkeit aller Dinge widersetzen. Das Schneiden selbst – die Praxis des Verkleinerns, des Klarer- und Klarerwerdens, des Weghackens des Bodens unter unseren Füßen, nicht einmal, nicht zweimal, sondern ununterbrochen –, das ist die Praxis der Weisheit selbst. Wenn Prajñā uns irgendetwas näherbringt, dann ist es Shunyata (fundamentale Leerheit oder Nichtigkeit).

Wie man sich vorstellen kann, stiftet diese Art von Schnitt wenig bis überhaupt keine Beruhigung. Wie die buddhistische Lehrerin Judy Lief es ausdrückt: »Man könnte all dies als eine Form der Warnung ansehen: Sobald man den buddhistischen Pfad betritt und beginnt, Meditation zu praktizieren und den Dharma zu studieren, nimmt man dieses Schwert von Prajñā in die Hände. Jetzt, wo man dieses scharfe Ding besitzt, dieses Schwert, das alle Arten von Ego-Trips aufspießt und durchschneidet, ist man gezwungen, damit umzugehen. Es bleibt nichts übrig, außer diesem Schwert, das schneidet und schneidet. ... Man ist, mehr oder weniger, nirgendwo.«

Die Versuchung, dieses intensive Eindringen mit dem Erreichen eines Ziels – etwa der Gerechtigkeit oder der Offenbarung – zu verbinden, kann ebenso mächtig wie selbstzerstörerisch sein. Kafkas »In der Strafkolonie« bietet eine außergewöhnlich finstere und unterhaltsame Satire dieses Leidens. Die Erzählung handelt von einem Offizier, einem Reisenden, einem Verurteilten und einem »Apparat«, einem Foltergerät mit eggenartig angeordneten Nadeln, die dem Verurteilten »das Gebot, das er übertreten hat, mit der Egge auf den Leib [schreiben].« Die Egge schreibt zunächst auf die Oberfläche des Fleisches, dringt aber im Laufe von zwölf Stunden immer tiefer in den Körper des Verurteilten ein, der auf einem Wattebett immer wieder umgewälzt wird, auf dass die Egge immer wieder neue Körperteile zum Eindringen findet. Schließlich wird der Verurteilte von den Nadeln vollständig aufgespießt und stirbt.

Der Offizier erklärt dem zurückhaltenden, aber entsetzten Reisenden (der eine Art Stellvertreter für die Leserin ist und – zu seinem Entsetzen – die Funktionsweise der Tötungsmaschine kennenlernt): »Die ersten sechs Stunden lebt der Verurteilte fast wie früher, er leidet nur Schmerzen. Nach zwei Stunden wird der Filz entfernt, denn der Mann hat keine Kraft zum Schreien mehr. ... Wie still wird dann aber der Mann um die sechste Stunde! Verstand geht dem Blödesten auf. Um die Augen beginnt es. Von hier aus verbreitet es sich. ... Es geschieht ja nichts weiter, der Mann fängt bloß an, die Schrift zu entziffern ... Es ist allerdings viel Arbeit; er braucht sechs Stunden zu ihrer Vollendung. Dann aber spießt ihn die Egge vollständig auf und wirft ihn in die Grube, wo er auf das Blutwasser und die Watte niederklatscht. Dann ist das Gericht zu Ende, und wir, ich und der Soldat, scharren ihn ein.« Die Rede des Offiziers entlarvt ihn als ausgesprochen verrückt, nicht nur wegen seiner logorrhoischen, zwanghaften Hingabe an dieses antiquierte, sadistische Ritual, sondern auch aufgrund seiner beinahe mystischen Überzeugung, dass es keinen Grund gibt, einem Verurteilten zu sagen, welches Verbrechen er begangen hat oder wie sein Urteil lautet. »Es wäre nutzlos, es ihm zu verkünden«, behauptet er. »Er erfährt es ja auf seinem Leib.«

Im weiteren Erzählungsverlauf entpuppt sich diese Behauptung – ebenso wie die Überzeugung des Offiziers, dass der Apparat dem Folterer, dem Gefolterten und dem Publikum gleichermaßen eine glorreiche und tiefgreifende Aufklärung beschert – als die grausame Täuschung, die sie ist. Zunächst einmal spricht der Verurteilte nicht die Sprache, die alle anderen sprechen (Französisch), und er erscheint die ganze Zeit über als eine Art herumtollender Schwachsinniger, der keine der von dieser bunt zusammengewürfelten Truppe bereitgestellten sprachlichen Inschriften verstehen würde, seien sie nun in seinen Körper eingeritzt oder nicht. Nachdem der Offizier befürchtet, der Reisende würde den Machthabern seine Missbilligung des Apparats darlegen und die Hinrichtungen somit abgeschafft werden, beschließt der Offizier, lieber den Platz mit dem Verurteilten zu tauschen, als in einer Ära zu leben, in der der Apparat nicht mehr zum Einsatz kommt. Das Gebot, das der Offizier in die Egge einprogrammiert, um es sich einzuschreiben, lautet »Sei gerecht«: ein typisches Kafka-Koan, über das man wochen-, wenn nicht jahrelang meditieren könnte, ohne zu einer schlüssigen Interpretation zu gelangen.

Anstatt feierlich gemartert zu werden, wird der Offizier jedoch schnell von der Maschine zerfleischt, die eine schreckliche Fehlfunktion erleidet. »Die Egge schrieb nicht, sie stach nur, und das Bett wälzte den Körper nicht, sondern hob ihn nur zitternd in die Nadeln hinein. Der Reisende wollte eingreifen, möglicherweise das Ganze zum Stehen bringen, das war ja keine Folter, wie sie der Offizier erreichen wollte, das war unmittelbarer Mord.« Als es dem Reisenden schließlich gelingt, den Offizier von den Nadeln zu befreien, schaut er in das Gesicht der Leiche, doch »kein Zeichen der versprochenen Erlösung war zu entdecken; was alle anderen in der Maschine gefunden hatten, der Offizier fand es nicht.« Da wir es hier mit Kafka zu tun haben, bleibt unklar, ob der Offizier den von ihm so ersehnten und bewunderten seligen Zustand erreicht hätte, wenn seine Maschine nicht defekt gewesen wäre. Durch diese Offenheit gelingt es, die Idee der Erlösung oder Gerechtigkeit durch drastische, quälende Penetration auf die Spitze zu treiben und gleichzeitig – durch die fanatische, unerschütterliche Überzeugung des Offiziers – ein leidenschaftliches Porträt der Versuchung zu zeichnen, es immer wieder zu probieren.

Wenn man »In der Strafkolonie« des Kontexts von Verbrechen und Bestrafung enthebt, kann man erkennen, dass diese Versuchung – sowie ihre Frustration – auch als Allegorie für das Schreiben selbst dient, ganz gleich, wie geheimnisvoll sie auch bleibt. Schließlich war es Kafka, der in einem berühmt gewordenen Brief schrieb: »Ich glaube, man sollte überhaupt nur solche Bücher lesen, die einen beißen und stechen. Wenn das Buch, das wir lesen, uns nicht mit einem Faustschlag auf den Schädel weckt, wozu lesen wir dann das Buch? [...] Wir brauchen aber die Bücher, die auf uns wirken wie ein Unglück, das uns sehr schmerzt, wie der Tod eines, den wir lieber hatten als uns, wie wenn wir in Wälder verstoßen würden, von allen Menschen weg, wie ein Selbstmord, ein Buch muß die Axt sein für das gefrorene Meer in uns.«

Beißen, stechen, Faustschlag, verstoßen, Axt: Die Begriffe wirken wie Echos von F. T. Marinetti, Ionesco und einer Reihe anderer Kunstschaffender des Modernismus. Der junge Samuel Beckett, der in Kafkas Kielwasser schrieb, hatte ähnliche Ambitionen (auch wenn er einen eher bildhauerischen Ansatz wählte): »Ein Loch nach dem andern in [die Sprache] zu bohren, bis das Dahinterkauernde, sei es etwas oder nichts, durchzusickern anfängt – ich kann mir für den heutigen Schriftsteller kein höheres Ziel vorstellen«, schrieb er 1937 in einem Brief an seinen Freund Axel Kaun.

Auch ich habe mich häufig gefragt, ob es ein größeres Vergnügen gibt als die Empfindung – wie kurz oder illusorisch sie auch sein mag –, dass man durchs Schreiben tatsächlich Schichten von Müll verbrennt, anstatt noch mehr davon auf die Deponie zu werfen. Diese Empfindung ist mitunter sehr schwer erreichbar, wenn das Medium die Sprache ist. Man kann nicht bloß ein weißes Blatt und eine Stoppuhr zur Hand nehmen und die erhellende, reinigende Wirkung der »Stille« erzeugen, wie es John Cage in *4'33"* tat. Auch kann man nicht einfach das tun, was der Künstler Gordon Matta-Clark tat: die Luftpistole, die Handsäge, die Kettensäge, das Messer zücken und anfangen, Schnitte in uns umgebende Strukturen zu machen, um uns zu erschrecken, um uns dazu zu bringen, neue Aussichten oder Lichtmuster zu sehen. Jedes Mal, wenn ich ein Bild von Matta-Clarks »*core cuts*« durch die Fassade eines leerstehenden Gebäudes am Hudson River Pier zeige – ein riesiger Halbmond, den er 1975 mit großer Mühe und in unverschämter Illegalität aus der Wellblechwand eines riesigen Industriegebäudes an der West Side von New York City herausgeschnitten hat –, dann schnappen meine Studierenden in der Regel nach Luft, bevor sie in Gelächter ausbrechen. So aufregend und befreiend kann die Erfahrung eines überschrittenen und enthüllten Raums sein.

Doch wie lässt sich mit Worten eine solche Wirkung erzielen? Sie wirken so klein, verglichen mit einer aufgeschnittenen Wand. Auch ist nicht sofort ersichtlich, was übrigbleibt, wenn die Worte ihre Arbeit des Bohrens, des Aufräumens einmal abgeschlossen haben.

Niemand litt unter diesem Dilemma so sehr wie Artaud. Je länger er lebte, desto heftiger sehnte er sich nach einer Ausdrucksform, die »keine Werke, keine Sprache, keine Worte, keinen Verstand, nichts« darstellen würde, sondern nur »eine schöne Nervenwaage.« Je näher er dieser »Nervenwaage« kam, desto mehr wurden sein Leben und sein Werk selbst von seinen glühendsten Bewunderern als Fehlschläge angesehen; sein schriftliches Werk als eine Spur fragmentarischer Kothaufen. »Reden, reden, reden – Artaud drückt den glühendsten Widerwillen gegen das Reden – und den Körper – aus«, schrieb Sontag. Hierin einen Widerspruch zu sehen, bringt uns nicht dem Verständnis von Artauds sehr realem und sehr dringlichem Dilemma näher, das das paradoxe Dilemma eines jeden Menschen ist, der das Bedürfnis verspürt, sich durch die Scheiße-Schichten zu wühlen, die so häufig unsere Welt nicht nur zu verdunkeln, sondern unsere Welt zu sein scheinen, und der zu der Überzeugung gelangt, dass dieses Durchwühlen einem Akt des Erschaffens gleichkommen muss.

Das Stück, mit dem Artaud vielleicht einem »core cut«, einem solchen Schnitt am nächsten gekommen ist – oder zumindest das Stück, durch das ich mit Hilfe von Artaud einem solchen Schnitt am nächsten gekommen bin –, ist sein Hörspiel *Schluss mit dem Gottesgericht* von 1947, das vom französischen Rundfunk in Auftrag gegeben, aber am Vorabend der Ausstrahlung verboten wurde. Als ich diese Aufnahme zum ersten Mal hörte, verstand ich zwar kein Französisch, aber ich wusste sofort, dass dies die Stimme eines Wahnsinnigen war, der in einem Universum lebte, in dem die Begriffe »Ironie« und »Aufrichtigkeit« nichts gelten brauchen. Seine Stimme fraß sich durch derartige Konzepte wie Gallensäure. Sein Knurren, Flüstern und Kreischen schien Löcher in etwas zu bohren, wenn auch nicht in die Sprache, denn seine Stimme hatte sich scheinbar völlig aus dem Reich der Sprache verabschiedet. »Nicht einer mehr versteht zu schreien in Europa«, schrieb er in *Das Theater und sein Double.* »Leute, die nur noch sprechen können und die vergessen haben, daß sie auf dem Theater einen Körper hatten, haben auch den Gebrauch ihrer Kehle vergessen.« *Schluss mit dem Gottesgericht*, das ein Jahr nach Artauds Tod aufgeführt wurde, ist gänzlich Kehle, gänzlich Körper.

Jahre später, als ich eine Übersetzung der Abschrift las, erfuhr ich endlich, was Artaud gesagt hatte. Er hatte gesagt, *um jemand sein zu können, muß man einen KNOCHEN haben, keine Angst haben, Knochen zu zeigen und währenddessen das Fleisch zu verlieren.* Er hatte gefragt: *Ist Gott ein Wesen?* Darauf antwortete er: *Wenn er eines ist, ist es Scheiße.* Er hatte gefragt: *Und wissen Sie eigentlich, was Grausamkeit ist*? Darauf antwortete er: *Aus dem Stand, nein, ich weiß es nicht.*

*

Von allen zeitgenössischen Schreibenden scheint Evenson dieses Dilemma am ausdrücklichsten auf sich genommen zu haben und es am unerbittlichsten zu leben. »Beim Schreiben geht es für mich darum, Hindernisse zu überwinden und eine Flugbahn nach innen zu finden, die über die Intensität in ein immer beunruhigenderes und aufschlussreicheres Gebiet führt«, sagt er mit Anklang an Kafka und Beckett. »Alles, was den Weg versperrt, muss man durchschneiden, auch die Religion, auch sich selbst.« Eine knochenharte Reise, die wiederum durch das Hacken, durch Schläge durchs Gebüsch gekennzeichnet ist.

Wie bei Artaud kann dieses unnachgiebige Schneiden paradoxerweise eine ziemliche Schneise hinterlassen – was vielleicht erklärt, warum Evenson seit 1996 neun fiktionale Bücher, zwei Chapbooks und sechs übersetzte Werke publiziert hat. Auch mag es zur Erklärung beitragen, warum seine Erzählungen einen erstaunlich langen und vielfältigen Katalog unangenehmer Schnitte und Durchdringungen beinhalten: In *The Wavering Knife* von 2004 beispielsweise werden Kugeln in Gehirne geschossen, Zähne mit einer Zange gezogen, Augen ausgestochen, Spritzen in Arme gestoßen, Fleisch aufgeschlitzt, ausgestopft und zugenäht, Körperhöhlen aufgesägt und so weiter; *Altmann's Tongue* bietet noch mehr dergleichen – und manchmal sogar noch Schlimmeres.

Im Gegensatz zu einigen Schreibenden, deren Werk stark vom tiefempfundenen Schock der Ultragewalt abhängt (siehe etwa Chuck Palahniuk, Autor von *Fight Club*, der stolz über die Anzahl der Ohnmachtsanfälle bei seinen öffentlichen Lesungen Buch führt), ist Evenson ein intellektueller, sogar konzeptioneller Schriftsteller, der bereit und willens ist, sein Werk zu theoretisieren. In *Altmann's Tongue* beschreibt er die Beziehung zwischen Gewalt und Religion wie folgt: »Indem sie eine Welt jenseits dieser Welt postuliert – einen Gott, einen transzendenten Himmel, moralische Absolutheiten –, übt die Religion Gewalt an der gegenwärtigen Welt aus. Auf der Inhaltsebene besteht *Altmann's Tongue* darauf, dass Gewalt sinnlos ist und dass die Rechtfertigung von Gewalt, ob kontrolliert oder unkontrolliert, schlussendlich sinnlos ist. Anstatt dieser Welt Gewalt zuzufügen, indem sie Transzendentes postuliert, fügt *Altman's Tongue* dem Transzendenten Gewalt zu, indem es sich weigert, irgendetwas jenseits dieser Welt anzuerkennen und stattdessen Figuren darzubieten, die sich die Existenz eines Jenseits nicht einmal ausmalen können.«

Evenson ist sich jedoch bewusst, dass er als Schriftsteller gegen eine Art Mauer anrennt, da die Sprache, gerade wie die Religion, »der immanenten Welt Gewalt zufügt, indem sie die Objekte dieser Welt nötigt, in Form von Allgemeinheiten verstanden zu werden, indem sie sie ihrer Besonderheiten beraubt und sie kategorisiert.« Nach dieser Sichtweise vollbringt die Sprache dieses Kunststück durch den einfachen Akt des Benennens, des Repräsentierens – das heißt, wenn ich »Apfel« sage, kann ich nicht länger diesen spezifischen Apfel, der hier vor mir liegt, erscheinen lassen, selbst wenn er es ist, worauf ich mich beziehen wollte; ich muss mich jetzt auf die Buchstabenkonstellation verlassen, die den Begriff »Apfel« ausbuchstabiert, der als Stellvertreter für das Ding selbst einstehen muss.

Die Tatsache, dass sich die Sprache ihrer darstellenden Funktion nicht entledigen kann – oder zumindest nicht auf dieselbe Weise mit ihr spielen kann wie etwa die Malerei oder die Bildhauerei –, hat bei vielen Schreibenden heftigste Gefühlsregungen hervorgerufen. Das häufigste und harmloseste Gefühl ist das der Sehnsucht, wie es der Dichter Jack Spicer in *After Lorca* versinnbildlicht: »Ich möchte Gedichte aus realen Objekten erschaffen. Die Zitrone soll eine Zitrone sein, die Lesende durchschneiden oder auspressen oder kosten können – eine echte Zitrone, so wie eine Zeitung in einer Collage eine echte Zeitung ist.« Für andere – wie Evenson – ist das Gefühl noch intensiver: Er behauptet, dass die sprachliche Darstellung der immanenten Welt *Gewalt zufügt*. Hier wird Repräsentation an sich zu einer Art böser Sense, die versucht, die Welt vom Wort zu scheiden.

Wie Wittgenstein auf den ersten Seiten der *Philosophischen Untersuchungen* deutlich macht, gibt es viele andere Mittel und Wege, die Funktionsweise von Sprache zu verstehen – Mittel und Wege, die nicht auf dieser adamitischen Benennung, dieser Dichotomie von Signifikant und Signifikat aufbauen. (Wittgensteins berühmte Idee des »Sprachspiels« entspringt dieser Überzeugung, dass wir vor der Verallgemeinerung, was Sprache ist oder was sie tut, besondere Beispiele ihres Gebrauchs betrachten und fragen müssen, *welches Spiel gespielt wird.*) Trotz der Unterschiede in ihren philosophischen Ansätzen haben Wittgenstein und Evenson jedoch eines gemeinsam: Beide betrachten die Ungenauigkeit als ihre Widersacherin und hoffen, ihren Auswirkungen durch einen möglichst präzisen Sprachgebrauch zu entgehen.

Im Evensons Fall kommt dieser Drang manchmal wie der Wunsch daher, Feuer mit Feuer zu bekämpfen. Denn was Evensons Werk ins Genre des Horrors – und manchmal auch ins Spielfeld von

Camp – bringt, ist, dass er diese Aufgabe völlig wörtlich nimmt: Sein Schreiben evoziert nicht nur die Präzision des Schneidens oder Zerschneidens; seine Figuren führen diese Taten auch tatsächlich aus. Wenn diese Buchstäblichkeit funktioniert, besitzt das Werk sowohl fundamentale Emotionalität als auch intellektuelle Schwere. Wenn sie nicht funktioniert, erscheint entweder die Gewalt oder das Konzept dahinter plötzlich nackt, belanglos und falsch. Kurzum, es ist ein Glücksspiel.

Oftmals, etwa in der Geschichte »The Ex-Father« aus *The Wavering Knife*, zahlt sich dieses Glücksspiel enorm aus. Der erste Schnitt von »The Ex-Father« folgt auf einen verheißungsvollen, aber gemächlichen Anfang, in dem uns zwei junge Mädchen vorgestellt werden, deren Mutter vor kurzem Selbstmord begangen hat und die nun bei ihrem entfremdeten Vater leben. Nach einer Reihe verschwommener sprachlicher Euphemismen durch einen sie besuchenden Kirchenmann über das »Ableben« ihrer Mutter folgt diese scharfe Offenbarung: »Niemand wusste, dass das älteste Mädchen wusste, dass *durch ihre eigene Hand* nicht Pillen oder Abgase oder etwas Derartiges gemeint war, sondern dass die Mutter, während sie in der Schule waren, ein Sägemesser genommen und versucht hatte, sich damit den Kopf abzuhacken. Es war ihr nicht gelungen, den Kopf abzubekommen, aber sie war ziemlich weit gekommen, und das älteste Mädchen war selbst lange genug in die Kirche gegangen, um zu wissen, dass niemand, der sich so schlimm den Kopf abschneiden wollte, auch nur in die Nähe des Himmels kam.« Nicht bloß ein Messer, sondern ein Sägemesser. Nicht bloß eine Tatsache, sondern eine Tatsache, die einem kleinen Mädchen bekannt ist, der Tochter einer Mutter, die ganz allein die unmittelbaren Folgen dieses entsetzlichen, wenngleich unglaublichen Sägens mitangesehen hat. Der Rest der Erzählung beschäftigt sich damit, wie die ältere Tochter mit ihrer Last umgeht.

Natürlich ist das Trauma längst geschehen; es kann nicht mehr rückgängig gemacht oder gelöscht werden. Allerdings kann es reinszeniert werden. Evenson kalibriert die Bewegung der Tochter hin zu ihrer letztlichen Abreaktion auf sehr feine Art, so dass der Schrecken von der ergreifenden hoffnungslosen Hoffnung der Tochter durchdrungen ist, dass die Reinszenierung »alles ein für alle Mal wiedergutmachen wird« – der immerwährende Wunsch eines jeden Kindes, das eine Urszene zu ändern sucht, die irgendwie ganz schrecklich schiefgelaufen ist. Am Ende steht das Vergnügen an der ästhetischen Perfektion der Erzählung – das heißt, an ihrer eigenen Fähigkeit, durch Sprache, Struktur und Ton »alles gut zu machen« – im himmelschreienden Kontrast zur Unfähigkeit der Figuren, dies zu tun. Der Effekt ist eine unwahrscheinliche Zärtlichkeit, die das Kaleidoskop an Grausamkeiten der Erzählung durchdringt.

Seit einiger Zeit versuche ich zu verstehen, ob oder auf welche Weise Plaths Zeilen grausam sind. Wenn ich die Augen schließe und mir eines ihrer späten Gedichte in Erinnerung rufe, sehe ich Zeilen, die auf die Seite gesengt wurden, oder die dünnen roten Zeilen, die sich so viele Jugendliche in die Haut ritzen, sei es als Kontrolle oder als Befreiung. Dann schlage ich Plaths gesammelte Gedichte auf und sehe, dass ihre Gedichte in Zeilen erscheinen wie jene aller anderen Dichtenden – manche kurz, manche lang, alle bestehend aus Wörtern und so weiter. Dann fange ich an zu lesen, und wieder spüre ich das Sengen. Und ich erkenne, dass es von der Kombination verschiedener Zeilen herrührt, die mit wütender Entschlossenheit geschrieben, geschoren oder gestoppt werden, und dem hyperaktiven Klang, den Plath in ihnen intarsiert hat – die akribisch gewundenen Binnenreime und Konsonanzen, die sie wie Rasierklingen in frischverknittertes weißes Papier einfaltet. »Gelitten habe ich unter der gräßlichen Abendröte«, schreibt sie in »Ulme«, und die Dämonenzunge tanzt. »Und das [ist] seine Frucht, zinnweiß wie Arsen.«

Vielleicht, weil ich die Prosa von Schriftstellerinnen wie Jean Rhys, Anne Carson, Lydia Davis, Marguerite Duras, Annie Dillard, Joan Didion, Octavia Butler, Eileen Myles und ihresgleichen in Form und Wirkung häufig intensiver finde als die ihrer männlichen Kollegen, von Ernest Hemingway bis Raymond Carver, ist mir die Angewohnheit der westlichen Literaturgeschichte, Männer mit harter Strenge und Frauen mit einer schwammigen »écriture féminine« in Verbindung zu bringen (oder, analog dazu, die Tradition der westlichen Kunstgeschichte, Männer mit muskulöser Entschlossenheit der Zeilen und Frauen mit der raumgreifenden Formlosigkeit der Farbe in Verbindung zu bringen), schon immer seltsam vorgekommen: eher Verordnung oder Fantasie denn Beschreibung oder Beobachtung. Es stimmt allerdings, dass, der Akt des »Schneidens« eine andere Wirkung entfalten kann, wenn Frauen zu »Schnitten« neigen. Wenn ein Körper (von der frauenfeindlichen Kultur) bereits durch seine Löcher definiert wird, worin liegt dann der Heroismus – selbst wenn es ein nihilistischer Heroismus ist –, »ein Loch nach dem andern zu bohren, bis das Dahinterkauernde durchzusickern anfängt«? Wie jeder asketische Mensch bestätigen kann, entsteht Klarheit häufig durch Subtraktion, durch Verarmung. Doch wie jeder magersüchtige oder ritzende Mensch weiß, kann es sehr schwierig sein, zu wissen, wann man das Meißeln sein lassen sollte.

Die Künstlerin Eleanor Antin stellt dieses Problem auf hochironische Weise in ihrem Werk *Carving: A Traditional Sculpture* von 1972 dar. Antin verwendet ihren eigenen Körper als lebenden Marmor, der modelliert werden soll, und führt eine 36 Tage währende Diät als Form der Bildhauerei durch. Jeden Tag ihrer Diät fotografiert sie sich vor demselben weißen Türrahmen von vorne, von hinten und von beiden Seiten. Die so entstandenen Fotoreihen zeigen ihren gedrungenen, nackten Körper, der im Laufe der Tage fast unmerklich davonschmilzt, während ihr leerer Blick jede glückliche Vorher-Nachher-Erzählung unterbindet. Es wirkt, als hätte Antin so die Frage gestellt, ob und wie Frauen mit einer künstlerischen Tradition interagieren können, die auf der Formung und Inszenierung ihrer Körper beruht, ohne sich buchstäblich selbst zu verkleinern, um ihr dann antwortlos mit diesen unversöhnlichen Fahndungsfotos, diesem struppigen Haar, diesen hängenden, breitnippeligen Brüsten, die sich der Kamera Tag für Tag ausdruckslos darbieten, ins Gesicht zu starren.

Tatsächlich existiert eine große Menge an Arbeiten von Frauen, die den Heroismus der Penetration untergraben – oder zumindest verkomplizieren – und die den Mythos des verschlingenden Lochs demontieren – oder zumindest verkomplizieren. Denn trotz der ausgefeilten Furcht, Angst und Begierde, die um die Imago der Vagina als eine Art unheilvolle, ja räuberische Leere gesponnen werden, sind sich die meisten Frauen durchaus bewusst, dass die Vagina weder einem wirbelnden Strudel noch einem Tunnel zum Abgrund gleicht. Auch sie ist eine Fleischessituation – aus Blutgefäßen, aus schwammigen Wänden, aus Schleim, aus Nerven und aus Puls.

Hier kommt mir Mendietas *Silueta*-Serie in den Sinn, in der Mendieta einen Schlitz in die Erde macht, oft in Form ihres Körpers, und ihn entweder mit Sand, Wasser, Zweigen, Blumen, Pigment, Schießpulver oder Feuer befüllt – ebenso denke ich an Louise Bourgeois' wunderbares Skulpturspiel mit konkaven und konvexen Formen. Doch das vielleicht irrste und rotzigste Spiel dieser Art findet sich im Werk der Künstlerin Yayoi Kusama, die seit über 40 Jahren besessen ist vom Polka Dot, dem ultimativen Loch, das gleichzeitig ein Loch und kein Loch ist. Siehe zum Beispiel Kusamas Video *Self-Obliteration* von 1967, das verschiedene Auslöschungen – oder ekstatische Kommunionen – dokumentiert, die durch das Aufmalen von Polka Dots auf den Körper oder das Tragen von Polka Dots bei der Bewegung durch eine vielgepunktete Landschaft erreicht werden. Hier trifft Warhols Oberflächlichkeit auf feministischen Witz (ganz zu schweigen von der unverschämten Zwanghaftigkeit, aufgrund derer Kusama schon seit langem in einer psychiatrischen Klinik lebt). »Wir leben auf Oberflächen, und die wahre Lebenslust besteht darin, gut über sie hinweg zu gleiten«, schrieb Emerson. Ist das die Wahrheit? Wenn ja, wer kann es ertragen, das zu glauben?

*

Aus der legendären Katastrophe seines Ateliers meißelte Bacon Handlungsringe aus den Stapeln von Bildern, die um seine Füße verstreut und an seinen Wänden befestigt waren, und lenkte unsere Aufmerksamkeit auf das Spiel. Das Spiel bestand für Bacon darin, die menschliche Figur mit unerbittlicher Präzision und ebenso unerbittlicher Verzerrung zu malen. Eine Reihe von Pfeilen lenkt unsere Aufmerksamkeit immer wieder auf bestimmte Farbkleckse, auf bestimmte Bereiche des Körpers oder der Leinwand, scheinbar ohne ersichtlichen Grund, außer um uns mitzuteilen, dass wir – wie tiefgreifend die Verzerrung auch sein mag – nicht von unserer Aufgabe der Konzentration befreit werden dürfen. Inmitten der Einsamkeit, der Verletzung oder des Gemetzels sollen wir nicht in einen Zustand diffuser oder schockierter Fassungslosigkeit verfallen. Die Gemälde zielen auf »das rechte Maß an Verwirrung« ab, wie Henry James es einmal formulierte, was für James ganz sicher nicht bedeutete, Schlamperei oder Zufälligkeit zuzulassen und Verwirrung als Entschuldigung vorzuschieben. Wir müssen wachsam bleiben. Wachsame Perverse, wachsame Detektivinnen.

Für James bedeutete dieser »rechte Grad an Verwirrung« eine »präzise Ambiguität«, die über Hunderte von Seiten dichter, glühender Syntax etwas von dem glorreichen, wechselhaften Nebel des menschlichen Bewusstseins heraufzubeschwören in der Lage war. Für Bacon bedeutete es etwas ganz anderes: Es bedeutete, Präzision und Mehrdeutigkeit mit einer Art Unheil zur Koexistenz zu zwingen, einem Unheil, durch das die Klärung eines Aspekts einer Figur die Verwischung oder Implosion eines anderen erfordert.

In der zeitgenössischen Literatur ist das Werk von Mary Gaitskill eines der fesselndsten Beispiele für diese Kollision von Schneiden und Verschmieren, Einschneiden und Verwischen. Gaitskills frühe

Storys, wie die in dem berüchtigten Erzählband *Bad Behavior. Schlechter Umgang* von 1989, kreisen um den Schnitt. Die Sprache – sei es die der beschreibenden Textur der Storys oder die der Dialoge, die ihre Figuren führen – ist hier ganz eindeutig ein Werkzeug, das zum Eindringen, zum Zerlegen, zum Bohren von Löchern eingesetzt wird. Doch anstatt sich durch Projektionen, Wahnvorstellungen, Übertreibungen oder Missverständnisse zu brennen, durchbohrt die Sprache hier die Selbstachtung und Würde der Figuren sowie jede Möglichkeit einer mitfühlenden Kommunikation zwischen ihnen. In »Ein romantisches Wochenende« verreisen ein Mann und eine Frau, die einander kaum kennen, zusammen übers Wochenende, in der Hoffnung, in einer leeren Wohnung versauten S/M-Sex zu haben. Doch noch bevor sie ins Flugzeug steigen, stellen sie fest, dass sie überhaupt nicht zueinander passen:

> Sie waren eine Stunde zu früh am Flughafen. Sie setzten sich in eine Bar und tranken etwas. Die Bar war ein an einer Seite offener Würfel, und irgendwo stand in roter Neonschrift »Cocktails«. Tische und Stühle standen frei im Raum, und es gab keine Türen, die vor den Blicken der Passagiere schützten, die mit ihrem Gepäck durch die Flughallen wanderten. Sie bestellte eine Bloody Mary.
>
> »Kaum zu glauben, dass du ausgerechnet Bloody Mary bestellst«, sagte er.
>
> »Warum nicht?«
>
> »Weil ich eine Bloody Beth möchte.« Er musterte sie mit einem Blick, der sie an einen neurotischen Hund mit heraushängender Zunge erinnerte, der nur darauf lauert, jemanden zu beißen.
>
> »Oh«, sagte sie.

Der zu einer Seite offene Würfel, in dem sich diese beiden unglücklichen Seelen befinden – und durch den andere unglückliche Seelen hindurchgehen müssen, die unfreiwillig den gemeinen Blicken unserer beiden Hauptfiguren ausgesetzt sind – ist ein gutes räumliches Beispiel für Gaitskills frühe fiktive Konstruktionen im Allgemeinen. Es gibt darin keinen Schutz. Die Figuren sind der Grausamkeit der Elemente ausgesetzt (was hier heißt: sie sind einander ausgesetzt und, was noch wichtiger ist, Gaitskills unbarmherziger Stimme); allerdings fehlt es den Storys auch an frischer Luft oder an der Hoffnung darauf. Die Figuren bewegen sich in einer abgestandenen Atmosphäre, die immer wieder durch hässliche Reden und ätzende Projektionen vergiftet wird, gepaart mit einem Gefühl, dass selbst die alltäglichsten Details der Welt unerträglich abstoßend sind.

Während sie auf der Straße auf ihre Wochenendverabredung wartet, denkt Beth: »Ein großer, zerstreuter Geschäftsmann hielt ein angebissenes Würstchen in der Hand. Zwei Mädchen futterten Cashewkerne aus einer weißen Tüte. Das Essen der anderen verstärkte in ihr das Gefühl, die Welt sei in Unordnung und überhaupt nicht schön. Der Abfall auf der Straße zog ihre Aufmerksamkeit auf sich. Er wurde vom Wind durcheinandergewirbelt; ein Bonbonpapier befreite sich aus dem Gewühl eines vollgestopften Straßenpapierkorbs. Alles war verkehrt, war schrecklich.« Wenn ein Bonbonpapier für so viel Hässlichkeit und Verzweiflung steht, kann man nur erahnen, wie Beth sich nach ihrem Wochenende mit einem kindsköpfigen und widerwärtigen Sadisten fühlen wird, der sie regelmäßig mit einem Feuerzeug unter ihrem Hemd verbrennt, und zwar auf völlig unerotische Weise. Hier ist ganz und gar nichts nett.

Die erbarmungslose Qualität dieser frühen Story war beeindruckend, und Gaitskill wurde zu Recht dafür berühmt. Doch erst in ihrem 2005 erschienenen Roman *Veronica* begann sie, dieses Sengen durch ausgedehnte Unschärfeexperimente zu skizzieren. In den früheren Werken besteht die Hauptaufgabe der Intelligenz – sowohl die der Figuren als auch die von Gaitskill – darin, die Schleier von Übertreibung und Klischee zu durchtrennen, um die »ganz verkehrte, ganz schreckliche« Natur der Dinge freizulegen. In *Veronica* reicht diese Form der Intelligenz jedoch nicht mehr aus. *Veronica* wird von Alison erzählt, einem ehemaligen Model – einst jung und hübsch, heute älter, verletzt und hepatitiskrank –, die an ihre unschuldige Jugend in New York und Paris wie an ihre Freundin Veronica zurückdenkt, die vor Jahren an AIDS starb. »Die letzten Tage ihres Lebens, verbrachte [Veronica] allein«, sagt Alison auf den ersten Seiten des Romans ganz unverblümt. »Ich war nicht bei ihr. Als sie starb, war niemand bei ihr.«

Veronica mangelt es nicht an derartiger Unverblümtheit, eine Unverblümtheit, die die Grausamkeit, das Leiden und die Einsamkeit, die das Leben der Hauptfiguren durchziehen, verdeutlichen soll. Doch der Roman ist ebenso darauf bedacht, das Fließen zu betonen. Als Alison sich an Veronicas Lebensgeschichte erinnert, wie sie von einem Fremden in ihrer Wohnung vergewaltigt wurde – eine Geschichte, die Veronica mit den Worten beendet: »Mein Vergewaltiger war sehr zärtlich« – hat Alison folgenden Gedankengang: »Schlaue Leute würden sagen, dass [Veronica] so über diese Geschichte sprach, weil sie versuchte, die Kontrolle darüber zu erlangen, weil sie den Schmerz verleugnen und sich sogar über ihn erheben wollte. Und wahrscheinlich stimmt das. Schlaue Leute würden auch sagen, dass Sentimentalität letztlich immer nur auf einen Mangel an Gefühlen verweist. Vielleicht stimmt das genauso. Aber ich bin überzeugt, dass sie wirklich dachte, der Mann, der sie vergewaltigt hat, wäre zärtlich.« Was mich hier beeindruckt, vor allem im Gegensatz zu Gaitskills Frühwerk, ist der Raum, der dadurch geschaffen wird, dass es für »schlaue Leute« mehr als nur eine Möglichkeit gibt, zu reagieren, sowie der Hinweis darauf, dass »schlaue Leute« zwar scharfsinnige, beeindruckende Diagnosen stellen, aber auch völlig auf dem Holzweg sein können. Dass eine Intelligenz, die sich ausschließlich auf die Durchdringung oder Beherrschung konzentriert, am Ende taub, stumm und blind für andere Arten des Wissens und der Wahrnehmung sein kann. Oder dass eine solche Intelligenz mit all ihren Untersuchungen und Psychoanalysen zumindest die oberflächliche Wahrheit dessen, was ein anderer Mensch tatsächlich mitzuteilen versucht, durchaus auch übersehen kann.

Veronica »funktioniert« als Roman nicht recht, zumindest nicht im konventionellen Sinne, da die erzählte Beziehung zwischen Alison und Veronica – die scheinbar als eine Art rettende Gnade für unsere Erzählerin dienen soll – nie wirklich wahr klingt. Der wahre Triumph des Romans liegt in der Darstellung des rauschenden Wirbels von *Ereignissen* sowie der stillen Ekstase des Gefühls, dass der eigene Körper, der eigene Geist und die eigene Geschichte nur ein kleines, vorübergehend erstarrtes Stück Materie in einem glorreichen, flirrenden Ganzen sind. Wenn es etwas gibt, das Alison zur Vollendung ihrer letzten Zeile verhilft – »Voller Dankbarkeit, voller Freude werde ich sein« –, dann ist es ihre wiederholte, sich vertiefende Erfahrung dieses Verschwimmens, diese Erfahrung ihrer selbst als ein »Krümel oder ein Grashalm oder ein Stein, etwas Kleines, das alles weiß, aber nichts sagen kann.«

Diese Unschärfe beginnt schon auf den ersten Seiten, als Alison zu einem Spaziergang aufbricht: »[M]ein Blickfeld verrutscht, wird unscharf. [...] Es fühlt sich an, als wäre ich aus meinem normalen Leben in eine Welt gestolpert, in der sich die Ordnung der Dinge verschoben hat; es ist immer noch mein Leben, und ich erkenne es auch wieder, doch die Menschen und Orte darin sind in einem heillosen Durcheinander versunken.« Und so geht es weiter in ihren Erinnerungen an ihr Leben als Model: »Ich ging einen Korridor entlang, in dem sich wunderschöne Menschen drängten. Schöne Arme, goldene Haut, strahlende Augen, fantastisch geschminkte Lippen, so groß und voll, dass sie stumm wirkten, als wären sie nicht zum Sprechen gemacht, sondern nur um Dinge zu spüren, um sie zu empfangen. So viel Schönheit, wie gewaltige Farbkleckse, die sich in deinen Augen so lange vermischen, bis sie zu grauem Schlamm werden. [...] Ein Mädchen begegnete meinem Blick, und ich war erstaunt, ihr Gesicht in solcher Klarheit sehen zu können.« Das Gesicht fungiert hier als ein wunderbarer Schimmer von Individualität, wenngleich es immer kurz davor ist, zu Schlamm zu werden oder in der Masse unterzugehen (oder, wie in einer Modelkarriere, im Meer der ebenso außergewöhnlichen Gesichter anderer Models). Alison weiß das, und als der Roman auf seinen Höhepunkt zusteuert, findet sie darin ein nicht geringes Maß an Zufriedenheit und Glückseligkeit: » Ich hatte es geschafft. Ich war wie diese Musik geworden. Mein Gesicht war eine Note in einem kontinuierlichen Loop geworden, der die Menschen überrollte, während sie miteinander redeten und tranken und heirateten und Babys machten. Keiner erinnert sich an eine bestimmte Note. Keiner erinnert sich an ein Stück Gras. Aber es tut sein Teil. Ich hatte mein Teil getan.«

Diese Passage mag Lesenden von Virginia Woolfs *Zum Leuchtturm* bekannt vorkommen; der Roman gipfelt in einer zu Recht berühmten Passage, in der die dynamische Beziehung zwischen Form und Fließen zelebriert wird – eine Beziehung, die für Woolf größte Bedeutung besaß. Der letzte Absatz von *Zum Leuchtturm* beschreibt die letzte Abrechnung der Malerin Lily Briscoe mit ihrer sich noch in Arbeit befindlichen Leinwand: »Da war es – ihr Bild. Ja, mit all seinem Grün und den Blaus, den aufwärts und quer verlaufenden Linien, seinem Versuch, etwas zu werden. Es würde in Dachkammern aufgehängt werden, dachte sie; es würde zerstört werden. Doch was machte das schon? fragte sie sich, als sie ihren Pinsel wieder in die Hand nahm. Sie blickte auf die Stufen; sie waren leer; sie blickte auf ihre Leinwand; sie war verschwommen. Mit plötzlicher Zielstrebigkeit, als sehe sie sie einen Augenblick deutlich vor sich, zog sie dort eine Linie, in der Mitte. Es war vollbracht; es war vollendet. Ja, dachte sie, als sie in äußerster Erschöpfung den Pinsel niederlegte, ich habe sie gehabt, meine Vision.«

Die Reflexion über Fließen und Form in *Veronica* mag an Woolfs genialen Klassiker erinnern, doch sie ist etwas Neues für Gaitskill, eine Schriftstellerin, die von Grausamkeit, Bosheit und Gefühllosigkeit weitaus mehr fasziniert ist, als Woolf es je gewesen ist. In einem Interview mit der Zeitschrift *Bomb* aus dem Jahr 2009 sagt Gaitskill über *Veronica:* »Wir werden in diese physischen Körper hineingeboren ... was auch immer wir sind, nimmt diese Form an, die so besonders und ausgeprägt ist – Augen, Nase, Mund – und dann beginnt sie allmählich zu zerbrechen. Irgendwann löst sie sich vollkommen auf. Das ist ein *ungeheures* Problem für die Menschen; wir verstehen es, aber es bricht uns das Herz.« Eine jüngere Gaitskill hätte sich vielleicht über die Grausamkeit dieser Situation lustig gemacht. Gegenwärtig scheint sie sich mehr für die Art und Weise zu interessieren, wie Spezifität und Präzision mit Auflösung und Zerstreuung koexistieren – oder ihnen schließlich weichen: jener völlig natürliche, unvermeidliche Prozess, der uns, wie sie selbst anmerkt, regelmäßig das Herz bricht.

Gesicht

Das Gesicht als Ort ethischen Handelns hat in den letzten Jahren – nicht zuletzt dank der Arbeiten des Philosophen Emmanuel Levinas – viel Aufmerksamkeit erfahren. In ihrem Buch *Gefährdetes Leben* macht Judith Butler ausgiebig Gebrauch von Levinas' Idee des »Gesichts des anderen«, das für Levinas als Ort der Ethik dient. Levinas drückt es so aus, dass »das Gesicht des anderen in seiner Gefährdetheit und Schutzlosigkeit für mich die Versuchung zu töten ist und zugleich der Aufruf zum Frieden, das ›Du sollst nicht töten‹.«

Im Gegensatz zu vielen ethischen Systemen, die propagieren, man möge mit dem Selbst beginnen und dann die andere Person miteinbeziehen (was wiederum durch die Goldene Regel versinnbildlicht wird), geht Levinas von der umgekehrten Annahme aus: »In der Ethik hat das Existenzrecht des anderen Vorrang vor meinem eigenen, ein Vorrang, der in dem ethischen Edikt verkörpert wird: Du sollst nicht töten, du sollst das Leben des anderen nicht gefährden.« Das Gesicht der anderen Person verkündet dieses Edikt, das als eine Art göttlicher Imperativ verstanden werden kann. »Wenn mich der Andere, das Gesicht des Anderen [...] zum Mord verlockt und mich gleichzeitig daran hindert, gemäß der Versuchung zu handeln, dann wirkt das Gesicht so, daß es einen Kampf in mir entfacht und diesen Kampf im Zentrum der Ethik etabliert.«

Dieser Kampf hätte Francis Bacon wenig überrascht, da er die Verzerrungen, die er an den Gesichtern seiner Subjekte vornahm, gewöhnlich als »Verletzungen« bezeichnete und es vorzog, Fotografien als Vorlage zu verwenden, um »die Gewalt im Privaten auszuüben«. Auch zog er es vor, nach Bildern von Freunden zu arbeiten, vor allem von Freunden, deren Gesichter er schön fand. »Wenn sie nicht meine Freunde wären, könnte ich ihnen keine solche Gewalt antun«, sagte er. Ein Hauptziel dieser Gewalt war für Bacon, das Gesicht vom Kopf zu trennen, damit dieser zu Fleisch werden konnte.

Wer fünf Minuten Zeit hat und neugierig auf das Thema »Kopf-als-Fleisch« geworden ist, sieht sich am besten Otto Muehls Film *Kardinal* aus dem Jahr 1967 an, eine der besten und beunruhigendsten Darstellungen dieser Art, die ich je gesehen habe. Der Film ist bemerkenswert aufgrund seiner kühnen Herangehensweise, mit der er den menschlichen Kopf als Leinwand für Action Painting verwendet, und wegen seiner Darstellung einer beunruhigenden, minimalistischen Brutalität, die durch die scheinbare Einvernehmlichkeit des Geschehens erschwert wird. Der Film beginnt mit den Händen einer männlichen Figur, die ein menschliches Gesicht und einen Kopf (mit geschlossenen Augen) mit Bindfaden und einem durchsichtigen, plastikartigen Klebeband fesselt. Nachdem das Gesicht eingeschnürt wurde, beginnt die männliche Figur – deren Körper in den Bildausschnitt hinein- und wieder herausflackert – eine Reihe von Misshandlungen, Anwendungen und Auslöschungen an dem Gesicht vorzunehmen.

Zunächst klatscht sie mit Wucht eine rote, glitschige Substanz auf die eingeschnürten Wangen, dann gießt sie sich eine dunkle Flüssigkeit aus einer Flasche in den Mund und speit sie über das gesamte Gesicht und die Kopfhaut. Anschließend schüttet sie literweise eine klare, sirupartige Substanz über den Scheitel; es entsteht eine Wand aus Flüssigkeit, die wie ein Leichentuch über die Vorderseite des Gesichts fließt. Dann schlägt und beschmiert sie die Kopfhaut und das Gesicht mit einem pappigen, gelblichen Teig, der eine Art Gips zurücklässt, durch den es beinahe unmöglich ist zu atmen, bevor sie noch mehr roten, blauen und grünen Schleim auf den teigigen Gips klatscht und ihn in die Körperöffnungen hereindrückt. Zum Schluss wirft sie gelbes, rotes und blaues Pulver auf das Subjekt, das mittlerweile zu einer verkrusteten, tropfenden, unerkennbaren Masse geworden ist. Das sind die ersten zweieinhalb Minuten; die anschließenden zweieinhalb zeigen drei nackte Körper, die über- und untereinander herumkriechen, während dieselben Substanzen – Schleim, Teig, Puder – auf ihre Orgie herabregnen: ganz gewiss eine andere Form der Verfleischlichung, aber eine, deren Effekt weit weniger unheimlich und viel komödiantischer ist – all diese albernen Arschritzen! – als die Auslöschung, die ihr vorausgeht.

»Und ich habe kein Gesicht; ich habe mich selbst auslöschen wollen«, meint Plaths an ein Krankenhausbett gefesselte Sprecherin in »Tulpen« und formuliert damit den Wunsch, der ihre Dichtung so oft zu einer Horrorshow macht. Denn der gesichtslose Kopf – weil der Kopf nie eines besaß, weil es abgeschnitten oder verbrannt wurde, weil es zugedeckt, überschleimt wurde, weil es zwar immer noch existiert, aber anderswo (in einem Glas, an einem anderen Körperteil, in einem Spiegel) – das ist ein Grundelement sowohl unserer Albträume als auch von Plaths Vision. Wenn Bacons Gemälde den Künstler als Metzger zeigen (und Muehls *Kardinal* den Künstler als sadistischen Bäcker), so zeigt uns Plath, was es bedeutet, als Künstlerin Chirurgin zu sein, für die das Gesicht im Zentrum des Geschehens steht. In dem Gedicht »Der Chirurg um 2 Uhr nachts« berichtet ein Arzt von der Leiche unter seinem Skalpell: »Wie immer gibt es kein Gesicht. Ein Klumpen Porzellanweiß / Mit sieben eingedrückten Löchern.«

Niemand und nichts in Plaths Lyrik entgeht der Auslöschung – nicht der Mond, nicht die Wolken, nicht sie selbst, nicht die Menschen, die sie liebt, nicht die Kinder. »Und mein Kind – schau es an – Gesicht am Boden, / Kleine entbundene Marionette, die sich ins Abseits strampelt – / [...] Wenn sie geisteskrank / Sei mit zwei, schneide sie sich mit zehn die Kehle auf«, schreibt sie in »Lesbos«. Manchmal ist diese Auslöschung bei Plath friedlich: Eine Sprecherin auf einer Entbindungsstation blickt auf eine Reihe von Säuglingen und denkt: »Ich glaube, sie sind aus Wasser; sie haben gar keinen Ausdruck. / Ihre Züge ruhen, wie Licht auf stillem Wasser.« Doch siehe da, als eine der Kleinen erwacht, sagt eine andere Sprecherin: »Ich glaub, ihr kleiner Kopf, der ist aus Holz geschnitzt, / Ein rotes, hartes Holz, die Augen zu, der Mund jedoch weit offen. [...] Er bringt so dunkle Töne hervor, er lässt nichts Gutes hoffen.« In der Tat, es ist nichts Gutes. Hier ist ganz und gar nichts nett.

Wie bei Bacon, der gelegentlich Gesichter auf Sockeln oder in Spiegeln malte, die unheimlich abseits der menschlichen Figuren positioniert waren, zu denen sie vermutlich einst gehörten, tauchen bei Plath manchmal fehlende Gesichtszüge an anderer Stelle auf (»Seine Finger hatten die Nasen von Wieseln«) oder erscheinen wie zur Bestrafung entfernt und isoliert: »[Der Mund] war unersättlich gewesen, / Zur Strafe kam er nach draußen, wie eine braune / Frucht zum Schrumpfen und Dörren.« Und manchmal, am berühmtesten in Gedichten wie »Madame Lazarus«, dramatisiert Plath ihre eigene Auslöschung und lädt ihre Lesenden zum Zuschauen ein. Nachdem sie ihr Gesicht in »Madame Lazarus« skandalöserweise beschrieb als: »ein ganz glattes, feines / Jüdisches Leinen«, stichelt sie: »Nimm mein Mundtuch ab, o mein Feind / Schäle mich aus meiner Hülle. / Ob ich dich mit Entsetzen erfülle? // Nase, Augenhöhlen, zwei vollzählige Zahnreihn?« Sie erschreckt in der Tat – und vielleicht nirgends so sehr wie in den letzten, bedrohlichen Zeilen des Gedichts, die auf die Verbrennung folgen: »*Herr* Gott, *Herr* Luzifer / Gefahr, / Gefahr! // Mit meinem roten Haar / Steig ich aus Asche und Gruft / Und ich esse Männer wie Luft.« Es gibt Haare, es gibt einen Mund, doch es gibt noch immer kein Gesicht. Wie Bacons monströse Kreaturen, die sich in seinen *Drei Studien zu Figuren am Fuße einer Kreuzigung* (1944) boshaft zusammenkauern, ist diese Sprecherin dem Menschlichen entwachsen. »Sie ist der Phönix, der Freigeist, wenn man so will«, sagte Plath 1962 in einem BBC-Interview höflich über die Sprecherin von »Madame Lazarus«. »Sie ist auch einfach eine gute, schlichte, findige Frau.«

Die Schlusszeilen von Plaths Gedicht »Ulme« gehen über das Schaurige hinaus und führen in einen Taumel: »Was ist dies, dieses Gesicht, / Mordlüstern zwischen seinen luftabwürgenden Zweigen? // Sein schlieriges Säure-Gezisch. / Lähmt den Willen. Dies sind so Defekte, die nach und nach auftreten / Und töten und töten und töten.« »Ulme« lässt sich als eine Art Rätsel lesen: Was ist dies, dieses Gesicht? Wahrscheinlich eine Eule. Doch die Wucht der letzten Strophe hat wenig mit der Lösung eines Rätsels gemein, und mehr mit der beißenden Kühnheit des Zischlauts und der einhämmernden Wiederholung von »töten und töten und töten« – Klänge, die so subtil sind wie Norman Bates' Messerhiebe in der Dusche. Dies sind die Hufe; lausche den gnadenlosen Stößen.

In solchen Momenten kippt Plaths sprachliches Melodrama beinahe über ins *Camp*. Beinahe, aber nicht ganz – wie Bacon bleibt sie in der Schwebe zwischen hohem Ernst und dem Lächerlichen. Ein Filmemacher wie Fassbinder lässt uns den ungeheuer spannenden Raum betreten, der sich auftun kann, wenn hohe Ernsthaftigkeit und Lächerlichkeit ineinanderfallen, sich gegenseitig unkenntlich machen und so eine ganz neue tonale Palette erschaffen. Tatsächlich ist ein Fassbinder-Film wie *In einem Jahr mit 13 Monden* (1978) in der Lage, tonale Nuancen anzuschlagen, die, das muss ich zugeben, sowohl Bacon als auch Plath im Vergleich fast wie Neandertaler erscheinen lassen.

In einem Jahr mit 13 Monden beherbergt eine Fülle oberflächlicher Grausamkeiten: Allein in den ersten fünf Minuten des Films sehen wir, wie die Heldin – die tragisch selbstzerstörerische, alkoholkranke, ständig verachtete und unweigerlich todgeweihte Elvira (gespielt von einem fleischigen, kreidebleichen Volker Spengler) – in einem öffentlichen Park von einer Gruppe von Strichern verprügelt wird, die über die Entdeckung verärgert sind, dass sie keinen Penis hat, bevor sie zu Hause von ihrem Geliebten Christoph verbal und körperlich misshandelt wird, der sie ein Walross, einen Menschen ohne Seele und ein überflüssiges Stück Fleisch nennt; er zerrt sie an den Haaren vor den Spiegel, wo er sie zwingt, zu schauen, welch ein hässliches, fettes Ding sie geworden ist und warum er sie verlässt.

Die Grausamkeit ist unerbittlich, doch bald wird sie durch eine Reihe formaler Faktoren gemildert: vor allem durch die Bildsprache, die Flure und Foyers in erstaunlich ausgefeilt beleuchteten Einstellungen zeigt, statt der Art von Point-of-View und Reaction

Shots, die über Subjektive und Reaktionseinstellung gewöhnlicherweise psychologische Identifikation suggerieren oder liefern würden. (Tatsächlich ist während des gesamten Films in Momenten, da Elvira am meisten gedemütigt oder verzweifelt ist, ihr leidendes Gesicht oder ihr Körper in eine Ecke oder eine Sackgasse des Bildes gedrängt, ihr Schluchzen ist nur ein Bruchteil einer komplexen Geräuschkulisse, zu der auch die Lärmbelästigung von Fernsehern, von Musik oder Videospielen gehört, die zufällig in der Nähe laufen.) Als Christoph in der Anfangsszene endlich die Wohnung verlässt, verspüren wir eine gewisse Erleichterung, da die schrecklichen Beleidigungen endlich ein Ende haben. Doch Elvira empfindet keine Erleichterung – wie jede gute Süchtige ist sie alarmiert und rennt ihm bis auf die Straße nach, um ihn anzuflehen, sie nicht zu verlassen. Schließlich wirft sie sich an die Motorhaube seines Autos, woraufhin er Gas gibt und sie auf der Straße liegen lässt. Jetzt hat der Film richtig angefangen.

Die Handlung und die Sprache sind hier hart, doch ihre Wirkung ist unbestimmt, vor allem, weil Fassbinder diese Härte von den Signifikanten abgekoppelt hat, die normalerweise anzeigen, wie besorgt wir sein sollen, oder ob wir überhaupt besorgt sein sollen. Das Spektrum wird zurückgesetzt: Wir bewegen uns nicht mehr zwischen Tragödie und Farce, Melodrama und Realismus, Empathie und Kälte. Stattdessen werden wir in eine Landschaft geschickt, die durch Nichtwissen, Nichtlogik, eine radikale Entkopplung von Ursache und Wirkung und visuelle Wurmlöcher definiert ist, die uns von einem außergewöhnlichen Ort zum nächsten führen. Kaum wird Elvira auf der Straße zurückgelassen, wird sie von ihrer Freundin, der Prostituierten Zora (Ingrid Caven), aufgegriffen und in ein atemberaubendes, güldenes Café und dann in eine noch atemberaubendere, schwarz-weiß gekachelte und verspiegelte öffentliche Toilette geschleppt. Dort erzählt Elvira Zora, dass sie in einem früheren Leben eine Ausbildung zum »Schlachter« gemacht hat, ein Beruf, den sie jetzt vermisst. Zora schaudert, denn sie nennt das Schlachten von Tieren »gegen das Leben«. »Gar nicht ist's gegen das Leben«, entgegnet Elvira. »Das Leben selbst ist's«. Und die beiden machen sich auf den Weg zum Schlachthof, als wollten sie den Fall dort entscheiden.

Die Schlachthofszene in *13 Monde* ist schlichtweg unglaublich – und das gerade deshalb, weil sie die glaubwürdigste, »realste« Szene in einem ansonsten recht phantasmagorischen Film ist. Elvira und Zora schlendern hypnotisch durch den Schlachthof, während Elvira aus dem Off von ihrer früheren Ehe (mit einer Metzgerstochter), mit der sie ein Kind gezeugt hat, und von ihrer aktuellen unglücklichen Affäre mit dem brutalen Christoph erzählt. Ihre Absätze klappern leise entfernt im Hintergrund, während im Vordergrund Dutzende von Kühen betäubt, guillotiniert, zum Ausbluten an den Füßen aufgehängt, ihrer Haut beraubt und schließlich für den Markt aufgehängt werden. Die Heftigkeit des Blutvergießens macht es, zumindest beim ersten Ansehen, nahezu unmöglich, irgendetwas von dem zu verstehen, was Elvira sagt, auch wenn sie die vermutlich entscheidende Hintergrundgeschichte liefert. Was kann man sagen oder denken, wenn man mit ansieht, wie eine unvorstellbare Menge Blut – echtes Blut – aus einer Reihe enthaupteter Kuhkörper strömt? Elvira trägt einen Drehbuch-Monolog vor, während wir auf die alltäglichen Machenschaften einer Tötungsstation starren. Es ist, als würde Fassbinder sagen: »Nichts, was ich jemals schreiben oder erfinden könnte, ist vergleichbar mit der rohen Intensität dieser Szene, die sich jeden Tag rund um den Globus wiederholt: Hier bitte – seht hin.«

In dem Film kommt nichts vergleichbar visuell Erschütterndes mehr vor, doch ist das auch nicht nötig. Wir sind bereits in eine Welt hineinkatapultiert worden, in der abgedroschene Versionen von Empathie nichts zu suchen haben. In dieser Welt verhalten sich die Menschen schizoid und unberechenbar gegenüber dem Leid anderer. Als beispielsweise ihre Frau Irene in Elviras Wohnung vorbeikommt und sie ohnmächtig vorfindet (was, wie das Publikum weiß, das Ergebnis einer unruhigen Sitzung autoerotischer Asphyxie ist), ist Irene verzweifelt besorgt. Sobald Elvira aber zu sich gekommen ist, ist Irenes Zärtlichkeit schlagartig verflogen. In einem bedrückenden Anklang an den boshaften Christoph fängt Irene damit an, Elvira wegen eines Zeitschrifteninterviews, das ihr nicht gefallen hat, heftig zu beschimpfen.

Ähnlich verhält es sich auch viel später im Film, als Elvira in einem verlassenen Gebäude auf einen Mann stößt, der sich erhängen will. Elvira behandelt ihn herzlich genug, teilt ihr seltsames, quasireligiöses Picknick aus Weißbrot und Wein mit ihm und verwickelt ihn in ein philosophisches Geplauder. Schließlich unterbricht Elvira den Mann und schlägt ihm vor, er könne sich ruhig auch aufhängen, denn sie habe kein Interesse mehr an einem Gespräch mit ihm. Einen Moment später eilt Elvira atemlos zu einer Frau, die an einer anderen Stelle des Gebäudes arbeitet, um ihr mitzuteilen, dass sich gerade ein Mann im Stockwerk darunter erhängt hat. Als die Frau darüber lacht und erklärt, dass es in dem Gebäude alle paar Wochen Selbstmorde gibt, tut Elvira das ebenfalls ab und widmet sich wieder ihrem Alltag – einem Alltag, der schon bald in ihren eigenen Selbstmord münden wird, den wiederum niemand zu verhindern versucht.

Wie sollen wir also das Leiden und den letztlichen Tod unserer Heldin verstehen? Das ist schwer zu sagen. Die Beleidigungen, Demütigungen und Vernachlässigungen, die Elvira erfährt, scheinen grausam und exzessiv, doch ist sie auch eine jener menschlichen Seelen, die scheinbar immun sind gegen Hilfe – eine selbstmordgefährdete, alkoholkranke Masochistin, für deren Selbstverstümmelung und Tod niemand verantwortlich gemacht werden kann, nicht einmal die »Grausamkeit der Welt«. (Die Tatsache, dass der Film nach dem Selbstmord von Fassbinders Geliebtem, Armin Meier, einem ehemaligen Metzger, entstanden ist, vertieft die psychologischen Aspekte von Schuld und Identifikation, die hier am Werk sind.) Doch in gewisser Weise sind derartige Fragestellungen überflüssig, da die systematischen stilistischen Verfremdungen des Films es nicht zulassen, von einer projektiven Identifikation mit Elvira angetrieben zu werden. Die Bedeutung des Films liegt anderswo –

in seiner geschickten thematischen Schichtung, in seinen visuellen und zeitlichen Faszinationen und, vielleicht am allermeisten, in seinem anhaltenden Ton der respektlosen, unvorhersehbaren und zutiefst unterhaltsamen Grimmigkeit, die sich einer sprachlichen Beschreibung beinahe gänzlich entzieht.

In diesem Zusammenhang werden die vielen Nahaufnahmen von Elviras Gesicht nicht zu Fenstern in ihre Seele, sondern zu Aussichtspunkten mit Blick auf das Unergründliche. Ihr Gesicht ist weder ganz männlich noch ganz weiblich, weder attraktiv noch völlig abstoßend, weder ungewöhnlich ausdrucksstark noch ungewöhnlich verschlossen. Im Laufe des Films wird es in seinem unerbittlichen Leiden sowohl zu einer Einladung, über unser gemeinsames Menschsein nachzudenken, als auch zu einem teigigen, vage abstoßenden Fleischklumpen. Elviras Gesicht – wie der Film selbst – bewegt sich irgendwo zwischen Mitgefühl und Nicht-Mitgefühl. Aber unabhängig von unseren Gefühlen ihr gegenüber empfinden wir den Film selbst sehr intensiv – und das aus gutem Grund, denn es ist ein Film, der sich lohnt, mehrfach angesehen zu werden und dies vielleicht sogar erfordert. Wie bei der unvergesslichen Schlachthofszene wird der Anblick auf unvorhersehbare Weise fesselnd, wenn wir unser Unbehagen nur lange genug ertragen können – und Fassbinder ist mehr als bereit, uns die Zeit dafür zu geben.

»Der mich lieben wird durch die Trübung meiner Deformation« – nach diesem Menschen fragt eine von Plaths Sprecherinnen in »Drei Frauen«, einem erschütternden dreistimmigen Gedicht, das auf einer Entbindungsstation spielt. Während des Films *In einem Jahr mit 13 Monden* versucht Elvira diese Frage mit zunehmender Verzweiflung zu beantworten; auch fühlt sich Alison, die Erzählerin von Mary Gaitskills *Veronica*, von ihr verfolgt. Denn Alison ist nicht nur alt, krank und vor allem auf sich allein gestellt, sondern leidet auch unter den anhaltenden körperlichen Folgen eines Autounfalls, der sie zu entstellen drohte. Ihre erste Frage an eine Krankenschwester, als sie zu sich kommt, lautet: »Ist mein Gesicht in Ordnung?« Dann, als sie in den Röntgenraum gefahren wird, streitet sie mit der Krankenschwester, die versucht, ihre Ohrringe zu entfernen, und sagt: »Wenn Sie meine Ohren kaputt machen, schwöre ich Ihnen, dass ich Sie verklage. Ich bin ein Model, und ich kann keine abgefuckten Ohren gebrauchen!« Worauf die Schwester antwortet: »Warum nicht? [...] Du hast doch schon einen abgefuckten Kopf.« Natürlich ist es ihr abgefuckter Kopf – der Kopf als Fleisch, und nicht die Besonderheit ihres schönen Gesichts –, was sie zu der Erlösung bringt, die sie schließlich findet.

Was Plath betrifft, so war sie offenbar nicht in der Lage, die in »Drei Frauen« aufgeworfene Frage zu beantworten, weder in ihren Gedichten noch in ihrem Leben. Nichtsdestoweniger ist es eine gute Frage. Sie verweist auf einen Ort jenseits von Grausamkeit.

Gaitskill kehrt in »The Agonized Face«, einer Story aus ihrer 2009 erschienenen Sammlung *Don't Cry,* zum Gesicht zurück. In dieser Erzählung zeigt sich Gaitskill von ihrer besten Seite, da sie die ungestüme Wildheit ihrer früheren Geschichten mit ihrem neueren Interesse an Formlosigkeit und Raumgestaltung verbindet. Während *Veronica* eine Gemeinschaft dieser beiden Modi darstellt, prallen sie hier in einer Kollision aufeinander, die durch den Fokus der Story auf den Feminismus und sein Unbehagen noch erschüttert wird.

Die beiden Protagonistinnen der Story sind die Ich-Erzählerin – eine geschiedene Mutter und scharfzüngige Journalistin, die zu einer sich selbst unerträglich ernst nehmenden Literaturkonferenz nach Toronto geschickt wurde – sowie »die feministische Autorin«, ein charismatischer Star der Konferenz, die in der Ich-Erzählerin eine Vielzahl chaotischer Gefühle, Vorurteile und Sympathien hervorruft. Gaitskill legt den Konflikt im ersten Absatz plakativ dar, in dem die Erzählerin die feministische Autorin beschreibt als »eine jener gutaussehenden Typen mit teuren Klamotten, die jünger aussehen, als sie sind (was irritierend ist, obwohl es das nicht sein sollte), die Art von Person, die beim Sprechen mit ihrem Haar spielt und die einen immer zu bitten scheint, dass man sie mögen soll. So war sie, doch war da auch noch Anderes an ihr, und dieses ›Andere‹ war es, was ihr Verhalten so seltsam ärgerlich machte.« Der Rest der Story dreht sich darum, was dieses »Andere« sein könnte.

Mal ist es, dass die »feministische Autorin« als Wohlfühl-Verfechterin der Sexarbeit ihrer Jugend auftritt, die sie als »Kampf gegen das Patriarchat« bezeichnet. Mal ist es ihre angeblich befreiende Behauptung, dass »auch Frauen Spaß an sexueller Gewalt haben können«, oder ihre leidenschaftlichen, klischierten Reden auf der Konferenz über die Gefahr, anderen Menschen ihre Menschlichkeit abzusprechen und damit »zu verarmen und uns selbst um die Komplexität und Zärtlichkeit des Lebens zu bringen« (ein Hauptbestandteil von Literaturkonferenzen). Vor allem aber ist dieses »Andere« die »sanfte, vernunftvolle« Art und Weise, in der die feministische Autorin Dinge anspricht, über die man nach Ansicht der Erzählerin nicht auf sanfte oder vernunftvolle Weise sprechen kann oder sollte. Im weiteren Verlauf der Story kristallisiert sich ein Symbol für diese Dinge heraus, das »gequälte Gesicht«, das, wie die Erzählerin erklärt, »ein Gesicht von Sex und weiblichem Schmerz« ist, ein Gesicht der »Schande und der Gewalt, des dunklen Orgasmus, der Vergewaltigung, mit einem derart heftigen Gefühl, dass es diejenige, die es empfindet, auslöscht.«

Während die Erzählerin über dieses gequälte Gesicht sinniert, experimentiert sie damit, alle möglichen Standpunkte dazu einzunehmen. In manchen Momenten ergreift sie Partei für die feministische Autorin und denkt: »Kann man es ihr verübeln, dass sie versucht, eine gute Miene aufzusetzen? Dass sie so offen über Dinge spricht, die seit Jahrhunderten dazu benutzt werden, Frauen zu beschämen? … Manchmal möchte man auf der Seite einer klugscheißerischen Frau mittleren Alters stehen, der das gequälte Gesicht scheißegal ist und die einem arroganten, sexy Typen einen bläst, um einen dummen, kleinen Kick zu kriegen. Manchmal wünscht man sich, es könnte so einfach sein.« In anderen Momenten geht sie brutal hart ins Gericht: »Diese Geschichten zu erzählen und so zu tun, als gäbe es keine Qualen – da will man sie kneifen, wie ein Junge in einer Gang, der ihr die Straße entlang nachläuft, während sie versucht, so zu tun, als sei nichts passiert, und sich aber beeilt, während jemand noch mal zum Kneifen nach ihr langt. Man will sie in eine Gasse jagen, sie steinigen, sie zwingen, das Gesicht zu zeigen, das sie verleugnet.«

Schlussendlich entscheidet sich die Erzählerin für Letzteres, zumindest in der Öffentlichkeit: Sie publiziert einen Artikel über die feministische Autorin, der so vernichtend ist, dass er einen Aufruhr unter den jüngeren Frauen bei der Zeitung auslöst, die den Artikel als boshaft und unfair bezeichnen. Die Erzählerin antwortet: »Ich stimme fast zu, dass es nicht fair war. Aber ob fair oder nicht, ich hatte Recht. Das gequälte Gesicht und alles, wofür es steht, ist eines der wenigen Geheimnisse, die uns auf diesem zerlumpten, ausgeweideten Planeten geblieben sind. Es muss geschützt werden, auch wenn jemand gelegentlich ›gesteinigt‹ werden muss.« Will man unserer Erzählerin hier zustimmen, heißt das, auf eine unvertretbare Weise auch buchstäbliche oder metaphorische Gewalt hinzunehmen; andererseits ist das Argument, das sie die ganze Zeit über für die Heiligkeit des gequälten Gesichts vorgebracht hat, berührend, so wie es alle gut formulierten Appelle an das Ursprüngliche, das Tierische, das Sexuelle und das Unaussprechliche meistens sind.

Doch wie die Erzählerin an anderer Stelle erklärt, geht es bei dem gequälten Gesicht »nicht nur um Vergewaltigung und Schmerz«. Um ihren Standpunkt zu untermauern, beginnt sie mit einer langen Beschreibung des Sex mit ihrem Ex-Mann, den sie wie folgt beschreibt: »Danach lächelten wir, hielten uns herumwälzend im Arm, lachten über uns selbst, lachten über das gequälte Gesicht. Über die Leere konnten wir jedoch nicht lachen. Es war, als würden wir in einen elektrischen Strom eintauchen, zuerst in eine Landschaft aus lebendigem Licht, und dann in die pechschwarze Dunkelheit, die gewärmt wurde von unsichtbarem Licht, den flüsternden Stimmen, den sich auflösenden, neu formenden Gesichtern der Gespenster und der erregten Ungeborenen. Alles kam uns schrecklich vor, alles kam uns schön vor.«

Wer, so legt die Geschichte nahe, würde sich eine Welt wünschen, in der alles Schöne von allem Schrecklichen abgeschottet wäre, wodurch die Welt ihrer wilden, beinahe unnavigierbaren Paradoxien beraubt würde? Und wer würde sich einen Feminismus – oder irgendeine Form von sozialer Gerechtigkeit – wünschen, der unser Verständnis für solch schwierige Koexistenzen verringert oder unseren Zugang zu diesem elektrischen Strom vermindert? Das Geniale an »The Agonized Face« ist, dass die Erzählerin letztlich entscheidet – jedenfalls in ihrem Artikel –, dass solche Widersprüche nicht aufrechtzuerhalten sind, während die Erzählung sie gleichzeitig aufrechterhält.

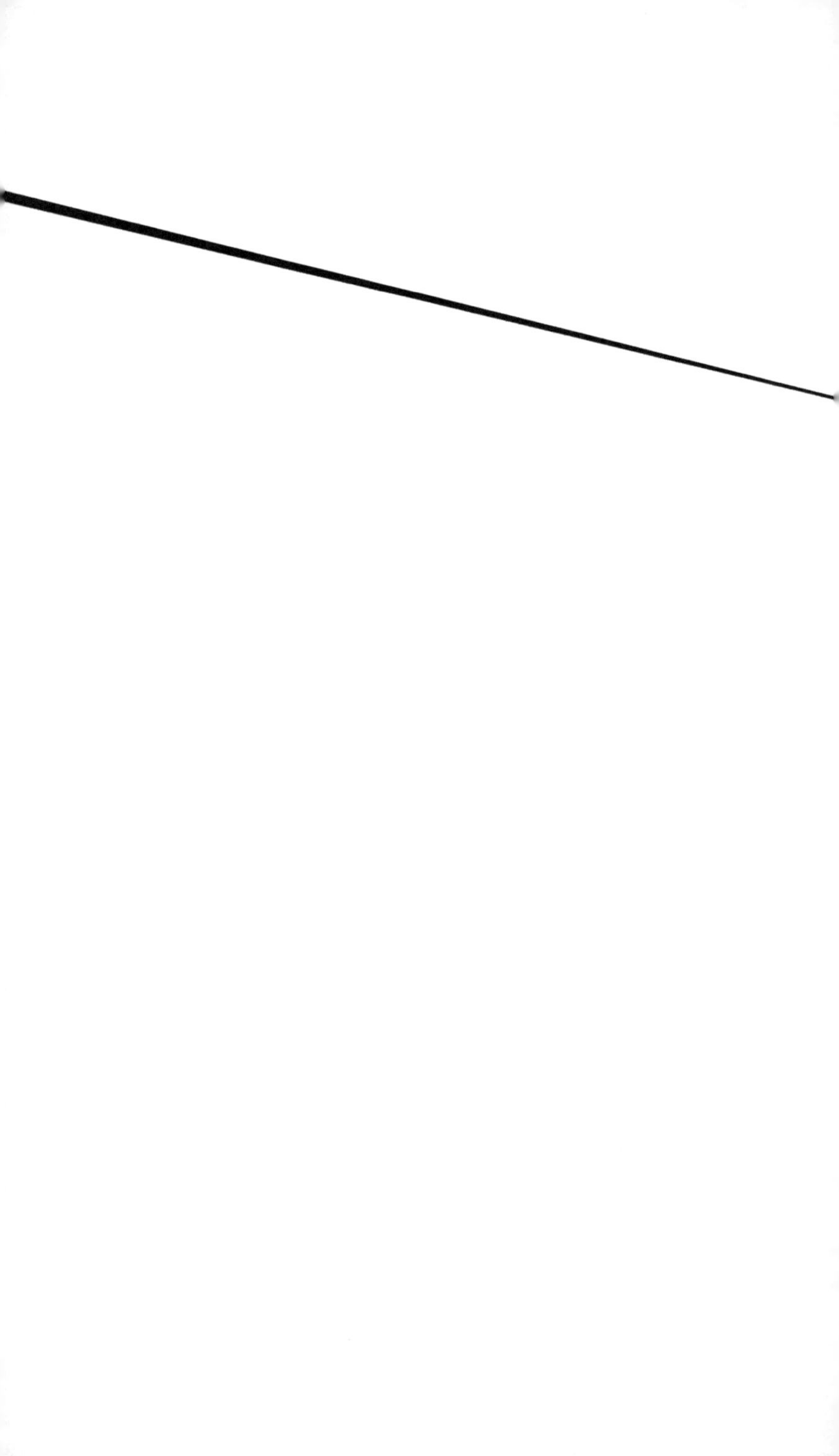

Handlungsringe

Kunstschaffende wie Plath und Bacon versuchten, »die Brutalität der Fakten« zu erschließen, ohne sie mit einer Erzählung zu unterfüttern, aber auch ohne der Abstraktion anheimzufallen. Das ist ein faszinierendes Ziel, das allerdings nicht nur formale, sondern auch politische Schwierigkeiten mit sich bringen kann.

Denn viele würden argumentieren, dass Kunst, die darauf abzielt, die Geschichte hinter dem Leiden auszulöschen und sich auf das Leiden selbst zu konzentrieren, an einer anderen, heimtückischeren Grausamkeit teilhat – der Entpolitisierung, dem Herauslösen von Grausamkeiten aus ihrem Kontext, sodass sie bedauernswert, sensationell oder unabwendbar erscheinen, anstatt kontingent, vermeidbar oder erklärbar. (Das war Brechts Argument gegen die meisten Formen des Theaters; auch ist es das Argument von Sontag in ihrer Kritik an Arbus sowie Bergers Argument in seiner Kritik an Bacon). »Die schlimmste politische Indoktrinierung, die man einem Menschen antun kann, ist, ihm jeden Tag zu zeigen, dass keine Veränderung möglich ist«, sagt der Filmemacher Wim Wenders. Im Großen und Ganzen stimme ich dem zu. Und wenn man suggeriert, dass das, was sich nicht ändern kann, genau das ist, was das Leiden verursacht, kann die Indoktrinierung nur umso giftiger sein. Derartige Ausdrucksformen können scheinbar, wenn auch unbewusst, eine Komplizenschaft mit diesem Zynismus eingehen, der sich abwendet von der harten Arbeit, herauszufinden, warum eine bestimmte Grausamkeit stattgefunden hat, wer für sie verantwortlich ist, wer von ihr profitiert und wer unter ihr leidet.

Vielleicht habe ich deshalb eine Welle der Enttäuschung gespürt, nachdem ich mir 2009 die Bacon-Retrospektive im Metropolitan Museum angesehen hatte. Meine Enttäuschung rührte nicht von den Gemälden selbst her, sondern vielmehr von dem Raum, der den vielen visuellen Quellen gewidmet war, aus denen sich Bacon Bilder für seine Gemälde zusammenklaubte. Diese Ausschnitte gingen über die erwarteten homoerotischen Wrestling-Streifen von Eadweard Muybridge und die Filmstills der schreienden Dame aus Sergei Eisensteins *Panzerkreuzer Potemkin* hinaus. Sie enthielten auch unzählige Ausschnitte von toten, entstellten oder verstümmelten Menschen aus zahllosen Konflikten des 20. Jahrhunderts, vom Zweiten Weltkrieg bis zum Algerienkrieg.

Die Enttäuschung, die ich empfand, als ich diese Bildschnipsel neben Bacons Postkarten von Michelangelo, Velázquez und Rodin-Drucken betrachtete, ließ mich stutzig werden. Ich wusste längst, dass Bacon ein allesvertilgender Collagist war, der keinen Unterschied zwischen der sogenannten Realität und der Repräsentation machte, als er die Schreie, Verletzungen, körperlichen Deformationen und Konfigurationen isolierte, die er malen wollte. Ich wusste längst, dass Bacon ein besonderes Interesse an Schauplätzen hatte, an denen menschliches Leiden und menschliche Konflikte auf eine bestimmte Weise gleichzeitig performativ als auch real sind, wie etwa bei Boxkämpfen.

Doch etwas an den dokumentarischen Fotos von Körpergemetzeln – insbesondere an denen von Körperteilen algerischer Rebellen, die aus einem französischen Propagandabuch der 1950er-Jahre mit dem Titel *Die Wahren Aspekte der algerischen Revolution* stammten – ließ mich innehalten. Nachdem ich sie mir einige Zeit lang angeschaut hatte, war ich nicht mehr in der Stimmung, Bacons Gemälde zu betrachten. Ich verspürte eine Sehnsucht nach Otto Dix, dessen Perversität und Erfindungsreichtum mit den genannten historischen Ereignissen rauschhaft koexistieren. Auch verspürte ich eine merkwürdige Sehnsucht nach Andy Warhol – einem der wenigen Zeitgenossen, die Bacon bewunderte, zur Überraschung all jener, die Warhols katatonischen Glanz gegen Bacons Muskelkraft und Zerrissenheit ausspielen wollten. Zumindest war Warhols Auswertung von Zeitungen für seine Serie *Death and Disaster* (1967), die Autounfälle, Flugzeugabstürze, Selbstmorde, elektrische Stühle, den Tod von Berühmtheiten und so weiter umfasst, ordentlich und klar – ohne Anmaßung, ohne existenziellen Apparat.

Im Nachhinein fällt mir ein, dass ein Teil der Intensität von Bacons Gemälden in Wahrheit von ihrem eigenen Status als Ausschnitte herrühren könnte, als isolierte Ringe, die aus dem sozialen Gefüge und dem Meer von Bildern, aus dem sie stammen, herausgeschnitten wurden. So hätte es wahrscheinlich auch Theodor W. Adorno gesehen: In seiner »Rede über Lyrik und Gesellschaft« argumentiert er, dass das lyrische Ich – also der Klang eines individuierten Selbst, in all seiner Privatheit, Individualität und Autonomie – immer nur ein Ausschnitt ist; es entsteht immer durch einen Bruch oder eine Abtrennung vom »Kollektiv, der Objektivität«. »[J]e schwerer [der gesellschaftliche Zustand] lastet, desto unnachgiebiger widersteht ihm das Gebilde, indem es keinem Heteronomen sich beugt und sich gänzlich nach dem je eigenen Gesetz konstituiert«, schreibt Adorno und liefert damit unbewusst eine treffende Beschreibung der einsamen, unter Druck stehenden Umgebungen, die von Bacons Handlungsringen oder Plaths heftig persönlichen Gedankenlandschaften geschaffen werden.

Die Künstlerin, die in den letzten Jahren am bekanntesten dafür geworden ist, dass sie Figuren – beinahe buchstäblich – aus dem psychosozialen Gewebe der Geschichte herausschneidet, ist Kara Walker. Walker arbeitet vor allem mit Scherenschnitten – schwarzen Figuren, die aus Papier ausgeschnitten und auf weißen Wänden in phantasmagorischen Tableaus arrangiert werden, die in den US-amerikanischen Südstaaten vor dem Bürgerkrieg angesiedelt sind. Diese Tableaus zeigen eine ganze Reihe von Brutalitäten und Perversionen, die sich im Kontext der einzigartig grausamen Institution der US-amerikanischen Sklaverei abspielen. Die pornografische Gewalt ihrer imaginierten Szenen steht in scharfem Kontrast zur ästhetischen Ordnung der von ihr gewählten Form. Doch trotz Walkers ausgefeilter, beinahe barocker Gesten in Bezug auf das Historische – zu denen eine akribische Auseinandersetzung mit Schriftbild, Rhetorik, literarischer Produktion und Kunsthandwerk der betreffenden Zeit gehört – wird ihr Werk immer wieder mit dem Vorwurf des Narzissmus konfrontiert, es sei »eher ein Exkurs in ihre persönlichen Probleme als ein Exorzismus der Rassenpsychose des Landes«, wie Howard Halle in einer Rezension von Walkers weitgereister Ausstellung *My Complement, My Enemy, My Oppressor, My Love* aus dem Jahr 2007 schrieb.

Halles Kritik kommt nicht aus einem luftleeren Raum – wie der obige Titel schon andeutet, ist Walker ebenso eindringlich selbstreferenziell wie geschichtsbezogen, wobei sie sich selbst in ihrem Werk oft als »The Negress« darstellt (wie in »Negress of Noteworthy Talent« oder »Negress of Some Notoriety«). Ehrlich gesagt, interessiere ich mich eher politisch für das Phänomen Walker, als dass ich mich ästhetisch für ihr Werk interessiere, dessen formale Charakteristika mich häufig kaltlassen. Dennoch fesselt mich der Konflikt, den Halle hier zwischen einem »Exkurs in ihre persönlichen Probleme« auf der einen und einem »Exorzismus der Rassenpsychose des Landes« auf der anderen Seite anspricht, sehr. Ich will nicht sagen, dass man den Unterschied zwischen beiden nicht erkennen kann, aber wie erkennt man ihn?

Vielleicht nicken wir alle beim abgewetzten Aphorismus »das Private ist politisch«, doch was ist geschehen, wenn wir das Gefühl haben, dass jemand die Geschichte in einer »zu persönlichen« Weise missbraucht oder sie sich angeeignet hat? Wer oder was legt die Grenzen einer solchen Verflechtung fest? Oder geht es nicht um die Grenzen selbst, sondern um die Sensibilität, mit der sie überschritten werden? Wann wirkt die Verschränkung von intimer Subjektivität und historischem Dokument wie eine Offenbarung, und wann führt sie uns zu Halles Schlussfolgerung: »Walkers Figurentanz des Grauens – die versklavten Kinder, die eine Fäkalienspur hinterlassen, die *Negroes*, die an den Schwänzen ihrer Herren ersticken – all das packt einen an der Kehle, doch zu welchem Zweck? Als Denkzettel der Geschichte oder als Form des elitären Kitzels? Ich überlasse es anderen, sich an Walkers visuellem Äquivalent der erotischen Erstickung zu erfreuen, aber wie Samuel Goldwyn einmal bemerkte: *include me out – einschließen, aber ohne mich*?«

Vielleicht liegt die Verwirrung in der Formulierung »das Private ist politisch« selbst, die bloß eine einfache Kopula bietet, während es in Wahrheit eine Vielzahl möglicher Beziehungen gibt. Wie Jacqueline Rose in *The Haunting of Sylvia Plath* schreibt, geht es nicht nur darum, dass »das Private politisch ist – der Feminismus hat schon seit langer Zeit darauf bestanden, dass das, was im Privaten vor sich geht, eine politische Angelegenheit ist, die uns alle betrifft«, sondern vielmehr darum, dass sich »das psychische Leben im Allgemeinen nicht ins Private verbannen lässt, es bleibt nicht an seinem vorgesehenen Platz. Es zeigt sich auf der Seite der historischen Realität, der es oft entgegengesetzt steht.« Es ist dieses unangemessene »Zeigen«, das mich interessiert – eine Art Sprengen der Party, das sich nicht aufhalten, sondern nur bekämpfen lässt, wenn es stattfindet.

Ich stimme beispielsweise zu, dass es sich wie eine Übertreibung anfühlt – sofern man so etwas in der Kunst überhaupt sagen kann –, wenn ich lese, wie Walker erzählt, die Inspiration für ihr Werk habe die Künstlerin gezogen aus einer »endlosen komplizierten Beziehung mit einem *weißen* Mann«, von dem sie in einem *New Yorker*-Profil von 2007 behauptet, er sei »ein Sadist, ein Rassist, ein Frauenfeind ... und, was vielleicht weniger glaubwürdig ist, Satan selbst«, und wenn ich mir dann Werke wie *Why I Like White Boys, an Illustrated Novel by Kara E. Walker Negress* (2000) betrachte. (»Mir ist alles einerlei. / und deshalb mögen mich *weiße* Jungs, und Schwarze / Jungs verdächtigen mich, *weiße* Jungs zu mögen. / komische Endlosschleife«, schreibt sie in einer Reihe von Notizen, die 2003 in *Narratives of a Negress* gesammelt wurden.) Doch, nachdem sie jahrzehntelang von Spike Lee, Eldridge Cleaver, Amiri Baraka und zahllosen anderen die schlechten Nachrichten über die nahezu psychotischen Dynamiken gehört hat, die ihrer Meinung nach zwischen Schwarzen Männern und *weißen* Frauen herrschen (siehe Lees *Jungle Fever*, Cleavers Aussage über die Vergewaltigung *weißer* Frauen als »ein aufrührerischer Akt«, Barakas monströse Schöpfung einer *weißen* Frauenschurkin in *Dutchman*) – ganz zu schweigen von der jahrhundertelangen Literatur und Kunst *weißer* Männer, die einer katastrophalen erotischen Beschäftigung mit der »*Negress*« freien Lauf lassen – warum, oder wie, wirkt die Auseinandersetzung einer afroamerikanischen Künstlerin mit ihren Gefühlen gegenüber *weißen* Männern dann wie eine Übertreibung, die mehr von ihrem persönlichen Geschmack als vom historischen Erbe zeugt?

Die Feststellung, das Private sei politisch, ist ganz bestimmt eine der größten Errungenschaften des Feminismus. Dennoch tun sich Frauen vorhersehbarerweise immer noch schwer damit, ihren Anspruch hinter dieser Feststellung geltend zu machen. Die seltsame Kombination aus Narzissmus, Selbstkritik und historischer Übertreibung, die Walkers Werk strähnt, scheint mir symptomatisch für dieses Problem zu sein, und das nicht nur auf uninteressante Weise.

Walkers ungeheuerlichste Position war vielleicht, dass sie die Funktionsweise der Kunstwelt (und insbesondere ihren Platz darin) mit der Institution der Sklaverei assoziierte – eine Assoziation, die viele als offenkundig beleidigend empfanden, besonders in Anbetracht von Walkers privilegiertem Status als jüngste Empfängerin eines »Genie-Preises« von der MacArthur-Stiftung und in Anbetracht ihrer Einzelausstellungen sowohl im Whitney als auch im Metropolitan Museum, noch bevor sie 40 war. Walker hat diesen Konflikt in ihrem Werk wiederholt offen angesprochen, und zwar mit einer nicht geringen Portion Selbstverachtung, wie in diesem Ausschnitt aus *Texts* (2001): »Du liebe unerträgliche Fotze ... Warum bestehst du darauf, dich selbst und auch deine Lieben mit Undankbarkeit zu quälen? ... Man gibt dir ›Möglichkeiten‹, ›Gelegenheiten‹, ›kleine Schritte‹ und riesige Sprünge. Und du nimmst sie alle an. Und spuckst, spuckst in die Gesichter, beißt die Hände und scheißt auf die Köpfe derer, die dich unterstützen von deinem hohen Ross aus.« Das ist zwar auf seine Art witzig, beschwichtigt aber nicht unbedingt diejenigen, die der Meinung sind, dass sie, wie Halle es ausdrückt, »eine ziemlich unerhörte Parallele zieht – dass das Leben als berühmte Künstlerin dem Leben einer Sklavin gleicht –, um ihre eigene institutionelle Kritik zu dramatisieren.«

Halle bezieht sich hier auf die Parallele, die Walker 2005 in ihrem Video *8 Possible Beginnings or: The Creation of African-America, A Moving Picture by Kara E. Walker*, in dem eine Sklavin – die als »Bess, eine ansehnliche *Negress*« bezeichnet und von einer anderen Frau als Walker gespielt wird (die allerdings als eine Art Double für sie fungiert) – ein schwarzes Scherenschnittporträt ihres Herrn ausschneidet. Derlei Parallelen tauchen in Walkers Texten immer wieder auf, oft in einer besonders aufgeladenen Wortwahl (wie wenn sie davon spricht, dass sie dazu getrieben wurde, sich selbst zu »versteigern« – »Zähne und Haare, Titten und Arsch« –, wobei »versteigern« starke Anklänge sowohl an die Geschichte der Sklavenauktionen als auch die Auktionen in der Kunstwelt aufweist).

Ähnliche Anklagen haben auch Plath verfolgt, deren Beschwörungen von jüdischer Identität und Holocaust inmitten ihrer psychosexuellen Dramen vielen wie der Gipfel der unverantwortlichen Trivialisierung und Selbstverherrlichung vorkamen. Es überrascht nicht, dass die Reaktionen auf derartige Provokationen heftig ausfielen. In Bezug auf Plaths berüchtigtes Gedicht »Daddy«, in dem die Sprecherin sagt: »Ich denke, dass ich auch [eine Jüdin] bin«, und ihren Vater mit einem Nazi vergleicht, schimpfte der Kritiker Leon Wieseltier (dessen Eltern Holocaust-Überlebende waren): »Was immer Plaths Vater ihr angetan hat, es kann keinesfalls das gewesen sein, was die Deutschen den jüdischen Menschen angetan haben. Die Metapher ist unangemessen.« Die feministische Kritikerin Jane Marcus äußert sich ähnlich: »Für einige der leidenden Jugendlichen ist die Ermordung von sechs Millionen jüdischer Menschen genau dasselbe wie die Wut, die sie 20 Jahre später beim Tod ihres Vaters empfinden. … Plaths Fähigkeit als Dichterin, persönlichen Schmerz und persönliches Leid in Begriffe zu fassen, die dem Leiden von Millionen entsprechen, spricht jenes spezielle Publikum an, das das Gefühl haben muss, dass sein persönliches Leid einzigartig und kolossal ist.«

Was mir hier ins Auge sticht, ist die wiederholte kritische Behauptung, dass jede Künstlerin ein direktes Verhältnis zeichnet, nach dem ihre persönliche Situation mit dem öffentlichen Leiden von Millionen anderer »genau dasselbe« sei (und zwar solcher anderer, deren Privatsphäre und Individualität in den Augen vieler inzwischen sicher im großen Lauf der Geschichte verschwunden sind). Aber sagt Walker wirklich, dass das Leben als berühmte Künstlerin »genau dasselbe« ist wie das einer Sklavin? Sagt Plath wirklich, dass die Ermordung von sechs Millionen Juden »genau dasselbe« ist wie ihr Schmerz oder ihre Wut? (Und inwiefern kann ein *historisches Ereignis* überhaupt mit einer *persönlichen Empfindung* vergleichbar sein, wenn man bedenkt, dass es sich in gewissem Sinne doch um völlig unterschiedliche Sphären handelt?) Im Werk von Walker und Plath finden sich hässliche Parallelen, unerhörte Assoziationen und gelegentlich erschreckende spekulative Identifikationen. Doch warum muss man diese verschiedenen Vorgänge zu »exakten Entsprechungen« zusammenfassen, und sei es auch nur, um den kritischen Blick zu schärfen? Und warum die Alarmglocke der »Angemessenheit« läuten, wo doch die Aufforderung, sich angemessen zu verhalten – wie Plath und Walker sehr wohl wissen – in der Kunst, insbesondere für Frauen, dem Läuten der Todesglocke gleichkommt?

Es lässt sich nicht leugnen, dass sowohl Plath als auch Walker einen gewissen Appetit auf Selbstmythologisierung haben, der zuweilen äußerst nervig sein kann. Beide scheinen mehr von der Psychologie – und der Erotik – der Unterdrückung als von der Befreiung fasziniert zu sein (siehe etwa Plaths aufrührerische Zeilen aus »Daddy«: »Pro Faschist eine Frau, die ihn verehrt, / Den Stiefel im Gesicht und das brutal / Harte Herz eines Brutalen wie du« – das sind Zeilen, die an Walkers berüchtigte Behauptung erinnern, dass »alle Schwarzen in Amerika ein wenig versklavt sein wollen«). Wir müssen diesen Aussagen nicht zustimmen, und sie müssen uns auch nicht zusagen. Aber warum sollten wir dadurch unsere Fähigkeit verlieren, zwischen den vielen möglichen Arten von Assoziationen zu unterscheiden, die die Kunst in Gang setzt, wie Metonymie, Metapher, Gleichnis, Synekdoche, Analogie und Allegorie?

Das Verwischen solcher Unterscheidungen bringt uns in eine Welt, die aus vereinfachten Ähnlichkeiten und verstärkten Abweichungen besteht – kurz gesagt, eine Welt, die ihres breiten Spektrums an Relationalität beraubt ist. »In Wirklichkeit enden Beziehungen nirgends«, schrieb Henry James einmal. »Das erlesene Problem des Künstlers besteht auf alle Ewigkeit darin, einer eigenen Geometrie folgend, nur einen Kreis zu ziehen, innerhalb dessen er glücklich *erscheinen* möge.« Das ist das erlesene Problem aller Kunstschaffenden. Unsere Aufgabe wiederum ist es, uns so aufmerksam wie möglich mit der angedeuteten Natur dieser Beziehungen auseinanderzusetzen, zusammen mit den Konturen des Kreises, der sie momentweise einfängt.

Was Walkers Werk betrifft, so lassen die beiden Interpretationsmöglichkeiten, die Halle vorschlägt – dass es sich um einen »Denkzettel der Geschichte« oder eine »Form des elitären Kitzels« handelt – einen dritten Begriff aus, der mir zutreffender erscheint: den der psychologischen Fantasie. In seinem Gedicht »Heritage« von 1925 fragte Countee Cullen bekanntlich: »Was ist Afrika für mich?« Walker stellt in ihrem Werk dieselbe Frage, allerdings bereichert um ihren impliziten Zwilling: *Was ist Amerika für mich?* Sowohl für Cullen als auch für Walker bleibt jener Teil der Frage entscheidend, der in den Worten »für mich« enthalten ist, nämlich der Aspekt der Generation.

Die augenzwinkernde Eröffnungssequenz von *8 Possible Beginnings* (eine Version der *Middle Passage*, in der einige Schwarze Körper als »authentisch« und andere als »Möchtegern« markiert sind) kündigt bereits den historischen Apparat als eine Art Schein oder Laufstall an – eine aufgeladene Kulisse für heutige Begriffe und Themen. Die verstörendste Überlagerung dieser Art findet sich in einer späteren Szene, in der ein Scherenschnitt eines jungen afroamerikanischen Mädchens von einer Silhouette eines bedrohlichen, hageren *weißen* Mannes in den Wald verfolgt oder in ihn hineingedrängt wird. Die Stimme aus dem Off wird hier von Walker und ihrer kleinen Tochter gesprochen, die in versetztem Rhythmus verschiedene Zeilen wiederholen: »Ich wünschte, ich wäre *weiß*«, »Ich glaube, er wird mir wehtun«, »Ich frage mich, wie es sich anfühlen wird«, »Ich schätze, das ist es, was Abby zugestoßen ist«, »Ich wünschte, ich könnte dieses Ding loswerden« und – vielleicht am erschreckendsten – »Lass dich einfach treiben.«

Dass Walker die Stimme ihrer eigenen Tochter für solche Zeilen verwendet – Zeilen, die eindeutig die Verletzung des Kindes vorwegnehmen –, ist bestürzend. Vielleicht ist es bestürzend grausam – obwohl ich wiederum nicht genau sagen kann, für wen; man kann sich leicht vorstellen, dass die Tochter die Rezitation unbeschadet überstanden hat. Der Impuls scheint hier darin zu bestehen, die schlimmsten Ängste zu nehmen – entweder die eigenen, die des Kindes, das man einmal war, oder des Kindes, das man jetzt beschützen soll – und sich selbst und sein Kind mit ihnen zu vermengen, wenn auch durch eine Reinszenierung mit viel Distanz. (»Es sind ja nur Scherenschnitte« und so weiter.) Das Szenario erinnert an die Handlung von *Menschenkind*, in der Toni Morrison aufzeigt, wie die Aufgabe des mütterlichen Schutzes durch die Sklaverei auf bösartige Weise behindert und durch den späteren Rassismus zutiefst verkompliziert wurde. Doch Walkers Einsatz ihrer eigenen Tochter im Jahr 2005 besitzt einen noch gemeineren Beigeschmack. Dieser Einsatz scheint grundlos, beinahe bösartig. Denn anstatt eine Angst nachzuspielen (oder zusätzlich zur Reinszenierung einer solchen), scheint Walker eine Falle zu konstruieren, indem sie einem jungen Mädchen ein ruchloses Vermächtnis in den Mund legt, bevor klar ist, dass sie selbst von ähnlichen Ängsten, Vermächtnissen oder Fantasien heimgesucht werden wird. Der Drang, eine solche Vermengung vorzunehmen, wird zur Faszination, ebenso oder noch mehr als die historische Tatsache solcher Verstöße.

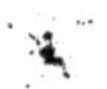

Viele, die sich zu Bacons »Handlungsringen« äußerten, haben in ihnen eine psychologische Ambivalenz erkannt, ein gleichzeitiges

Bedürfnis, seine Subjekte – einschließlich seiner selbst – zu lieben und zu töten. »Liebe ist der Instinkt, der die Figur erzeugt und sie nährt bis zur Vollendung, Mord dagegen der Instinkt, der sie in die Enge triebt und ihr den Rest gibt«, schreibt Russell. Wahrscheinlich ist hieran etwas Wahres, vor allem in Bezug auf das Levinas'sche Spektrum von mörderischem Handeln auf der einen und instinktivem Schutz auf der anderen Seite (ganz zu schweigen von Bacons eigenen S/M-Vorlieben). Es ist jedoch keine Betrachtungsweise, die für Bacon selbst von großem Interesse war. Auf die Frage von David Sylvester, ob er seine Verzerrungen als »Zuneigung« und »Feindseligkeit« zugleich betrachte, antwortete er: »Das ist mir zu logisch gedacht. So geht das, glaube ich, nicht. Ich glaube eher, es geht um etwas Tiefgründigeres: Wie kann ich, meinen Empfindungen nach, dieses Bild für mich selbst noch unmittelbarer lebendig machen? Das ist alles.«

Das »Tiefgründigere« ist für Bacon die Empfindung, nicht die Psychologie. Und der Akt, die Psychologie von der Empfindung abzutrennen, verursacht eine bestimmte Art von Schmerz – den Schmerz, die Geschichte hinter dem Leiden auszulöschen und sich stattdessen unmittelbar mit der Empfindung des Leidens selbst auseinanderzusetzen. Diesen Prozess könnte man mit der buddhistischen Anweisung vergleichen, sich in erster Linie auf die Wunde zu konzentrieren, die ein Pfeil verursacht hat, der dein Herz durchbohrt hat, und nicht auf die Richtung, aus der er kam, oder auf den Bogen, der ihn abgeschossen hat. Sich auf Letzteres zu konzentrieren, wird manchmal als Leichtsinn bezeichnet, da dies vom Schmerz ablenkt, anstatt uns weiter in ihn hineinzuführen. »Es ist offensichtlich, dass man, wenn man den Leichtsinn wirklich überwindet, Schmerz empfinden muss, denn leichtsinnig zu sein, besitzt eine gewisse Anziehungskraft«, schreibt Chögyam Trungpa. »Indem du sie überwindest, beseitigst du sie vollständig. Du beginnst zu fühlen, dass du nichts mehr hast, woran du dich festhalten kannst, was sowohl beängstigend als auch schmerzhaft ist.« Was um Himmels willen soll man nach dieser Überwindung aber als nächstes tun? »Dann darfst du dich nicht auf deine Heldenhaftigkeit verlassen, darauf, dass du etwas erreicht hast, nein, du musst einfach mit dem fortlaufenden Prozess der Energie tanzen, die durch diese Zerstörung freigesetzt worden ist.«

Auch Plath wusste, wie man diesen Tanz tanzt. Auch sie liebte es, in Bewegung zu bleiben. »Und du, große Stockung – / Was ist so groß daran!« schreibt sie in »Jahre«. »Was ich liebe, ist / Der Kolben der sich bewegt – / Meine Seele stirbt vor ihm. / Und die Hufe der Pferde, / ihr erbarmungsloses Schütteln.« Auch liebte Plath das Gefühl, von Null auf Hundert zu gehen, wie in ihrem berühmten Feuerbogen eines Gedichts »Ariel«, das mit »Stillstand in Dunkelheit« beginnt und damit endet, dass sie dahinrast wie »der Pfeil, / Der Tau, der verfliegt, der / Suizidale, eins mit dem Trieb / Ins rote // Auge, den Hexenkessel des Morgens« rast.

Oftmals hat man sich gefragt, ob dieser unerbittliche Trieb – Plaths berüchtigter »Blutstrom« – ein Element der Grausamkeit enthalten musste – eine Grausamkeit, die in Plaths Fall schließlich die Form des Selbstmordes annahm. Oft hat man sich gefragt, warum sie den Kolben nicht lieben konnte, ohne dass ihre Seele vor ihm starb, warum die Bewegung der Hufe erbarmungslos sein musste, warum der Pfeil oder der Tau oder der Trieb suizidal sein mussten, warum der Strahl aus Blut bestehen musste. Ich glaube, dass Menschen sich häufig diese Fragen stellen, weil sie befürchten, dass es keinen Trieb gibt, der, wenn er bis an seine Grenzen gedrängt wird, nicht zu seiner Auslöschung einlädt oder sie zumindest anstrebt. Dies erscheint mir wie eine berechtigte Angst.

Bacon gehörte zu denjenigen, die darauf bestanden, dass Menschen immer leiden werden, ganz egal, wie gerecht ihre Lebensumstände auch sind, und dass das Gegenteil zu behaupten bedeutet, einen ganz grundlegenden Aspekt der menschlichen Existenz zu leugnen. Natürlich hatte er Recht, und deshalb wird jeder Einsatz für soziale Gerechtigkeit, der die Existenz von grundlegendem Schmerz nicht anzuerkennen weiß – das heißt, von Leiden, das für das menschliche Subjekt unabhängig von gerechten oder nährenden Umständen existiert –, am Ende von Verwirrung und Desillusion heimgesucht. (Das ist der Hauptpunkt der Erzählerin in Gaitskills »Agonized Face«.) Die Unterscheidung zwischen vermeidbarem Schmerz und einem Grundschmerz froh und munter auszulöschen, ist eine ganz andere Geschichte. Es zeugt von einem anderen Geschmack – dem Wunsch, den Grundschmerz zu verstärken, ihn aufzuwerten, ihn zu hofieren, ihn zu verherrlichen. (Ein Beispiel: Der Kunsthistoriker John Richardson erinnert daran, dass sich Bacon, der schwul war, nach der Entkriminalisierung der Homosexualität in Großbritannien einmal wünschte, dass man »die Todesstrafe wegen Unzucht wieder einführen« möge – ein Wunsch, der deutlich macht, wie viel Lust Bacon aus Risiko, Tabu und der Androhung von Strafe gewann).

Natürlich lässt sich der Schmerz in der Kunst wie im Leben nicht in saubere Schubladen verpacken, von denen einige gekennzeichnet sind mit den Worten »Schmerz durch vermeidbare Ungerechtigkeit« und andere mit den Worten »Schmerz durch grundlegendes Leiden«. Man denke nur an den Schmerz, in Armut zu leben, vergewaltigt zu werden, versklavt zu werden, aufgrund seiner Homosexualität beschimpft zu werden, ins Exil gezwungen zu werden, bei einer Naturkatastrophe alles zu verlieren, an einer Krankheit wie AIDS oder Krebs zu leiden (oder an jeder anderen Krankheit, vor allem, wenn man keinen Zugang zu Gesundheitsversorgung hat, um sie zu behandeln): Derartige Erfahrungen wirbeln alle Arten von menschengemachtem und ursprünglichem Leid durcheinander. Das heißt jedoch nicht, dass man diesen Strudel nicht erforschen und lernen kann, in seiner Mitte nützliche Unterscheidungen zu treffen. (Reinhold Niebuhrs Gelassenheitsgebet, das Süchtige aller Art kennen, kommt einem hier in den Sinn, ebenso wie die buddhistische Aufmerksamkeit für die Unterscheidung zwischen drei Kategorien von Schmerz: »alldurchdringender Schmerz«, »der Schmerz der Abwechslung« und »der Schmerz des Schmerzes«). Die gesteigerte Fähigkeit, solche Unterscheidungen zu treffen, ist ein Mittel, um unsere verschiedenen Arten des Gefangenseins zu erkennen, wenn wir ihre Heftigkeit verringern wollen.

Es ist spannend und lohnend, wenn die Kunst zu dieser Erkenntnis beiträgt. Für manche – wie für Brecht – ist dies die Pflicht der Kunst. Vielleicht ist dies einer der Hauptunterschiede zwischen ethisch gewissenhaften künstlerischen Bestrebungen und der sogenannten Kunst der Grausamkeit: Erstere bleiben diesem Pflichtgefühl verbunden, während letztere mehr damit beschäftigt sein kann, die gefühlten Empfindungen – auf allen Seiten – von Ungerechtigkeit oder Trauma zu vermitteln; komme, was wolle. Man könnte sogar eine gewisse Kunst der Grausamkeit als eine Teilung des Traumas selbst betrachten, da eine der beunruhigendsten Grausamkeiten des Traumas in seiner Tendenz liegt, sich selbst zu wiederholen – Freuds »Wiederholungszwang«, und zwar auf rücksichtslose und übertriebene Weise. »Schönheit bringt Kopien von sich selbst hervor«, schreibt Scarry in *On Beauty*. Das Gleiche muss leider auch von Traumata gesagt werden, denn Traumata können ihre Leidtragenden mit dem verzweifelten (wenn auch unbewussten) Wunsch erfüllen, dass sich andere genauso schlecht fühlen, wie sie sich selbst gefühlt haben. Das daraus hervorgehende Rad des Leidens – oft treffend als »Kreislauf der Gewalt« bezeichnet – ist für einen Großteil der Abscheulichkeiten dieser Welt verantwortlich. Auch ist es, mit allen Vor- und Nachteilen, der Antrieb für einen Teil der Kunst dieser Welt.

Man möchte, dass die Menschen wissen, wie schlimm sich etwas anfühlt, entweder für einen selbst oder für eine größere Gemeinschaft – eine Familie, ein Volk, eine Ethnie, eine Klasse, ein Geschlecht und so weiter. Der Drang mag so stark sein, dass man die gemeine Befriedigung sucht, bei einem anderen Menschen echten Schmerz zu erzeugen. Manche versuchen schließlich, ihr Publikum zum Verstehen zu prügeln. Man denke etwa an Fernando Meirelles' Film *City of God* aus dem Jahr 2002, ein fiktionalisiertes Porträt des Lebens in einem ultra-gewalttätigen, ultra-armen, ultra-korrupten brasilianischen Slum oder einer *Favela*, die ironischerweise *Cidade de Deus* genannt wird, Stadt Gottes. *City of God* verbindet diesen Impuls des Verprügelns mit dem edleren Wunsch, sowohl den Eliten Brasiliens als auch der MTV-Generation weltweit die schlechte Nachricht von der radikalen Armut und dem damit verbundenen Elend zu überbringen. Die Popularität des Films beruhte auf dieser Verbindung sowie auf der hyperkinetischen, schonungslos gewalttätigen Ästhetik, mit der er seine Botschaft vermittelte – eine Ästhetik, die das Publikum ebenso erheitern wie verprügeln sollte. »Tarantino mit sozialem Gewissen«, wurde er von der Kritik genannt. Und tatsächlich geht man aus dem Film mit spürbarem Schrecken. Ich war stundenlang aufgekratzt, mir war mulmig zumute, und ich hatte Mühe, dieses kranke Gefühl von dem zu unterscheiden, das andere Tarantino-ähnliche Erlebnisse hervorrufen, indem ich mir sagte, dass Meirelles vielleicht versuchte, einem Publikum, das ansonsten keinerlei Vorstellung davon hätte, wie es sich anfühlt, an einem Ort wie Cidade de Deus zu leben, wenigstens ein Quäntchen dieses Wissens zu vermitteln – ein Quäntchen, das bei jemandem eine Spur hinterlässt auch nach den 130 Minuten, die der Film braucht, um sein Pulver zu verschießen. Diese Möglichkeit schien die vielen Risiken, die der Film mit sich bringt, potenziell wert zu sein: Desensibilisierung, Verherrlichung, Ausbeutung, Fehldarstellung und so weiter.

Trotzdem wäre ich fast aus dem Kino gelaufen, als einer der Gangster ein Kleinkind mit einer Waffe bedroht und es vor die Wahl stellt, ob es sich die Hand oder den Fuß abschießen lassen will. (Letztendlich entscheidet sich der kleine Junge für seinen Fuß, den der Gangster ihm prompt abschießt.) Die Grausamkeit dieser Szene war kaum zu ertragen, zum Teil auch deshalb, weil das Kind, um das es geht, noch zu jung zu sein schien, um den Unterschied zwischen Bedrohung mit vorgehaltener Waffe für einen Film und einfacher Bedrohung zu kennen, und so hatte ich das ungute Gefühl, dass ich einer Grausamkeit zusah, die nur zum Teil eine simulierte Grausamkeit war. Dieses Gefühl wurde noch dadurch verschlimmert, dass die meisten Mitglieder des Ensembles selbst in

Favelas lebten. Wenn man also versuchte, das ungute Gefühl loszuwerden, indem man sich einredete, dass das Leben dieses Jungen wahrscheinlich ohnehin voller ähnlicher Schrecken war und daher der Wunsch, ihn vor diesem simulierten Schrecken zu schützen, ebenso naiv wie nutzlos war, brachte dieses Argument nur eine neue Art von ungutem Gefühl mit sich. Doch in dem Moment, in dem ich das Bedürfnis verspürte, aus dem Kinosaal zu gehen, spielte das alles keine Rolle mehr für mich. Was zählte, war die Tür, die in mir zuknallte, die Tür, die immer dann zuknallt, wenn ich mir absolut sicher bin, dass weder ich noch die Welt ein besserer Ort sein werden, wenn ich mich einer bestimmten Grausamkeit aussetze. (Dann habe ich mich ihr natürlich trotzdem ausgesetzt, und zwar gemäß dem unerbittlichen Imperativ des Kinos, insbesondere des Kinos der Grausamkeit. *Bumm.*)

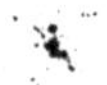

Welche Art von Kreis ist es, der versucht, alle Seiten einer grausamen Tat darzustellen? Bietet das Zeichnen eines solchen Kreises die ethisch gründlichste und furchtloseste Herangehensweise an eine abscheuliche Tat, oder wird »wahre« ethische Klarheit nur dann erreicht, wenn man die Erfahrung des Opfers privilegiert? Führt die Fokussierung auf die Sichtweise eines Täters oder einer Täterin unter dem Deckmantel einer weitreichenden Empathie zu einer erneuten Grausamkeit? Wie kultiviert man den Unterschied zwischen einem allumfassenden Mitgefühl, dem eine einfach gewährte Vergebung zugrunde liegt, und einem idiotischen Mitgefühl, das es versäumt, Verantwortung zuzuweisen oder zu übernehmen oder uns angemessen vor denen zu schützen, die uns Schaden zugefügt haben oder zufügen wollen?

Jenny Holzers *Lustmord* – ein Projekt, das als Reaktion auf die systematische Vergewaltigung und Ermordung von Frauen während des Krieges im ehemaligen Jugoslawien entstand und von Holzer zwischen 1993 und 1995 in verschiedenen Formen manifestiert wurde – widmet sich dieser Frage auf kontroverse und vielfältige Weise. Grundlage von *Lustmord* sind drei schriftliche Texte, die den Lustmord an einer bosnischen Frau jeweils aus einer anderen Perspektive erzählen: aus der Sicht der vergewaltigten und ermordeten Frau, aus der Sicht des Vergewaltigers/Mörders und aus der Sicht eines Zeugen der Tat. 1993 präsentierte Holzer diese Arbeit als Beilage im *Süddeutsche Zeitung Magazin*. (Die Titelseite des Magazins vom 19. November wurde von Holzers Worten eingenommen: »DA, WO FRAUEN STERBEN, BIN ICH HELLWACH«; weiterer Text folgte im Innenteil.)

Die Kontroverse entzündete sich nicht nur an der verstörenden Natur von Holzers Text, sondern auch an der begleitenden Ankündigung, dass die Worte mit einer Tinte gedruckt worden waren, die teilweise aus Frauenblut bestand, was eine sehr buchstäbliche Angst vor ihrer unhygienischen Natur schürte. *Lustmord* ist seither in verschiedenen Formen und an unterschiedlichen Orten gezeigt worden. 1994 gab es eine Installation in der Barbara Gladstone Gallery in New York, in der Holzer den Text in drei verschiedenen Formaten präsentierte: als LED-Texte, die sich in einem dunklen, mit Leder ausgekleideten Modul drehten, in das man als Betrachterin hineingehen musste, um die Worte lesen zu können; als Inschriften auf Metallbändern, die um menschliche Knochen gelegt waren, die allesamt von Frauenskeletten stammten und auf einem hölzernen Ausstellungstisch aufgereiht waren; und in einer Reihe von Fotografien der Worte, die mit einer an Blut oder Brandzeichen erinnernden Tinte auf menschliche Haut gedruckt waren. Teile von *Lustmord* wurden 1996 per Laser auf das Völkerschlachtdenkmal in Leipzig projiziert und sind in verschiedenen Formen in Museen und Galerien in Deutschland, Norwegen und der Schweiz zu sehen.

Holzer sagt, sie habe *Lustmord* als »Mahnmal für den Protest gegen Gewalt an Frauen« konzipiert. Auch sagte sie, dass sie nach der Lektüre der drei Texte »hofft, dass das Publikum auf der richtigen Seite steht.« Doch wie man sich vorstellen kann, ist der beunruhigendste Aspekt von *Lustmord* die unheilige Dreifaltigkeit der Perspektiven sowie die Verwendung der gleichen poetisierten Sprache in allen dreien. Ich persönlich finde, dass der kurze Text von *Lustmord* zu den beunruhigendsten, verwirrendsten und unauslöschlichsten Zitaten in diesem Buch gehört. Um nur einige Beispiele des Täters zu nennen: »I WANT TO FUCK HER WHERE SHE HAS TOO MUCH HAIR.« »HER SWALLOW REFLEX IS GONE.« »THE COLOR OF HER WHERE SHE IS INSIDE OUT IS ENOUGH TO MAKE ME KILL HER .« Vom Opfer: »I AM AWAKE IN THE PLACE WHERE WOMEN DIE.« »I HAVE THE BLOOD JELLY.« »I TRY TO EXCITE MYSELF SO I STAY CRAZY.« Und vom Beobachter: »SHE SMILES AT ME BECAUSE SHE IMAGINES I CAN HELP HER.« »SHE IS NARROW AND FLAT IN THE BLUE SACK AND I STAND WHEN THEY LIFT HER.«

Dies ist dreistes, abscheuliches und beunruhigendes Material, das viele verstört hat. Holland Cotter von der *New York Times* nannte die moralische Position von Holzers Arbeit »so kalkuliert undurchsichtig, dass sie wie etwas Sensationsgeiles daherkommt«; Laura Cottingham von *Flash Art* nannte *Lustmord* einen »pseudopoetischen Text«, der »Vergewaltigung entbrutalisiert, romantisiert und verewigt – eine Naturalisierung, die durch den völligen Mangel an historischer Spezifität der Installation vervollständigt wird« – ein Urteil, das mit der Abneigung verwandt ist, die ich für Bacon empfand, nachdem ich seine Collagen algerischer Körperteile gesehen hatte. Und dennoch ist der Imperativ »Immer historisieren!«, der in der akademischen Welt seit geraumer Zeit vorherrscht, nicht ganz einfach in den Bereich des Kunstschaffens zu verpflanzen, und das sollte er auch nicht unbedingt sein, ganz gleich, was Brecht sich gewünscht hat.

Ich für meinen Teil fühle mich nicht in der Lage, die Wirkung von *Lustmord* in der Welt als politische Intervention zu beurteilen (wie es mit seinem Erscheinen im *Süddeutsche Zeitung Magazin* beabsichtigt war), noch bin ich besonders daran interessiert, die ästhetischen Unterschiede zwischen seinem Erscheinen als herumwirbelnde LEDs und als Gravur in einer Bank und so weiter zu erfassen. Mein Interesse an *Lustmord* bleibt an den bloßen Text gebunden, und zwar aus dem einfachen Grund, dass ich ihn fast nicht lesen kann. Die Aussicht, die 500 Wörter intensiv zu verinnerlichen, macht mir mehr Angst als die psychischen Auswirkungen von hundert Exemplaren von *Altmann's Tongue* oder *120 Tage von Sodom* zusammen.

Diese Reaktion mag zum Teil darauf zurückzuführen sein, dass das Werk etwas politisch Verwerfliches in sich trägt. Schließlich könnte man *Lustmord* leicht des »stellvertretenden Besitzes« bezichtigen, dem Begriff des Künstlers Adrian Piper für das »unangemessene Maß an fantasievoller Beteiligung«, das den Versuch kennzeichnet, für andere zu sprechen, insbesondere für andere, denen das Recht genommen wurde, für sich selbst zu sprechen. Doch ich vermute, dass es auch an anderen Dingen liegt, von denen ich nicht einmal weiß, ob ich sie berühren will. Eines davon hat damit zu tun, dass man ohne ersichtlich heilsamen Grund mit seinen tiefsten Ängsten in Berührung kommt und gleichzeitig erkennt, dass zahllose andere – wie die Mädchen und Frauen, die in den Vergewaltigungslagern während des Bosnienkriegs festgehalten und gefoltert wurden – diese Ängste durchlebten und dabei oft ihr Leben verloren. Ein weiterer Aspekt hat mit der Tatsache zu tun, dass die Täter solcher Verbrechen, ungeachtet dessen, was wir vielleicht glauben wollen oder müssen, trotz allem Menschen sind, mit einem menschlichen Bewusstsein und einem menschlichen Herzen, und dass ihre Erfahrungen gleichermaßen für eine poetische Darstellung zur Verfügung stehen. Ein anderer Aspekt steht in Verbindung mit der Angst – oder der Überzeugung –, dass bestimmte Bewusstseinszustände oder Herzen oder Ereignisse *nicht* poetisch (oder »pseudo-poetisch«, was auch immer das heißen mag) wiedergegeben werden sollten, so wie Adorno 1949 verkündete (und später revidierte), dass das Schreiben von Gedichten nach Auschwitz barbarisch sei. Noch ein weiterer Aspekt ist die Sorge, dass man bei einem solchen Darstellungsversuch durch das Einnehmen des Täterbewusstseins unweigerlich die Stimme des Opfers auslöscht (oder abermals auslöscht), denn der Umgang mit der Opferstimme ist wesentlich einfacher, wenn sie einmal zum Schweigen gebracht wurde. »I HOOK MY CHIN OVER HER SHOULDER. NOW THAT SHE IS STILL I CAN CONCENTRATE.«

Cottingham wählt den letzteren Weg und argumentiert: »selbst, wenn Holzer behauptet, drei Perspektiven auf Vergewaltigung zu präsentieren, präsentiert sie nur eine: die des Täters.« Doch warum ist dies so? Oder besser gesagt, muss es so sein? Liegt es daran, dass es in *Lustmord* zu erschreckend ist, sich mit dem Opfer zu identifizieren, wie es bei den meisten Opfern der Fall ist? Schließlich hat das Skript des Opfers nur wenige bis gar keine Zeilen des heroischen Widerstands, außer: »YOU CONFUSE ME WITH SOMETHING THAT IS IN YOU. I WILL NOT PREDICT HOW YOU WANT TO USE ME.« Doch dieser eine Versuch der Differenzierung wird definitiv von den Zeugnissen einer verheerenden Invasion überlagert: »YOUR AWFUL LANGUAGE IS IN THE AIR BY MY HEAD.« »HAIR IS STUCK INSIDE ME.« »WITH YOU INSIDE ME COMES THE KNOWLEDGE OF MY DEATH.« Und obwohl der Bericht des Zeugen mit furchtloser Zärtlichkeit beginnt (»I WANT TO LIE DOWN BESIDE HER. I HAVE NOT SINCE I WAS A CHILD. I WILL BE COVERED BY WHAT HAS COME FROM HER«), weicht er bald einem überwältigenden Gefühl der Abscheu und des Grauens: »SHE ASKS ME TO SLEEP IN THE HOUSE BUT I WILL NOT WITH HER NEW BODY AND ITS NOISE.« »I WANT TO BRUSH HER HAIR BUT THE SMELL OF HER MAKES ME CROSS THE ROOM.« »SHE FELL ON THE FLOOR IN MY ROOM. SHE TRIED TO BE CLEAN WHEN SHE DIED BUT SHE WAS NOT. I SEE HER TRAIL.«

Ich behaupte nicht, zu wissen, warum Holzer sich in *Lustmord* so sehr auf die Abjektion des Opferkörpers konzentriert, doch von der Art und Weise, wie sie das *SZ-Magazin* nutzte, scheint klar hervorzugehen, dass sie zumindest verhindern wollte, dass das Abjekte abjekt bleibt. Sie wollte buchstäblich das Blutvergießen von Frauen, so abscheulich es auch sein mag, in die Wohnzimmer der Menschen hineinzwängen (die Tatsache, dass die Tageszeitung wahrscheinlich mit dem Müll entsorgt werden würde – etwa als Nachstellung der menschlichen Unfähigkeit, mit den Nachrichten über die schrecklichen Weltereignisse etwas anzufangen –, mag die Geste ungewollt erschwert haben). Was auch immer man von der Aktion halten mag, es ist schade, dass der Redakteur der *SZ*, Tibor Kalman, das Kunstwerk in einem erklärenden Essay mit den prototypisch maskulinistischen, gewalttätigen und großspurigen Begriffen der Avantgarde rahmte: »Jenny Holzers Kunst ist ein Akt des Terrorismus. ... Jenny setzt dir die Pistole an den Kopf: Denk darüber nach! Sind wir die Angreifer oder die Opfer? Sind wir die Starken oder die Schwachen? Sind wir der Mann oder die Frau?« Angreifer/Opfer, stark/schwach, Mann/Frau, Heldin/Opfer: Kalmans Rausch der Binaritäten – zusammen mit seinem Vorschlag, dass gutes Denken daher rührt, dass einem eine Waffe an den Kopf gehalten wird – macht Holzers Text beinahe zu etwas unrettbar Plattem. Doch leider pulsiert er auch Jahre später noch in mir, in all seinem verwirrenden, minimalistischen, vielleicht unverzeihlichen Grauen.

»Sylvia Plath konnte nicht zwischen sich selbst und den Fakten von, sagen wir, Auschwitz oder Hiroshima unterscheiden«, diagnostizierte ein Kritiker einmal. »Sie war Opfer, Mörderin und Ort des Grauens zugleich.« Dieser Kritiker wollte dies nicht als Kompliment verstanden wissen. Ich hingegen betrachte diese Unschärfe als eine von Plaths herausragendsten poetischen Leistungen. Die intensive Ich-Perspektive ihrer Gedichte vermittelt den Eindruck, dass ihre Sprecherinnen Schuldzuweisungen wie

Donnerschläge vom Himmel schleudern, und so mag es überraschen, dass jene Plath-Gedichte, die oberflächlich betrachtet die meisten Schuldzuweisungen zu enthalten scheinen, bei näherer Betrachtung oft nur verschwommene, vage Anschuldigungen bieten, die inmitten ihrer obsessiven technischen Präzision wie zitterige Schlieren hervorstechen.

Das Hauptthema von Plaths umstrittenem Gedicht »Der Hasenfänger« beispielsweise ist weder der sadistische Fallensteller noch das geopferte Tier, sondern vielmehr der »Ort der Gewalt – / Der Wind schob mir den Knebel meines eignen zerzausten / Haars in den Mund, / Entriß mir die Stimme, und das Meer, / In dem sich die Leben der Toten abspulten und ausbreiteten / Wie Öl, blendete mich mit seinen Lichtern.« Ähnlich verhält es sich, wenn sie in »Der Schließer« schreibt: »Wie kam ich denn her? / Eine Kriminelle ohne Ermittlung, / Wie vielfältig sterb ich – / Gehängt, verhungert, verbrannt, gepfählt.« Hier mag das lyrische Ich die Verbrecherin sein, doch sie könnte ebenso gut ihren Kerkermeister als solchen ansprechen: Das Gedicht bestimmt ihn nicht näher. Und selbst wenn dieser Kerkermeister, der Schließer, definitiv schuld an ihrer Situation wäre, so verwischt Plaths Verwendung des Passivs für das Hängen, Verhungern, Verbrennen und Pfählen doch jede saubere Zuordnung eines Handelns. »Wie kam ich denn her?« fragt eine von Plaths Sprecherinnen in »Der Schließer«; »Wer hat uns verstümmelt?« fragt sie in »Vorfall«. Fragen dieser Art beantwortet Plath nicht selbst.

Vielleicht weil sie diese Fragen nicht beantwortet hat und auch nicht mehr beantworten kann, haben ihre Lesenden häufig diese Leerstelle gefüllt. Und die beiden Hauptantworten – wie die Kritikerin Jacqueline Rose hervorgehoben hat – lauten: »Sie hat sich selbst gequält« (Pathologie), oder »er hat es getan« (in diesem Fall ist »der Mann, das heißt Hughes oder das männliche Geschlecht, für das er steht, schuld – die Frau verinnerlicht die Gewalt der Außenwelt und wendet sie gegen sich selbst«). Abermals ist das Problem nicht, dass keine der beiden Antworten zutrifft.

Das tun sie beide. Das Problem ist, wie Rose betont, folgendes: »Bei keiner Option ist es akzeptabel, dass eine Komponente psychischer Negativität existiert, die keinen singulären Ursprung hat, die uns niemand abnehmen und für die niemand verantwortlich gemacht werden kann.«

Das sind keine guten Neuigkeiten. Kein Wunder, dass wir angesichts dessen versuchen, diese Negativität auf andere Quellen zu schmieren, auch auf uns selbst. »Es ist leicht, dem Dunkel die Schuld zu geben«, meint Plath an anderer Stelle. Sie selbst wählte den unpopuläreren Weg: Ohne Scham behauptete sie in ihrem Tagebuch am 19. Juni 1958: »Ich habe eine Gewalt in mir, wild wie das Blut des Todes.« (Siehe Kara Walker: »Zorn macht Spaß.«)

Für eine Frau ist dies ein besonders unangenehmes Eingeständnis. Denn eine Frau, die dieses wilde Blut des Todes für sich beansprucht, ist keine Gladiatorin oder Kaiserin, sondern eine höllische Furie (doch eine Frau, die zu heftig dagegen protestiert, hat sich noch nicht mit dem grausamem »Lauf der Welt« abgefunden). Eine Frau, die sich mit dem Verhältnis zwischen Eros und Thanatos befasst, wird in aller Regel nicht als jemand betrachtet, der einen transgressiven, sondierenden Schritt tut, sondern als eine sich selbst erniedrigende Verräterin, die der Vergewaltigungskultur Vorschub leistet und sie noch befördert. Ebenso wird eine Frau, die die Tiefen ihrer Verzweiflung oder Depression auslotet, in der Regel nicht als Heldin auf der furchtlosen Suche nach der »Sichtbarmachung der Dunkelheit« gewürdigt, sondern stattdessen als überflüssiges Beispiel für weibliche Verletzlichkeit, Zerbrechlichkeit oder Selbstzerstörung wahrgenommen. Eine Frau, die wie Artaud als verrücktes Tier am äußersten Rand ihres Verstandes lebt, ist keine schamanistische Reisende zur dunklen Seite, sondern eine »Verrückte auf dem Dachboden«, ein Anblick der Abjektion. »Ihr Haar verströmte einen strengen Geruch, der so scharf war wie der eines Tieres«, sagte ein Besucher von Plaths Londoner Wohnung, einen Monat vor ihrem Selbstmord im Winter.

Plath ließ sich hinabfallen in »diese Schwärze, / Diese Ramme aus Schwärze.« Dann machte sie sich mit gestählter Gelassenheit daran, die Landschaft zu skizzieren, die sie dort vorfand. »Dies ist das Licht des Geistes, kalt und planetarisch. / Die Bäume des Geistes sind schwarz. ... Und die Botschaft der Eibe ist Schwärze – Schwärze und Schweigen.« Vielleicht erkennen wie diese Landschaft nicht, oder vielleicht möchten wir uns nicht zu lange in ihr aufhalten. Vielleicht gefällt uns die Strenge ihrer Botschaft nicht. Plath ist das gleichgültig. Plath geht es darum, uns immer und immer wieder zu erzählen, wie es ist, mit dem »Gaffer-O vollendeter Verzweiflung« zu leben. Das ist ihre Atemlosigkeit, ihre dunkle Großzügigkeit.

In diesem O zu hocken, mit seiner Schwärze und seinem Schweigen zu leben, ohne deren sofortige Verbesserung zu fordern, dem Drang zu widerstehen, uns selbst oder jemand anderen definitiv für ihre Existenz verantwortlich zu machen, ihre Konturen mit Geduld, Genauigkeit und offenen Augen zu skizzieren – das sind keine leichten Aufgaben. Vielleicht fühlen sie sich manchmal an wie Grausamkeiten, oder wie die Einwilligung in Grausamkeiten. Sobald sich unsere Augen an die Dunkelheit gewöhnt haben, werden wir vielleicht überrascht sein, dass wir ein Gefühl der Erleichterung verspüren. »Ich kenne den Grund«, schrieb Plath. »Er ists, den du fürchtest. / Ich fürchte ihn nicht: Bin dort gewesen.« Zumindest findet sich hier eine Klarheit, ein Gefühl der Klärung.

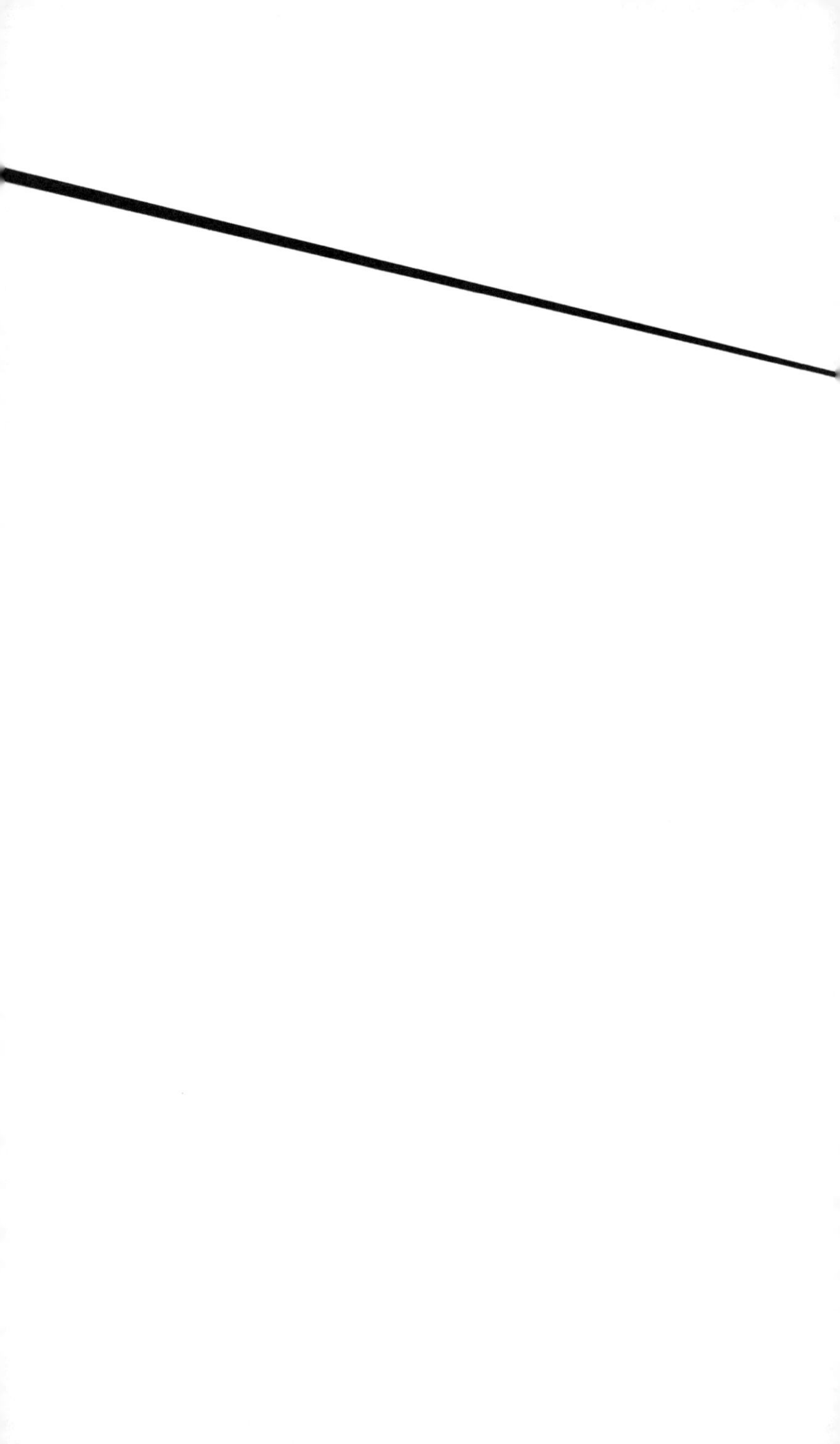

Seltenere und bessere Dinge

Sicherlich ist das Frustrierende an Plath – wie bei so vielen Kunstschaffenden der Grausamkeit –, dass sie ihren Säbel der Klarheit schwingt, ohne das Zimmer auszulüften. Wie bei Compton-Burnett, Trocchi, Bacon, McDonagh und vielen weiteren, die auf diesen Seiten erscheinen, bleiben die »ausgefallenen oder besseren Dinge«, die das Universum beinhalten mag, letztlich nur Schatten außerhalb der Tore dieser Künstlerinnen und Künstler. Folglich kann das Betreten ihrer Welten das Gefühl vermitteln, das Anne Carson (in *Decreation*) in einem Gedicht über die Lektüre von Beckett beschreibt: »Man kennt dieses Gefühl, durch eine Kruste zu sinken, / das tiefe schwarze *oh nein* des kleinen Zimmers / die Wände zu eng, so begreifbar.« Man mag das Werk lieben, respektieren und bewundern, doch nicht immer hat man Lust, sich in seinem kleinen Zimmer aufzuhalten oder den Druck seiner Wände zu spüren. Man muss, wie man sagt, in der Stimmung sein.

In Plaths Fall sehe ich diese Luftlosigkeit nicht als Zeichen eines verwerflichen Mangels (sei er chemischer, moralischer oder ästhetischer Natur), sondern eher als Ergebnis der Tatsache, dass sie zu jung verstarb, um die Üppigkeit oder Komplexität ihrer Grausamkeit auszuloten, geschweige denn ihr Luft zu machen. Immerhin starb sie im Alter von 30 Jahren – ein Alter, in dem Bacon zum Beispiel kaum mit der Malerei begonnen hatte. Und es überrascht nicht, dass Bacons frühe Gemälde die extremsten sind – er hatte noch vier Jahrzehnte Zeit, nachdem er seine grausamsten Schreie und blutigsten Leichen gemalt hatte.

Selbst die schärfsten Kritikerinnen und Kritiker Bacons ist sich einig, dass eines seiner besten Gemälde *Jet of Water* aus dem Jahr 1988 ist, das Bacon mit 79 Jahren schuf. Gleiches gilt für das im selben Jahr entstandene *Blood on Pavement*, ein wunderschönes, nahezu abstraktes Gemälde, das an Cy Twombly und die Tatortfotos von Weegee erinnert. Ich persönlich bin nicht der Meinung, die so viele Kritiker und Kuratorinnen ausdrücklich oder unbewusst vertreten, dass eine Bewegung hin zur Abstraktion eine Art lobenswerten, teleologischen Fortschritt in der Karriere eines kunstschaffenden Menschen oder in der Kunstgeschichte selbst darstellt. Und dennoch wäre ich sehr neugierig gewesen, ein entsprechendes Werk einer 79-jährigen Plath zu sehen; wie gerne hätte ich Plaths *Jet of Water* betrachtet!

Will ich damit sagen, dass Grausamkeit in gewissem Sinne ein Spiel der Jugend ist? Sicherlich geht man gewisse Risiken ein, wenn man sich darauf einschießt. Die Retrospektive zu Bacons 100. Geburtstag wurde von einem Übermaß an Kritiken begleitet, die ihn als cartoonhaften Fachidioten geißelten – als überbewerteten »Illustrator überspannter, letztlich leerer Ängste«, wie Jerry Saltz es ausdrückte. Lars von Triers *Antichrist* (2009), für den der Regisseur sogar eine offizielle »Misogynie-Beraterin« (die dänische Journalistin Heidi Laura) engagierte, scheint den Boden des gynophobischen Trogs, aus dem von Trier seit Jahrzehnten trinkt, angekratzt zu haben. (Wie der britische *Telegraph* berichtete, »wurde von Trier kürzlich direkt gefragt, ob *Antichrist* frauenfeindlich sei. Entwaffnend antwortete er: *Das weiß ich nicht. Ich frage mich oft, was passieren würde, wenn ich einfach auftreten und sagen würde: Ich hasse Frauen.*« Natürlich würde sich dann nicht viel ändern.)

McDonagh hat sich vom Autor sprachlich fesselnder Theaterstücke zum Regisseur abgekupferter Hollywood-Ballerfilme entwickelt, die mit der visuellen Banalität des Blutvergießens gespickt sind, wie etwa *Brügge sehen ... und sterben?* aus dem Jahr 2008. Sein Stück *Eine Enthandung in Spokane* von 2010 – sein erstes, das in Amerika spielt – war voller rassistischem Geseier und fiel bei den meisten als schmutziger Flop durch. Michael Hanekes amerikanisches Remake von *Funny Games* schien zutiefst fehlgeleitet. Die Szenen mit einer blonden, gefesselten Naomi Watts, die in ihrer Unterwäsche herumhüpft, untergruben für viele alles, was Haneke jemals über seine lustfeindlichen Gewaltdarstellungen gesagt hat. (Haneke hat sich seitdem in den Augen vieler Kritikerinnen und Kritiker mit *Das weiße Band* von 2009 rehabilitiert, vor allem wegen der Zurückhaltung des Films: »Man erwartet, dass die Figuren von Unheil heimgesucht werden, wie von einer Seuche, doch ausnahmsweise bremst Haneke sich«, schrieb Anthony Lane im *New Yorker*). Paul McCarthy ist in seinem sechsten Lebensjahrzehnt ganz gut unterwegs, doch waren seine Metiers auch schon immer eher die Abjektion, die schwarze Komödie und der Tabubruch als Grausamkeit.

Manche Schreibende – wie Elfriede Jelinek – sind in der Lage, ihre grausamen und klaustrophobischen Welten über Jahre hinweg so unerbittlich aufrechtzuerhalten und weiterzuentwickeln, dass eher ihr Durchhaltevermögen als ihre affektive Bandbreite zum Wunder wird. (»Meine Schriften beschränken sich darauf, die Schrecken der Wirklichkeit analytisch, aber auch polemisch darzustellen«, hat Jelinek gesagt. »Erlösung ist die Spezialität anderer Autoren.« Man sollte vielleicht auch erwähnen, dass Jelinek eine berühmte Agoraphobikerin ist, die sich nicht einmal zur Nobelpreisverleihung für Literatur 2004 aus dem Haus gewagt hat). Andere, zum Beispiel Gaitskill, beweisen mit der Zeit eine gewisse Weite, die sich eher aufregend als schlaff anfühlt. Wieder andere – etwa Mendieta, Schneemann, Abramović, Walker, Bowles, Ono, Finley, Antin, Kusama, Akerman, Compton-Burnett und so weiter – warten meiner Meinung nach noch darauf, angemessen gewürdigt, gehört und verstanden zu werden.

Und dann sind da noch die vielen, vielen anderen, deren Arbeiten nicht auf diesen Seiten genannt wurden, aber leicht hätten ihren Weg hierhin finden können (Gina Pane, Valie Export, Maria Lassnig, Cindy Sherman, Rebecca Horn, Marlene McCarty, Chloe Piene, Nathalie Djurberg, Eileen Myles, Darcey Steinke, Peggy Ahwesh, Wanda Coleman, Dennis Cooper, Harmony Korine, Jean Genet, Pier Paolo Pasolini, Amos Tutuola – um nur einige zu nennen). Das interessanteste dieser Arbeiten – vergangene, gegenwärtige oder zukünftige – ist oder wird das sein, was eine gewisse Vorstellung der Avantgarde demontiert, boykottiert, ignoriert, zerstört, erweitert oder sich zumindest darüber lustig macht.

Speziell geht es mir dabei um die Vorstellung, dass Grausamkeit und Gewalt durch ihre Schockelemente – sei es in der Kunst oder in der politischen Aktion – zu Erlösung verhelfen könnten und uns somit durch ein nie bewiesenes Wunder zu einer sensibleren, einfühlsameren, einsichtigeren, belebteren, gemeinschaftlicheren und gerechteren Art und Weise führen könnten, auf dieser Erde zu leben und mit unseren Mitmenschen in Beziehung zu treten. Denn, wie Arendt es in *Über die Gewalt* kurz und bündig ausdrückt: »Die Praxis der Gewalt verändert, wie alles Handeln, die Welt; wo die Reform nicht gelingt, wird das Ergebnis schließlich sein, daß die Welt gewalttätiger geworden ist, als sie es vorher war.«

Und dann gibt es natürlich Wahnsinnige wie Artaud, die weder spektakulär untergehen noch »erwachsen« werden oder auch nur annähernd eine brauchbare Blaupause für die Zukunft der Kunst, des Lebens, des Menschenglücks, der Revolution oder des Planeten liefern, sondern die einfach durch Raum und Zeit strahlen, pulsieren sowie magnetisieren und uns daran erinnern, was die äußeren Grenzen des Menschseins ausmachen könnte.

»Es gibt eine Art und Weise, in der ich Artaud nicht glaube«, sagt der Schriftsteller Rick Moody in einem Artikel in *The Believer* vom Juni 2009, »gerade jetzt, wo 20 Jahre seit meiner eigenen Zeit in der psychiatrischen Klinik vergangen sind. In meinem Unglauben scheint er manchmal *einfach nur* ein kranker Mensch zu sein, und ich möchte festhalten, dass ich nicht mehr bereit bin, für meine eigene Kunst krank zu sein – das ist das Spiel eines jungen Menschen.« Ich persönlich kann nicht sagen, dass ich jemals versucht war, Artaud zu glauben oder nicht zu glauben – wie Sontag einmal schrieb, ist das Einzige, was man bei Artaud nicht tun kann, ihn anzuwenden; wahrscheinlich kann man ihm auch nicht glauben, zumindest nicht in dem Sinne, dass man eine Nachahmerin wird. Was gibt es in seinen letzten Texten zu glauben oder nachzuahmen, in denen er sich selbst »*Artaud le Mômo*« nennt, den Begriff »Boss Pussy« prägt und permanent besorgt ist, dass die Leute sein Sperma und seine Exkremente stehlen? In Artauds letztem schriftlichen Fragment heißt es: »Und sie haben mich hinübergestoßen / in den Tod, / wo ich unaufhörlich / Schwanz / Anus / und Kacka / bei allen meinen Mahlzeiten esse, / bei allen denen des KREUZES.« Angesichts solch anarchischer, blasphemischer Mitteilungen kann ich nur in ihrer Fremdartigkeit schwelgen und versuchen, mich – wenn möglich – für ihre Anregungen, Inspirationen, ihre Komik und ihren Schrecken, ihre Spasmen der Agonie wie der Freude zu öffnen.

Vielleicht als eine Art unbewusste Warnung erreichte mich mein gebrauchtes Exemplar von *Das Theater und sein Double* mit der folgenden Inschrift: »Mögest du in der Kunst wie im Traum mit Hingabe vorgehen. Mögest du im Leben mit Ausgewogenheit und Heimlichkeit vorgehen.« Inzwischen habe ich herausgefunden, dass dieses Zitat von der Punk-Legende Patti Smith stammt, der Hingabe, Ausgewogenheit und Heimlichkeit nicht fremd sind. Im Laufe der Jahre bin ich dazu übergegangen, dieses Zitat als Gebet oder als Wunsch anzusehen – als etwas, das einen Handlungsring um Kunst und Leben zieht, der ihre enge Verbindung anerkennt und gleichzeitig auf kluge Weise zwischen ihnen zu unterscheiden weiß. Das Zitat erinnert mich an etwas, das Richard Foreman in *Unbalancing Acts* sagt, inmitten einer Brecht'schen Tirade gegen den Versuch, einen Fluss der Liebe oder Empathie zwischen Bühnenpersonal und Publikum zu erschaffen. »Kunst sollte kein Ersatz für das wirkliche Leben sein«, schreibt Foreman. »Liebe sollte zwischen Menschen stattfinden.« Dem stimme ich zu. Wenn man die Kunst von dieser Bürde befreit, wird sowohl die Kunst als auch die Liebe freier.

*

Um nun schließlich auf mein verworfenes Williams-Motto zurückzukommen, das die Liebe zum Thema hat: »Die Sache der Liebe / ist Grausamkeit, *welche* / wir durch unseren Willen / verwandeln, /

um miteinander zu leben.« Das klingt immer noch gut – aber was könnte es bedeuten? Ich bin nicht so recht einverstanden mit seiner zeitlichen Aussage – dass das Geschäft der Liebe als eine Form der Grausamkeit anfängt, die später (auf heroische Weise?) verändert werden kann, bis wir alle miteinander auskommen. Mir gefällt allerdings das unaufgeregte Eingeständnis der Koexistenz von Liebe und Grausamkeit – die Anerkenntnis, dass sie ineinander und nicht an entgegengesetzten Enden des Spektrums oder gefangen in einer feindseligen Umarmung existieren. Dass es zwischen ihnen eine alchemistische und keine konflikthafte Beziehung geben kann. Dass die Möglichkeit der Verwandlung immer lebendig bleibt und immer uns selbst gehört.

Diese These steht im Einklang mit dem Werk des britischen Psychologen D. W. Winnicott, der sich vor allem mit den Bedürfnissen und Verhaltensweisen von Säuglingen und Kleinkindern befasste. Winnicott unterschied sich von Freud, Melanie Klein und anderen Analytikern darin, dass er die »Liebesarbeit« eines Säuglings üblicherweise nicht als sadistisch bezeichnete, ganz egal, wie aggressiv das Verhalten auch sein mochte; Winnicott war der Meinung, dass ein solcher Begriff dem Säugling mehr Bosheit zuschrieb, als plausibel erschien. Doch Winnicott verbrachte sehr viel Zeit damit, über den intensiven Tanz zwischen Verletzlichkeit und Rücksichtslosigkeit nachzudenken und zu schreiben, der im Säuglingsalter beginnt und auf seine Weise für den Rest unseres Lebens fortdauert – unser Ringen mit derart heftigen Wünschen, dass man fürchtet, sie könnten andere überwältigen oder auslöschen, andere, die wir vielleicht nicht verlieren wollen – ja, die wir uns nicht leisten können zu verlieren.

Für Winnicott war es entscheidend und normal, dass eine Mutter Hass für ihr Kind empfindet, und ebenso wichtig, dass das Kind in der Lage ist, sie im Gegenzug auch zu hassen. Liebe entsteht nach seiner Ansicht, wenn der Säugling in der Lage ist, das Liebesobjekt zu testen, und zwar häufig durch Aggression, und das Objekt überlebt, sich als fähig erweist, dem Test zu widerstehen. Eines von

Winnicotts bekanntesten Bildern für den Balanceakt von Elternteil und Kind hängt mit dem Halten zusammen: Das Baby muss sanft genug gehalten werden, um Freiheit zu erfahren, aber fest genug, damit es nicht fällt. Liebe ist in diesem Fall ein Behältnis – eine »haltende Umwelt« – mit dem richtigen Maß an Raum. Oder – und hier zeigt sich Winnicotts Großmut – wenn auch nicht genau richtig, dann »gut genug«.

Ein solches Bild erinnert an das von John Cage in einem Text von 1966 mit dem Titel »Tagebuch: Wie die Welt zu verbessern ist (Du machst alles nur noch schlimmer)«. Darin schreibt Cage: »Das allermeiste, das allerbeste, was wir tun können, / so glauben wir (wenn wir einen Beweis für / Liebe geben wollen), ist, aus dem Weg zu gehen, / Freiraum zu schaffen, um wen oder was auch immer.« Diese Zeilen waren mir immer wie ein bewundernswertes Mantra erschienen, nach dem man leben sollte, auch wenn sie mir wie ein äußerst schwieriges – vielleicht sogar manchmal unmögliches – Mantra wirken mögen, wenn man die Rücksichtslosigkeit unserer Begierden bedenkt, die überfrachtete Angst vor unserer Abhängigkeit, die schwere, chaotische Erfahrung der Eifersucht und des radikalen Auseinanderfallens, das sowohl mit Verlust als auch mit Gemeinschaft einhergehen kann.

Welch eine Erleichterung also, zu diesem Cage-Text zurückzukehren und festzustellen, dass die nächste Zeile lautet: »Doch es gibt keinen Freiraum« – ein Protest gegen die Gelassenheit der vorherigen Zeile. Und so werden wir zur Verhandlung, zum Paradoxon zurückgebracht. Eine ähnliche Dynamik belebt auch Cages Titel: »Tagebuch: Wie die Welt zu verbessern ist (Du machst alles nur noch schlimmer)«, der zunächst den Wunsch bekundet, die Welt zu verändern, nur um ihm dann sofort den Boden unter den Füßen wegzuziehen. Solche Gesten stehen im Einklang mit einem der belebendsten Paradoxen des Buddhismus: dass wir unser Leben der Beendigung des Leidens widmen und gleichzeitig die erste edle Wahrheit anerkennen können, dass das Leben Leiden ist. Solche Paradoxa müssen von uns gewahrt werden.

Ein Paradoxon ist mehr als die Koexistenz von gegensätzlichen Aussagen oder Impulsen. Es signalisiert die Möglichkeit – und manchmal auch die Verwirklichung – eines dritten Begriffs in einer Situation, die ansonsten lediglich aus zwei gegensätzlichen Kräften zu bestehen schien. Roland Barthes hat diesen dritten Begriff – den er das Neutrum nennt – in seiner Vorlesungsreihe des Semester 1977–78 mit dem Titel *Das Neutrum* mit größter Schönheit und Intelligenz herausgearbeitet. Barthes' Neutrum ist das, was jedem System (*doxa*) einen Strich durch die Rechnung macht, was – häufig mit bedrohlichem Druck – verlangt, in Konflikte einzutreten, Bedeutung zu produzieren, Partei zu ergreifen, zwischen binären Oppositionen (etwa »ist grausam! / ist nicht grausam!«) zu wählen, die man nicht selbst geschaffen hat und nach denen einem nicht der Sinn steht.

Indem es Forderungen dieser Art durchbricht, ermöglicht das Neutrum Reaktionen, die bis hierhin undenkbar waren – etwa abzugleiten, abzudriften, zu fliehen, zu entkommen. In einer Welt, die auf die Freiheit zu sprechen und die Forderung, gehört zu werden, fixiert ist, bietet das Neutrum etwas anderes an: »das Recht auf Stille … [d]as Recht zu schweigen, das Recht, nicht zu hören … *das Buch nicht zu lesen, nichts darüber zu denken, nicht zu sagen wissen, was ich darüber denke: das Recht, nicht zu begehren*«. Es ermöglicht eine Praxis der sanften Aversion: das Recht, die gebotenen Möglichkeiten abzulehnen, ihnen zu widersprechen, sich abzuwenden, die eigene Aufmerksamkeit auf ausgefallene und bessere Dinge zu richten.

Den Freiraum für solche Reaktionen zu erhalten, war eines der Hauptziele dieses Buches. Ebenso wichtig war es, einen Raum zu schaffen, um genau hinzuschauen, um Ambivalenz, Unsicherheit, Abstoßung und Vergnügen zu erkennen und zu artikulieren. Ich habe der Kunst oder der Literatur keinen speziellen Vorrang gewährt, das heißt, keine große Theorie über ihren Wert entwickelt. Doch ich wollte durchweg eine tiefe Wertschätzung für sie als meine Lehrmeisterinnen zum Ausdruck bringen. Denn – wie

Barthes andeutet –, sofern bestimmte dritte Begriffe, ganz gleich, wie flüchtig oder beunruhigend sie auch sein mögen, sofern sie die unterdrückenden Kräfte von Reduktion, Allgemeinheit und Dogmatismus abzuwehren vermögen, verdienen sie es, als Sanftheit bezeichnet zu werden.

Danksagung

Die Gedanken in diesem Buch gehören genauso zu meinem geliebten und brillanten Harry Dodge wie zu mir. Ich bin unendlich dankbar für unseren Dialog und für die unvorstellbar reiche Angelegenheit unserer Liebe. Ich habe großes Glück, jeden Tag. *Jackpot.*

Mein aufrichtiger Dank gilt PJ Mark (von Janklow & Nesbit) und Alane Mason (von W. W. Norton) für ihre Intelligenz, Ermutigung und Führung, die dieses Buch zu einem viel besseren gemacht haben. Ich danke ihnen beiden für ihre bedeutende Rolle bei der Entstehung dieses Werks. Mein Dank gilt auch Denise Scarfi und allen anderen bei Norton, die sich für dieses Buch eingesetzt haben.

Ich danke auch der John Simon Guggenheim Memorial Foundation, meinen Freundinnen wie Kollegen am CalArts, insbesondere Dekanin Nancy Wood, und meinen Studierenden aus den Seminaren »Art of Cruelty« von 2007 und 2010, Ali Liebegott, Beth Pickens und Michelle Tea vom RADAR Lab, die mir einen so schönen Ort zur Verfügung gestellt haben, an dem ich meine Arbeit beenden und andere sich entfalten konnten, sowie meinen Freunden Cort Day, Wayne Koestenbaum, Aaron Kunin und Anthony McCann für die unermesslich klugen und hilfreichen Hinweise, Inspirationen und Ratschläge, die sie mir auf meinem Weg gaben.

Und schließlich vielen Dank an den kleinen Lenny: Möge er immer das Schwert des Manjushri tragen.

Bibliografie

Aristoteles, *Poetik*, übers. v. Arbogast Schmitt, Berlin 2008.

Arbus, Diane, *Revelations*, New York 2003.

Arendt, Hannah, *Macht und Gewalt*, übers. v. Gisela Uellenberg, München 1970.

---, *Vita activa oder Vom tätigen Leben*, München 1967.

Artaud, Antonin, *Das Theater und sein Double*, übers. v. Gerd Henninger, Frankfurt am Main 1991.

---, *Frühe Schriften*, übers. v. Bernd Mattheus, München 1983.

---, *Schluß mit dem Gottesgericht / Das Theater der Grausamkeit: Letzte Schriften zum Theater*, übers. v. Elena Kapralik, München 1980.

Austin, J. L., *Zur Theorie der Sprechakte (How to do things with Words)*, übers. v. Eike von Savigny, Ditzingen 1997.

Barthes, Roland, *Das Neutrum*, hg. v. Eric Marty, übers. v. Horst Brühmann, Frankfurt am Main 2002.

Beckett, Samuel, *The Letters of Samuel Beckett 1929–1940*, hg. v. Martha Dow Fehsenfeld et al., Cambridge 2009.

Berger, John, *Das Leben der Bilder oder die Kunst des Sehens*, übers v. Stephen Tree, Berlin 1989.

Blake, William, *Zwischen Feuer und Feuer: Poetische Werke*, übers. v. Thomas Eichhorn, München 2007.

Brecht, Bertolt, *Schriften*, hg. v. Werner Mittenzwei, Berlin 1973.

Breton, André, *Die Manifeste des Surrealismus*, übers. v. Ruth Henry, Reinbek bei Hamburg 1986.

Bowles, Jane, *Einfache Freuden*, übers. v. Brigitte Walitzek, Frankfurt 2012.

Butler, Judith, *Gefährdetes Leben: Politische Essays*, übers. v. Karin Wördemann, Frankfurt am Main 2005.

Carson, Anne, *Decreation: Gedichte, Oper, Essays*, übers. v. Anja Utler, Frankfurt am Main 2005.

Carter, Angela, *Sexualität ist Macht: Die Frau bei de Sade*, übers. v. Lieselotte Mietzner, Reinbek bei Hamburg 1981.

Compton-Burnett, Ivy, *Eltern und Kinder*, übers. v. Peter Marginter, Stuttgart 1990.

Deleuze, Gilles, *Francis Bacon: Logik der Sensation*, übers. v. Joseph Vogl, München 2016.

---, »Sacher-Masoch und der Masochismus«, in: *Venus im Pelz* von Leopold von Sacher-Masoch, übers. v. Gertrud Müller, Frankfurt am Main 1968.

Despentes, Virginie: *King Kong Theorie*, übers. v. Barbara Heber-Schärer und Claudia Steinitz, Köln 2018.

Dickinson, Emily, *Gedichte*, übers. v. Gunhild Kübler, München 2006.

Didion, Joan, *Das Jahr magischen Denkens*, übers. v. Antje Rávic Strubel, Berlin 2008.

---, *Wir erzählen uns Geschichten, um zu leben*, übers. v. Antje Rávic Strubel, Berlin 2008.

Dillard, Annie, *Außer der Zeit*, übers. v. Hans-Ulrich Möhring und Karen Nölle-Fischer, München 1999.

---, »The Book of Luke«, in: *The Annie Dillard Reader*, New York 1994.

Ehrenreich, Barbara, »Foreword: Feminism's Assumptions Upended« (Die Annahmen des Feminismus auf den Kopf gestellt). In *One of the Guys: Women as Aggressors and Torturers*, Ed. Tara McKelvey, Berkeley, CA 2007.

Eliot, T. S., *Essays I*, übers. v. Hans Hennecke, Frankfurt am Main 1967.

Emerson, Ralph Waldo, *Essays*, übers. v. Harald Kiczka, Zürich 1983.

---, *Essays 2. Reihe*, übers. v. Wilhelm Mießner, Jena 1904.

Evenson, Brian, *Altmann's Tongue*, Lincoln, NE 2002.

---. *Dark Property*, New York 2002.

---. *Fugue State*, Minneapolis, MN 2009.

---. *The Open Curtain*, Minneapolis, MN 2008.

---. *The Wavering Knife*, Tuscaloosa, AL 2004.

Finley, Karen, *A Different Kind of Intimacy: The Collected Writings of Karen Finley*, New York 2000.

Foreman, Richard, *Unbalancing Acts: Foundations for a Theater*, New York 1993.

Freud, Sigmund, *Das Unbehagen in der Kultur: Und andere kulturtheoretische Schriften*, Frankfurt am Main 2009.

Habermas, Jürgen, *Strukturwandel der Öffentlichkeit: Untersuchungen zu einer Kategorie der bürgerlichen Gesellschaft*, Frankfurt am Main 1990.

Gaitskill, Mary, *Bad Behavior. Schlechter Umgang. Storys*, übers. v. Nikolaus Hansen, Berlin 2020.

--- *Don't Cry*, New York 2009.

--- *Veronica*, übers. v. Daniel Schreiber, Berlin 2022.

Girard, René, *Gewalt und das Heilige*, Trans. Patrick Gregory. Baltimore 1979.

Graeber, David. *Possibilities: Essays über Hierarchie, Rebellion und Begehren*. Oakland, CA 2007.

Griffith, David. *A Good War Is Hard to Find: The Art of Violence in America*. New York 2006.

James, Henry, *Porträt einer jungen Dame*, übers. v. Gottfried Röckelein, München 1997.

Kafka, Franz, *Ein Landarzt und andere Drucke zu Lebzeiten*, hg. v. Hans-Gerd Koch, Frankfurt am Main 2008.

---, Brief an Oskar Pollak, *Briefe 1903–1924*, hg. v. Max Brod, Frankfurt am Main 1958.

Koestenbaum, Wayne, *Andy Warhol*, New York 2001.

Laing, R. D., *Knoten*, übers. v. Herbert Elbrecht, Reinbek bei Hamburg 1972.
McDonagh, Martin, *Der Kissenmann: Stück*, Deutsch von Martin Molitor und Christian Seltmann, erschienen 2003 im Hartmann & Stauffacher Verlag, Köln.
Monk, Ray, *Wittgenstein: Das Handwerk des Genies*, übers. v. Hans Günter Holl und Eberhard Rathgeb, Stuttgart 1992.
Morrison, Toni, *Menschenkind*, übers. v. Helga Pfetsch, Reinbek bei Hamburg 1992.
Mueller, Cookie, *Walking through Water in a Pool Painted Black*, New York 1990.
Nietzsche, Friedrich, *Jenseits von Gut und Böse*
Phillips, Adam und Barbara Taylor, *Freundlichkeit: Diskrete Anmerkungen zu einer unzeitgemäßen Tugend*, übers. v. Susanne Held, Stuttgart 2010.
Plath, Sylvia, *Ariel*, übers. v. Erich Fried, Frankfurt am Main 1974.
---, *Ariel*, übers. v. Alissa Walser, Frankfurt am Main 2004.
---, *Das Herz steht nicht still. Späte Gedichte 1960–1963*, übers. v. Judith Zander, Berlin 2022.
---, *Der Koloss. Gedichte*, übers. v. Judith Zander, Berlin 2013.
---, *Die Tagebücher*, hg. v. Frances McCullough, übers. v. Alissa Walser, Frankfurt am Main 1997.
Prejean, Sister Helen, *Dead Man Walking – Sein letzter Gang*, übers. v. Susanne Walter, München 1996.
Rancière, Jacques, »Ästhetische Trennung, ästhetische Gemeinschaft«, in: *Ästhetische Regime um 1800*, hg. v. Friedrich Balke et al., übers. v. Maria Muhle und Tobias Nikolaus Klass, München 2009, 260–277.
---, *Der emanzipierte Zuschauer*, übers. v. Richard Steurer, Wien 2009.
Rorty, Richard, *Kontingenz, Ironie und Solidarität*, übers. v. Christa Krüger, Frankfurt am Main 1989.
Russell, John, *Francis Bacon*, übers. v. Edwin Ortmann, Frankfurt/Berlin 1972.
Sade, Marquis de, *Die Philosophie im Boudoir*, übers. v. Rolf Busch, Gifkendorf 1991.
Salzberg, Sharon, *Geborgen im Sein: Die Kraft der Mettā-Meditationen*, übers. v. Ebba D. Drolshagen, Frankfurt 1996.
Sartre, Jean Paul, »Vorwort« zu Frantz Fanon, *Die Verdammten dieser Erde*, übers. v. Traugott König, Frankfurt am Main 1966, 7–27.
Sontag, Susan, *Kunst und Antikunst*, übers. v. Mark W. Rien, München/Wien 1980.
---, *Das Leiden anderer betrachten*, übers. v. Reinhard Kaiser, München 2003.
---, *Im Zeichen des Saturn*, übers. v. Werner Fuld et al., München 1981.
Sylvester, David, *Gespräche mit Francis Bacon*, übers. v. Helmut Schneider und Volker Ellerbeck, München/New York 1997.
Trocchi, Alexander, *Kains Buch*, übers. v. Wulf Teichmann, Berlin 1999.

Virno, Paolo, *Grammatik der Multitude; Untersuchungen zu gegenwärtigen Lebensformen*, übers. v. Thomas Atzert, Berlin 2005.

Warhol, Andy mit Pat Hackett, *POPism – Meine 60er Jahre*, übers. v. Nikolaus G. Schneider und Marion Kagerer, München 2008.

Weil, Simone, *Krieg und Gewalt: Essays und Aufzeichnungen*, übers. v. Thomas Laugstien, Zürich 2011.

---, *Schwerkraft und Gnade*, hg. v. Charlotte Bohn, übers. v. Friedhelm Kemp, Berlin 2020.

Williams, William Carlos, *Der harte Kern der Schönheit – Ausgewählte Gedichte*, hg. v. Joachim Sartorius, übers. v. Alfred Andersch et al. München 1991.

Wittgenstein, Ludwig, *Philosophische Untersuchungen*, Frankfurt am Main 2003.

---, *Culture and Value*, übers. v. Peter Winch, Chicago 1980.

Woolf, Virginia, *Zum Leuchtturm*, übers. v. Karin Kersten, Frankfurt am Main 1991.

Žižek, Slavoj, *Die Tücke des Subjekts*, übers. v. Eva Gilmer et al., Berlin 2010.

---, *Gewalt. Sechs abseitige Reflexionen*, übers. v. Andreas Leopold Hofbauer, Hamburg 2011.

Einige Zitate konnten im Original nicht gefunden werden, daher hat der Übersetzer eine Rückübertragung vorgenommen.

Register

R

S

T

U

V

W

Die Arbeit des Übersetzers am vorliegenden Text wurde im Rahmen des Programms NEUSTART KULTUR aus Mitteln der Beauftragten der Bundesregierung für Kultur und Medien vom Deutschen Übersetzerfonds gefördert.

Der Übersetzer bedankt sich sehr herzlich für die Förderung.

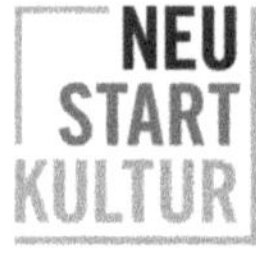

Möchten Sie regelmäßig über neue Veröffentlichungen und Veranstaltungen informiert werden sowie exklusive Einblicke erhalten? Dann abonnieren Sie unseren Newsletter!

Es ist ganz einfach – besuchen Sie unsere Internetseite oder nutzen Sie den beigefügten QR-Code, um sich anzumelden. Wir freuen uns darauf, Sie willkommen zu heißen!

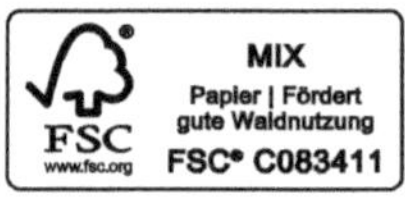

Bibliografische Information der Deutschen Nationalbibliothek
Die Deutsche Nationalbibliothek verzeichnet diese Publikation in der Deutschen Nationalbibliografie; detaillierte bibliografische Daten sind im Internet über http://dnb.d-nb.de abrufbar.

Lektorat: Aline Wollmer, Wiesbaden
Covergestaltung, Layout & Satz: Anja Carrà, Weimar
Der Titel wurde in der Garamond Premier gesetzt.
Gesamtherstellung: CPI books GmbH – Germany

ISBN: 978-3-7374-1233-9

Mehr über Ideen, Autor:innen und Programm des Verlags finden Sie auf www.verlagshausroemerweg.de und in Ihrer Buchhandlung.

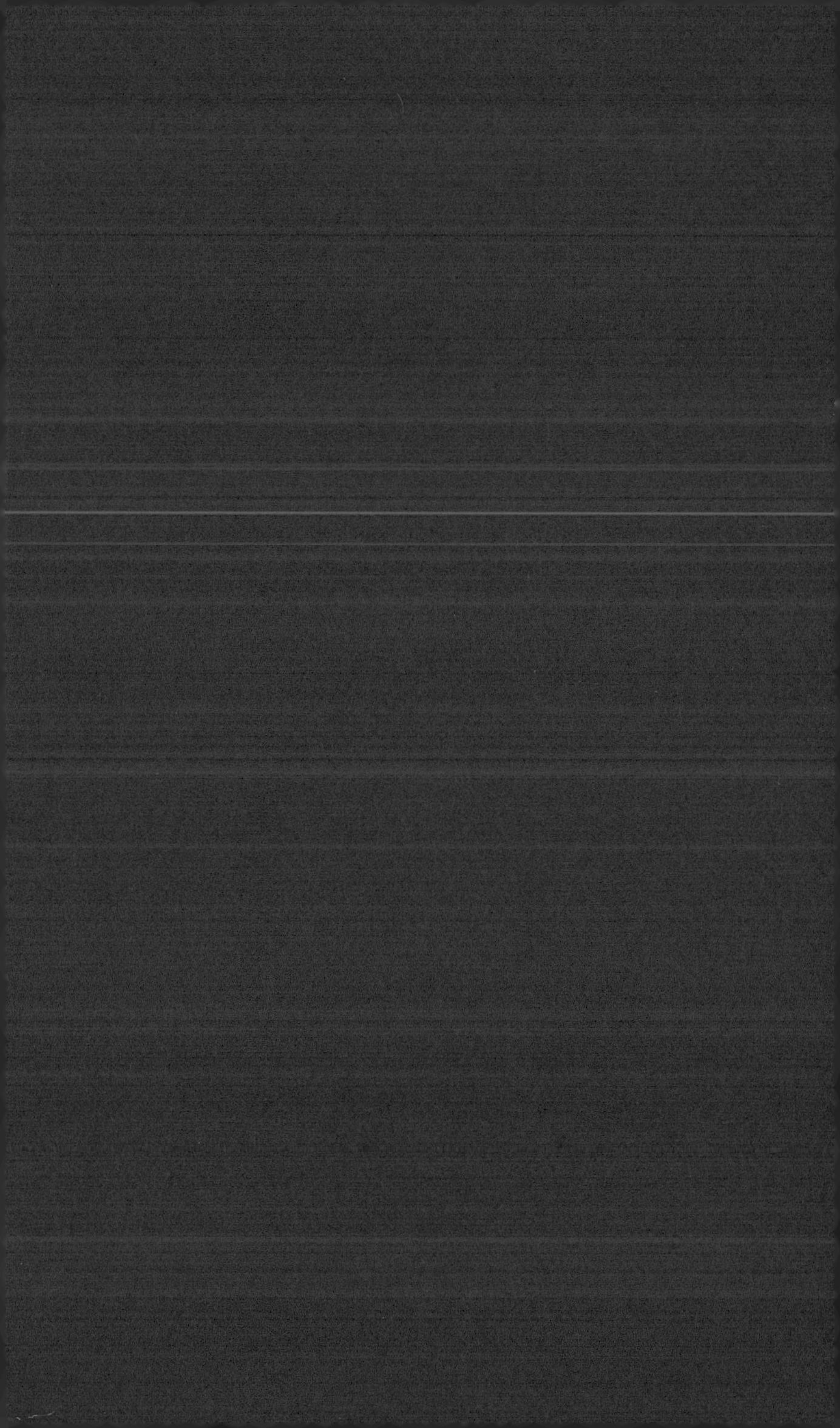